Richard Chaim Schneider

Zwischenwelten

RICHARD CHAIM SCHNEIDER

Zwischenwelten

EIN JÜDISCHES LEBEN IM HEUTIGEN DEUTSCHLAND

VERLEGT BEI KINDLER

Die Deutsche Bibliothek – CIP-Einheitsaufnahme

Schneider, Richard Chaim:
Zwischenwelten: Ein jüdisches Leben im heutigen Deutschland / Richard Chaim Schneider. – München: Kindler, 1994
ISBN 3-463-40204-1

Die Folie des Schutzumschlags sowie die Einschweißfolie sind PE-Folien und biologisch abbaubar.
Dieses Buch wurde auf chlor- und säurefreiem Papier gedruckt.

Umschlaggestaltung: Graupner & Partner, München
Umschlagfoto: Graupner & Partner, München
Satz: Ventura Publisher im Verlag
Druck und Bindearbeiten: Freiburger Grafische Betriebe
ISBN 3-463-40204-1

2 4 5 3 1

a szüleimnek

INHALT

Vorwort 9

Prolog 17
Fassbinder 23
Deplazierte Personen 61
Hellas 109
Deutschland 157
Israel 199
Höre Israel 257
Epilog 287

Glossar 299
Literaturverzeichnis 311
Danksagung 317

VORWORT

Als im Sommer 1989 die Idee zu diesem Buch geboren wurde, war die Welt noch »in Ordnung«: Die Mauer stand noch, der Ost-West-Konflikt setzte klare Grenzen zwischen Freund und Feind. Man hatte sich eingerichtet in dieser Nachkriegsordnung. Ich wollte mich daher der Frage zuwenden, was laizistische jüdische Identität am Ende des zwanzigsten Jahrhunderts für das jüdische Volk in der Diaspora, aber auch in Israel bedeutet. Der israelische Religionsphilosoph Yeshayahu Leibowitz hatte vor einigen Jahren gesagt, die wohl größte Revolution in der jüdischen Geschichte sei die Tatsache, daß es mittlerweile ein Volk gibt, das sich außerhalb der Halacha, des jüdischen Religionsgesetzes, als jüdisch definiert. Er ist der Ansicht, daß diese Entwicklung langfristig zu einer Spaltung des Judentums führen und es somit in einigen Generationen zwei jüdische Völker geben könne, die nichts mehr miteinander zu tun haben werden. Dieser Problematik wollte ich nachspüren und die geistigen und politischen Konsequenzen dieser Entwicklung weltweit untersuchen. Doch die Geschichte machte dieser ursprünglichen Idee einen Strich durch die Rechnung. Der Fall der Mauer, die Wiedervereinigung Deutschlands und der Zusammenbruch des sowjetischen Imperiums haben nicht nur gewohnte politische Landschaften verändert, sondern das Bewußtsein und die Entwicklung eines vereinten Europas um Jahre zurückgeworfen. Längst totgeglaubte Phänomene kamen wieder zum Vorschein: Nationalismus, Rassismus, Glaubenskriege und schließlich ein Rechtsextremismus, der in Deutschland schon zahlreichen Menschen das Leben gekostet hat.

Die erschreckenden Geschehnisse in Deutschland zwangen mich umzudenken. Viele Juden mußten sich plötzlich fragen, ob sie hier noch eine Zukunft hätten. Die Brisanz der Situation in Deutschland zwang mich, den globalen Aspekt auszuklammern und mich doch mehr mit den Juden in Deutschland zu befassen, obwohl ich mich zunächst dagegen wehrte, da ich nicht auf den Neonazismus in diesem Lande reagieren wollte. Außerdem hatte ich auch keine Lust mehr, das beinahe schon abgedroschene deutsch-jüdische Problem erneut zu wälzen. Ich hatte dies bereits über mehrere Jahre hinweg in zahlreichen Veröffentlichungen getan, und viele andere vor mir, wie Henryk M. Broder, Lea Fleischmann oder Micha Brumlik, hatten ebenfalls alles gesagt, was zu sagen ist – dachte ich. Doch allmählich begann ich einzusehen, daß ich diesem Thema nicht entkommen könnte. Weniger, weil ich nun doch eine Auseinandersetzung mit dem alt-neuen deutschen Rechtsextremismus suchen wollte – das bleibt nun wirklich die Aufgabe anderer –, als vielmehr deshalb, weil ich in meinem täglichen Leben längst meine eigene Position als Jude in diesem Lande neu zu überprüfen begonnen hatte, ganz besonders während des heißen Herbstes 1992. Im übrigen wurde mir bei der Auseinandersetzung mit der Thematik bewußt, daß die meisten Publikationen zum sogenannten deutsch-jüdischen Problem den Aspekt der internen jüdischen Auseinandersetzungen, der Ambivalenzen, der Inkonsequenz und Unsicherheiten, unbeachtet ließen. Man bewegte sich in der Diskussion vor allem auf einer politischen Ebene, die das Gefühlsleben der jüdischen Minderheit in diesem Lande außer acht ließ und die vor allem die Frage nach einer religiösen Identität, den Widersprüchen und Schwierigkeiten, die damit verbunden waren, keine weitere Beachtung schenkte, als ob der Terminus »Jude« nicht auch ein Glaubensbekenntnis sei, sondern nur noch ein soziopolitischer Begriff. Als Henryk M. Broder Anfang der achtziger Jahre Deutschland verließ und sich mit einem aggressiven Artikel gegen den Antisemitismus seiner Generation und vor allem der deutschen Linken in Richtung Israel verabschiedete, war der Schock, das Erschrecken in Deutschland groß. Ebenso heftig waren die Reaktionen auf Lea Fleischmanns Polemik »Dies ist nicht mein Land«. Doch niemand interessierte sich dafür, was Broder oder Fleischmann und zahlreiche andere, weniger prominente Juden aus Deutschland bewogen hatte, wieder in die Bundesrepublik zurückzukehren oder in Israel zu bleiben oder erst gar nicht aufzubrechen. Die psychische Zerrissenheit jüdischer Existenz schien völlig ohne Belang. Und wer in der Öffentlichkeit wußte tatsächlich Bescheid über den kulturellen und emotionalen Hintergrund von uns Juden, die wir bereits in Deutschland geboren oder aufgewachsen waren?

Ich will also mit diesem Buch versuchen, die Problematik deutsch-jüdischer Existenz von innen darzustellen. Dabei war mir von vornherein wichtig, den Schwerpunkt auf das Jüdische zu legen, weniger auf das Deutsche, das heißt, eine weitere Auseinandersetzung mit der deutschen Vergangenheit und der Gegenwart zu beginnen. Ich bin weder Politologe noch Soziologe, die Problematik der Verdrängung der eigenen Vergangenheit in der geistigen Entwicklung der Bundesrepublik ist von zahlreichen kompetenten Wissenschaftlern längst erforscht worden. Ich habe mich also nur an diesen Stellen auf Deutschland und dessen Politik bezogen, an denen sie unmittelbar auf die eigene sogenannte »psychische Befindlichkeit« einwirkt.
In den Vorbereitungen machte ich anfänglich den Fehler, mich allzusehr in die Aufarbeitung der Sekundärliteratur zur Geschichte der jüdischen Gemeinschaft in Deutschland nach 1945 zu vertiefen. Irgendwann einmal wurde mir endlich bewußt, daß ich da Material über mich selber las, Informationen quasi aus zweiter Hand über mein eigenes Leben, anstatt auf die Quellen in mir zu vertrauen. Es war wohl mein unbewußter Versuch, das schwierige Thema auf Distanz zu halten, mich unberücksichtigt zu lassen, um wichtigen Fragen oder Einsichten aus dem Weg zu gehen. Als mir dies klar wurde, hatte ich keine andere Wahl mehr, als mein eigenes Leben zum Parameter dieses Buches zu machen. Dabei bestand selbstverständlich permanent die Gefahr, mich in biographischen Details zu verlieren, so daß ich nichts

mehr über ein jüdisches Leben im heutigen Deutschland sagen könnte.
Ich habe versucht, dies zu vermeiden, indem ich nur solche Episoden meines Lebens ausgewählt habe, die bestimmte Aspekte jüdischer Identität in Deutschland deutlich machen, die in gewisser Hinsicht als pars pro toto gelten können. Meine jüdische Sozialisation in Deutschland darf durchaus als exemplarisch für die sogenannte Zweite Generation gelten. Es gibt sicherlich Abweichungen, auch Randgruppen, die sich mit vielen Aspekten, die ich hier beschreibe, keinesfalls identifizieren können und mir das Recht auf das im Text immer wieder auftauchende »wir« absprechen würden. Doch ich weiß aus den vielen Jahren meiner aktiven Teilnahme am jüdischen Gemeindeleben in Deutschland, daß die große Mehrheit meiner Generation in mehr oder weniger ähnlichen Gefühlswelten lebt. Hinzu kommt, daß ich gerade während der Recherchen zu diesem Buch zahlreiche Gespräche mit Juden meiner Generation in den großen Gemeinden, vor allem in Berlin, Frankfurt und München, geführt habe, die mich im Laufe der Zeit bestätigten, so daß ich mich berechtigt fühlte, immer wieder vom »ich« zum »wir« überzuwechseln.
Als Jude in Deutschland zu leben wird auf absehbare Zeit ein brisantes Thema bleiben. Natürlich ist es nicht so, daß man 24 Stunden am Tag mit dieser Frage durchs Leben läuft. Wie jeder andere Mensch auch, lebt man mit der Familie und Freunden, arbeitet, macht Urlaub, hat Spaß und schlägt sich mit den großen und kleinen Alltagsproblemen herum, die

jeden betreffen. Doch dann gibt es immer wieder jene ganz besonderen Momente, wo all das Verdrängte ans Tageslicht kommt, wo man innehält und sich die Fragen stellt, die ich in diesem Buch darzustellen versuche.
Ich habe keine Lösungen und keine Antworten. Ich kann nur Tendenzen aufzeigen und meine Sicht der Dinge vorstellen. Welche Schlußfolgerungen jeder einzelne aus der schwierigen Geschichte jüdischen Lebens in Nachkriegsdeutschland zieht, das bleibt eine persönliche Entscheidung, genauso wie ich lediglich die Möglichkeit habe, für mein eigenes Leben zu entscheiden. An dieser Stelle gibt es kein »wir« mehr.
Dieses Buch entstand in einer äußerst schwierigen Situation. Die täglichen Nachrichten über »aufgeklatschte Neger« und »abgefackelte Türken«, über die Pogrome, die sich durch das ganze Land zogen, das Versagen der Politik und der Gesellschaft, die schlechte Atmosphäre draußen im Lande begleiteten als geräuschvolle Hintergrundkulisse mein tägliches Geklapper auf der Tastatur meines Computers. Hinzu kamen private Umstände, die seit Beginn der Vorbereitungen zu diesem Projekt einen Prozeß des totalen Umbruchs einleiteten. Wenn es mir gelungen sein sollte, all dies in diesem Buch wie bei einer Momentaufnahme festzuhalten, hätte ich viel erreicht.

November 1993/ Kislew 5754

»Wenn ›ich‹ wahrhaft ›ich‹ sein soll, dann kann sein Gebrauch nur von einem Fremden beansprucht werden. Um – endlich – er selbst zu sein, war der Jude es sich schuldig, kompromißlos zu sein. Der ›Fremde des Fremden‹, habe ich einmal geschrieben.«

Edmond Jabès

»Ohne auf ihre Religion zu verzichten, versuchten sie, diese in eine Art Protestantismus umzuwandeln und aus ihren Tempeln preußische Kasernen zu machen. Sie nannten sich ›deutsche Staatsbürger jüdischen Glaubens‹, und die Tatsache, daß sie den Namen ›deutsche Staatsbürger‹ anstatt einfach ›Deutsche‹ annahmen, beweist: Sie selbst fühlten, daß die Staatsbürgerschaft noch keine Verschmelzung mit Volk und Nation bedeutete. Sie hatten gerade noch so viel Willenskraft, um sich nicht von der jahrtausendealten Tradition ihrer Väter zu trennen, aber sie waren zu kraftlos, diese Tradition nicht zu verfälschen. Weil sie nicht den Mut besaßen, selbst zu konvertieren, zogen sie es vor, die gesamte jüdische Religion zu taufen. So entstanden jüdische Priester mit protestantischem Benehmen und in protestantischer Verkleidung; ›reformierte israelitische Gemeinden‹, die den Sonntag statt den Sabbat heiligten; Juden, die sich am Yom-Kippur-Tag in luxuriösen Kaleschen in der Uniform des Reserve-Leutnants der preußischen Regimenter zum Tempel – dem Haus eines verratenen Gottes – begaben; Juden, die schließlich dahin kamen, die ›jüdische Konfession‹ als eine vom Staat eingeräumte Konzession an Jehova als einen preußischen Zwillingsgott anzusehen ...«

Joseph Roth

»Deutschland ist kein Boden für Juden. Hier riecht es nach Leichen, nach Gaskammern und nach Folterzellen.«

Robert Weltsch

»In Berlin geht an einem schönen Sommernachmittag ein Türke in ein jüdisches Restaurant und erschießt einen Juden. Am selben Nachmittag geht ein Jude in ein türkisches Restaurant und erschießt einen Türken.
Frage an den Sportsfreund: Wie steht das Spiel?
Antwort: 1:1
Falsch: 2:0 für Deutschland!«

Klaus, elf Jahre alt

PROLOG

Juden haben in Deutschland nichts verloren, heißt es – dies ist das Axiom, vor dessen Hintergrund dieses Buch entstand. Es ist die Grundregel jüdischen Lebens in Deutschland nach 1945, es gilt für den Zentralrat der Juden in Deutschland, es gilt für die Gemeinden, es gilt für jedes einzelne jüdische Individuum, es gilt, natürlich, auch für mich. Deutsche denken so und Juden überall auf der Welt ebenfalls. Es war ein Fehler, daß sich Juden nach 1945 wieder in Deutschland niederließen. Manche taten es unfreiwillig, einige sogar widerwillig, gewiß. Doch das ändert nichts: Es war ein Fehler. Natürlich kann ich als nachkriegsgeborener Jude der sogenannten »Zweiten Generation« die Generation der Überlebenden, meine eigenen Eltern, nicht verurteilen. Ich weiß nicht, wie ich in ihrer Situation gehandelt hätte, ich weiß nicht, was sie letztendlich dazu bewogen hat hierzubleiben. Das Schicksal, was auch immer darunter zu verstehen ist, hat einen versprengten Haufen jüdischer Menschen nach Deutschland gebracht, der schließlich hiergeblieben ist: sei es aus Krankheit oder aus Geldmangel, sei es, weil die notwendigen Visa für die USA nicht genehmigt wurden oder weil Israel einfach zu weit weg im Orient erschien, sei es aus sprachlichen Gründen, sei es, weil man in Deutschland die einzigartige Möglichkeit sah, Geld zu verdienen, sich endlich ein schönes Leben aufzubauen, jenseits der Stacheldrahtmauern von Auschwitz, jenseits der Armut der osteuropäischen Stetls, jenseits der Nahostkriege.
Und doch: Es war ein Fehler, daß sich Juden in

Deutschland niederließen. Die Selbstachtung der jüdischen Gemeinschaft wurde dadurch noch mehr untergraben, als die Nazis dies in den Ghettos, in den KZ, in den Todes- und Vernichtungslagern schon so erfolgreich getan hatten. Das jüdische Selbstverständnis wurde mit Füßen getreten, die Diaspora unnötig um eine neue Variante »bereichert«: Als Ferdinand und Isabella von Spanien 1492 rund 250 000 Juden von der Iberischen Halbinsel vertrieben hatten, wurde Spanien von den Rabbinen mit dem Cherem, dem Bannfluch, belegt, so daß auf Hunderte von Jahren hinaus kein Jude mehr seinen Fuß auf spanischen Boden setzte.

Nicht so im 20. Jahrhundert. Nazideutschland hatte sechs Millionen Juden umgebracht, ermordet, abgeschlachtet, vernichtet, vergast, und nur kurz nach dieser größten Katastrophe der Menschheitsgeschichte lassen sich Juden im Land der Mörder nieder, leben Seite an Seite, Wand an Wand mit Mitläufern, Wehrmachtssoldaten, Mördern, mit SS-Offizieren, Parteigenossen und ehemaligen KZ-Wächtern.

Mutter, Vater – wie konntet ihr das nur tun? Was, um alles in der Welt, ist in euren Seelen vor sich gegangen, daß ihr in der Lage wart, dies zu ertragen? Wieviel habt ihr verdrängen müssen, um diese alltägliche Schmach, diese Tortur zu ertragen? Oder war das nichts im Vergleich zu dem, was ihr bereits durchgemacht hattet? Spielt es vielleicht nach Auschwitz und Treblinka, nach Maidanek und Sobibor, nach Dachau, Bergen-Belsen, Mauthausen und

Ravensbrück einfach keine Rolle mehr, wo man lebt? Wie man lebt?
Diese Fragen stellten wir unseren Eltern – manchmal allerdings nur in Gedanken, weil wir es nicht wagten, an dieser Wunde zu rühren. Oder auch, weil wir die Antwort nicht hören, die Wahrheit nicht wissen wollten.
Doch dieses tiefe Schuldgefühl, daß Juden nach der Shoa nicht in Deutschland leben sollten, brannte sich in unsere Seelen ein, wie einst die KZ-Nummern auf den Unterarmen unserer Eltern und Großeltern eingebrannt wurden.
Aber nun sind wir einfach da in Deutschland. Es gibt bereits eine Dritte Generation, und eine Vierte wird bald geboren werden. Und obendrein wandern jetzt auch noch Juden aus Osteuropa nach Deutschland ein, von den Israelis, die schon seit Jahrzehnten hier leben, ganz zu schweigen.
Juden leben in Deutschland: Sie lebten hier im Mittelalter und 1933, sie lebten hier 1945, und heute sind sie immer noch da. So ist es.
Damit müssen die Deutschen leben. Und wir Juden auch.
Jüdische Identität in Deutschland, was ist das? Jude sein in Deutschland, was bedeutet das?
Die Frage nach der jüdischen Identität stellt sich Juden im Zeitalter des Laizismus überall auf der Welt. Insofern scheint diese Frage nichts Besonderes zu sein. Doch hier in der Bundesrepublik bekommt sie zusätzliches Gewicht. Nirgends auf der Welt leben Juden mit so gravierenden Brüchen in ihrer Seele wie

in Deutschland, nirgends ist ihre Identität so fragwürdig wie hier, denn für uns Nachkriegsgeborene bedeutet es bereits, zum Teil wieder »deutsch« zu sein. Juden in Deutschland leben mit Schuldgefühlen und Ausreden, mit Selbstzweifeln und Trotz, mit schlechtem Gewissen und Stolz, mit tausend guten Gründen, warum sie gerade hier leben, obwohl sie wissen, daß all diese Gründe fadenscheinig sind. Wir, die wir nach 1945 geboren sind, haben im Gegensatz zu unseren Eltern die freie Wahl: Wir könnten dieses Land jederzeit verlassen, die Grenzen sind offen, wir sind jung, gesund, polyglott. Aber dieses Land ist unser Geburtsland, unser Zuhause, ob wir uns dies nun eingestehen wollen oder nicht. Manchmal beschleicht einen das Gefühl, wir würden die Fehler der deutschen Juden vor 1933 wiederholen, die ebenfalls daran glaubten – und mit weit triftigeren Gründen als wir heute –, daß dieses Land ihre angestammte Heimat sei.

Juden in Deutschland leben mit einer alles überwältigenden Vergangenheit und einer immer ungewisseren Zukunft.

Juden sollten nicht in Deutschland leben, heißt es. Aber sie sind da. Damit weist die jüdische Existenz hierzulande spezifische, komplexe Eigenschaften aus, die sie geradezu exemplarisch macht für die Doppelbödigkeit der Diaspora.

FASSBINDER

Das Jahr 1985 markierte einen Wendepunkt im deutsch-jüdischen Verhältnis. In jenem Jahr kulminierte die problematische Situation zwischen Juden und Deutschen – ich verwende bewußt diesen Gegensatz – in einem Eklat, dessen Bedeutung für die nachfolgende Zukunft wohl jetzt erst allmählich erkannt wird.
Als Helmut Kohl 1982 die Regierungsgeschäfte übernahm, bedienten seine Partei und er sich eines Wahlslogans, der übler nicht sein konnte: Die Konservativen versprachen eine »geistig-moralische Wende«, die nun endlich, nach Jahren der sozialliberalen Koalition, in der Bundesrepublik eingeläutet werden konnte. Eine geistig-moralische Wende? Damit sollte doch nichts anderes suggeriert werden, als daß die politische Ära der siebziger Jahre unmoralisch war, daß also in Deutschland Liberalismus und Sozialdemokratie geächtet gehören. Moralisch sei demzufolge nur das Politgebräu der CDU/CSU und anderer Ableger im konservativen Lager, aus dem sich hierzulande gerne ein nationalistischer Trub absetzt. Der beginnt aber ganz furchtbar zu gären, je länger er steht.
Der Tenor hinter Kohls Aussage war klar und erinnerte nur allzusehr an das Schwarzweißdenken des US-Präsidenten Ronald Reagan im Ost-West-Konflikt: Die Mächte des Bösen hätten nun ausgespielt, die Mächte des Guten würden nun endlich, endlich Deutschland aus seinem Schattendasein befreien!
Helmut Kohl machte mit seinem Parteislogan ernst.

Von der »Gnade der späten Geburt« über seinen peinlichen Besuch in Israel 1984 bis hin zur symbolischen »Aussöhnungsgeste« mit den USA vor den Gräbern der Waffen-SS in Bitburg – Ziel des »Enkels von Konrad Adenauer«, wie Kohl sich gerne selber stilisierte, war es, die achtziger unmittelbar an die fünfziger Jahre anknüpfen zu lassen und somit das restaurative Element in der Geschichte der Bundesrepublik zu stärken.
Im Zuge dieser allmählichen »Entsorgung« der deutschen Vergangenheit von eigenen Gnaden und aus eigener Kraft ließ sich die Bundesregierung sogar dazu herab, ein Gesetz gegen die »Auschwitzlüge« zu erlassen, das aber nur deshalb verabschiedet wurde, weil es einen Passus enthielt, in dem die Staatsanwaltschaften dazu verpflichtet wurden, ebenfalls gegen jene strafrechtlich vorzugehen, die ein Vertreibungsverbrechen gegenüber Deutschen bestreiten. Was als einzelne, gedankenlose Dummheit erschien, hatte in Wirklichkeit Methode: die schleichende Gleichsetzung von Tätern und Opfern, die Vermischung von Ursache und Wirkung, die Abstreifung jeglicher Verantwortung gegenüber der nationalsozialistischen Vergangenheit. Wozu aber das alles? Was wollte Kohl damit erreichen? Welche »Wende« sollten die achtziger Jahre einläuten?
Das Zauberwort hieß »Normalität«.
Normalität – das bedeutete, als Gleicher unter Gleichen anerkannt zu werden; Normalität – das bedeutete, endlich von der Vergangenheit Abschied neh-

men zu können, um nach vorne schauen und kraftvoll die Zukunft gestalten zu können. Es bedeutete, nicht mehr vor dem Ghetto-Denkmal in Warschau auf die Knie fallen zu müssen, wie dies nur wenige Jahre zuvor Willy Brandt getan hatte. Es bedeutete, sich morgens mit gutem Gewissen im Spiegel betrachten zu können, es bedeutete – den anderen Völkern ihre Verbrechen am deutschen Volk zu verzeihen!

Als Ronald Reagan trotz des massiven Protestes im eigenen Land mit Helmut Kohl vor den SS-Gräbern stand, da mußte sich Kohl wie der wahre Sieger des Zweiten Weltkrieges fühlen.

Die Figur, die beide »Staatsmänner« bei dieser Aktion abgaben, war so grotesk, daß man sich nur noch wünschen konnte, Ronald und Helmut würden sich am Ende dieses C-Picture-Movie auf ihre Pferde schwingen und gemeinsam in den Sonnenuntergang hineinreiten, neuen, fernen Abenteuern entgegen. The End and fade out ...

Doch nichts da: Unerbittlich verfolgte Helmut Kohl sein erklärtes Ziel. »Normalität« hieß das Losungswort der neuen Regierung, die sich in ihrer Mentalität nur wenig von den konservativen Regierungen der Anfangsjahre dieser Republik unterschied. Von den Kabinetten Adenauers und Erhards hob sich die Regierung Kohl in einem entscheidenden Punkt allerdings ab: Die Mehrheit ihrer Mitglieder genoß bereits die »Gnade der späten Geburt«. Sie war nicht mehr aktiv am Zweiten Weltkrieg beteiligt. Doch was die neuen Führer der Nation übersahen, war, daß sie die

Normalität, die sie sich erträumten, nicht bekamen, da sie sich weder in ihren eigenen Köpfen noch in der »deutschen Volkseele« einstellen wollte, einstellen konnte. Wie auch? Daß Verdrängtes immer und immer wieder aus dem Unbewußten auftauchen muß, bis sich der Patient dem Problem stellt, ist jedem Psychologiestudenten im ersten Semester bestens bekannt. Warum sollte es mit der kollektiven Psyche also anders sein? Denn Normalität war in Deutschland zu einem psychischen Problem geworden, eine politische Dimension besaß es schon längst nicht mehr. Das Ausland, ja selbst Israel, hatte doch ein normales Verhältnis zur Bundesrepublik: Die diplomatischen Beziehungen mit allen wichtigen Staaten dieser Erde funktionierten, die politischen, militärischen und wirtschaftlichen Verbindungen Deutschlands innerhalb der EG, der NATO und anderer Organisationen waren eine Tatsache, mit der kaum jemand irgendwelche Schwierigkeiten hatte.
Doch Helmut Kohl war dies nicht genug. Er wollte zum Psychotherapeuten der Nation aufsteigen, er wollte, daß Deutschland normaler wird als nur normal – und dazu mußte die Grenze zwischen Opfer und Täter verwischt werden.
1985 war ein heikles Jahr. Gleich mehrere unangenehme »Jubiläen« standen auf dem offiziellen Kalender: Der vierzigste Jahrestag der Kapitulation mußte gefeiert werden, die Vorbereitungen dazu waren durchsetzt von Peinlichkeiten, Streitereien und Diskussionen, die sich dank einer geschickten Rede von Bundespräsident Richard von Weizsäcker am 8. Mai

zur Erleichterung vieler auflösten. 1985 war aber auch das Jahr, in dem sich die Einführung der Nürnberger Rassengesetze zum fünfzigsten Mal, die Nürnberger Kriegsverbrecherprozesse zum vierzigsten Male, die Aufnahme der diplomatischen Beziehungen zwischen der BRD und Israel zum zwanzigsten Male jährten. Lauter unangenehme Daten, die eben jenes Verdrängte ins allgemeine Bewußtsein zurückriefen, das man doch unbedingt und endlich unter Verschluß halten wollte.

Und just in jenem Jahr 1985 brach ein Sturm im Wasserglas Deutschland aus, der sich unter dem Namen »Fassbinder-Affäre« in die Annalen der deutschen Nachkriegsgeschichte eintragen sollte.

Was war geschehen? Günther Rühle, früher Theaterkritiker der *Frankfurter Allgemeinen Zeitung,* jetzt frischgekürter Intendant des Frankfurter Schauspiels, hatte sich gleich zu Beginn seiner ersten Spielzeit einen Knüller einfallen lassen: Das heißumstrittene Stück *Der Müll, die Stadt und der Tod* des verstorbenen enfant terrible des deutschen Films, Rainer Werner Fassbinder, sollte endlich zur Uraufführung gelangen. Sieben Versuche waren diesem neuesten bereits vorausgegangen, doch jedesmal war die Aufführung verhindert worden, da das Stück, in dem eine der dramatis personae als »reicher Jude« betitelt wird, als antisemitisch angesehen wurde. Nur ein knappes Jahr vor dem 31. Oktober 1985, dem geplanten Premierentag am Frankfurter Schauspiel, hatte der damalige Generalmanager der Alten Oper in Frankfurt, Ulrich Schwab, seinen Hut nehmen müssen, weil er gegen die ausdrückliche Weisung des Aufsichtsrats seines Unternehmens dieses Stück unbedingt aufführen wollte.

Der Müll, die Stadt und der Tod war seit seiner Niederschrift in den siebziger Jahren ein Theaterskandalon geworden. Fassbinder hatte testamentarisch verfügt, daß die Uraufführung nur in Frankfurt oder New York stattfinden dürfe. Das Stück, eigentlich eher ein Fragment, das Fassbinder angeblich während eines Transatlantikfluges zu Papier gebracht hatte, beschäftigte sich mit der Sanierung und den Häuserspekulationen der sechziger und siebziger Jahre im Frankfurter Westend. Der »reiche Jude« ist der Spekulant, der im Auftrag der Stadt das schöne Westend zerstört und sich dabei noch an den Bewohnern der alten Häuser für Auschwitz rächt, ganz nebenbei eine Prostituierte mit einer Krawatte erwürgt und auch sonst eher eine unsympathische Figur abgibt. Daneben gibt es noch die Figur eines alten Nazi, der permanent antisemitische Klischees zum besten gibt, die immerhin einst den Weg nach Auschwitz eröffneten. Die Diskussion, die dieses Stück ein Jahrzehnt lang ausgelöst hatte, beschäftigte sich vor allem mit der Frage, ob es nun wirklich antisemitisch sei oder nicht, ob Fassbinder ein Antisemit sei oder nicht, ob man es trotzdem oder gerade deshalb spielen dürfe. Die deutschen Feuilletons gaben ihre Meinungen wieder, je nach politischem Standort, letztendlich kam es niemals zu einer Aufführung. Zu groß war der Widerstand und der Protest von jüdischer Seite und auch von politischen Kräften dieses Landes.

Günther Rühle jedoch, der noch 1984 in seiner Funktion als Theaterkritiker Fassbinders Werk als »grobes Gebilde« und »rüdes Zusammengefüge« abgelehnt hatte, Günther Rühle hatte nun in doppelter Hinsicht die Seiten gewechselt: Als Theatermacher fand er *Der Müll, die Stadt und der Tod* plötzlich aufregend und aufrüttelnd, es mußte einfach gespielt werden, und er, Rühle, wollte sich den Lorbeerkranz aufsetzen, dieses skandalumwitterte Opus endlich auf die Bühne gehievt zu haben. Das politische Klima im Lande, das sich in nur drei Jahren Regierung Kohl radikal verändert hatte, begünstigte Rühles Kühnheit. Es ist gewiß kein Zufall, daß ausgerechnet im Jahre 1985 *Der Müll, die Stadt und der Tod* am Frankfurter Schauspiel aufgeführt werden sollte: eingebettet zwischen Bitburg, den antisemitischen Ausfällen des CSU-Bundestagsabgeordneten Fellner und eines Grafen Spee aus Korschenbroich und dem neuen Auschwitzlügengesetz.

Der Eklat kam. Anders als wohl jeder in diesem Land dies ahnen konnte, heftiger, als man annehmen mußte. Unerbittlicher, als man sich dies noch wenige Jahre zuvor hätte vorstellen können.

Juden stürmten am Premierentag, dem 31. Oktober 1985, die Bühne des Frankfurter Schauspiels, hielten sie besetzt und verhinderten so die Aufführung des Stückes. Diese Nachricht war nicht mehr Gegenstand der Feuilletons und Kulturmagazine im Fernsehen. Sie wurde zur politischen Meldung des Jahres. *Die Zeit* hob das Thema in den politischen Teil des Blattes, die Tagesschau eröffnete seine

Hauptnachrichtensendung mit der Meldung aus Frankfurt. Es war unglaublich: Juden wehrten sich. Juden wagten es, aus der Deckung hervorzukriechen. Sie widersprachen, sie waren aggressiv, sie ließen sich nichts gefallen. Juden duckten sich nicht!

Im Herbst 1985 lebte ich in Wien. Ich war dort an einem Theater engagiert und bekam die Vorgänge um die geplante Aufführung in Frankfurt nur über die deutschen Blätter mit. Von der Stimmung, wie sie sich innerhalb der jüdischen Gemeinden entwickelte, wußte ich nichts. Das Gemeindeleben hatte ich schon vor Jahren verlassen. Ich empfand es als zu eng, zu kleinbürgerlich, zu ghettoisiert. Jetzt, im Herbst 85, war ich für einige Tage in München, als ich am Abend die Fernsehnachrichten einschaltete und die Bilder von der Demonstration vor den Türen des Theaters ins Haus geliefert bekam. Mich interessierte, was da geschah, weniger als Politikum denn als Theaterereignis. Ich kannte das Fassbinder-Stück nur peripher, weil ich mich bereits für die Filme von Rainer Werner Fassbinder nur selten begeistern konnte. Warum das so war, darüber hatte ich mir lange keine Gedanken gemacht.

Ich hatte Fassbinder flüchtig gekannt. Wenn man in den siebziger Jahren in München am Theater arbeitete, konnte es gar nicht ausbleiben, daß man Fassbinder irgendwo einmal traf. Mit seiner Lieblingsschauspielerin Hanna Schygulla hatte ich an den Münchner Kammerspielen in einer Produktion mitgewirkt. Hanna bekam damals einen Filmpreis für ihre Rolle in Fassbinders *Die Ehe der Maria Braun* – es war übrigens einer der wenigen Filme von Fassbinder, die ich mochte. Warum das so war – auch darüber hatte ich mir keine Gedanken gemacht. Als ich also die Fernsehbilder aus Frankfurt sah, da war mein erster Reflex auf die Situation eher assoziativ: Erinnerungen an Fassbinder stiegen auf, der damals ja schon tot war, Erinnerungen an Hanna, die ich während unserer gemeinsamen Arbeit schätzen lernte. Ich fragte sie damals, wieso eigentlich der Fassbinder ein Antisemit sei. Hanna stritt dies brüsk ab, meinte, das stimme ja gar nicht, woher ich diesen Unsinn nur hätte. Naja, von diversen Äußerungen, die er im privaten Bereich gemacht hatte, aber auch durch die Darstellung der Juden in seinen Filmen! Ich hatte mir nie Gedanken gemacht, warum ich Fassbinders Filme nicht mochte, doch plötzlich, eines schönen Frühlingmorgens Ende der siebziger Jahre, brach dieses Argument aus mir heraus. Interessant. Noch einmal wies Hanna meine Meinung zurück. Ja, Fassbinder habe doch auch zynische und üble Bemerkungen über Schwule gemacht, und schließlich sei er selber schwul. So war er nun mal, der Rainer. Ich glaubte Hanna. Wir probten damals unter der Regie von George Tabori ein Stück, das die Geschichte seiner Mutter in Auschwitz erzählt. Hanna spielte seine Mutter. Und wenn Hanna solch eine Rolle spielen konnte, dann hatte ich keinen Grund, ihr zu mißtrauen.

Diese Erinnerungen sprudelten in mir hoch, als ich am 31. Oktober 1985 die Nachricht sah, daß Juden in

Frankfurt eine Aufführung zum Platzen bringen wollten.
Ich fühlte nichts. Keine Loyalität, keine Zugehörigkeit, einfach nichts. Es war mir egal, ich dachte nur: Das ist Zensur. Man darf kein Stück zensieren. Diese Idioten, wie können sie nur. Man muß jedes Stück spielen dürfen. Die Kunst ist frei, wir leben in einer Demokratie. Ich ärgerte mich. Dennoch demonstrierten Juden gegen ein angeblich antisemitisches Stück in Frankfurt. Doch diese Juden gingen mich nichts an. Gar nichts, wirklich nichts. Ganz leise in mir gab es eine Stimme, die entsetzt reagierte auf die Bilder, die da gezeigt wurden: Ein älterer Herr erzählte dem Fernsehreporter in schlechtem Deutsch, wie er im KZ gelitten hatte, junge Juden sangen idiotenstolz vor laufender Kamera »Am Jisrael Chai« – Das jüdische Volk lebt. Unbehagen breitete sich in mir aus, damit wollte ich nichts zu tun haben. Ich schämte mich für diese Menschen, ich schämte mich, mit ihnen in einen Topf geworfen zu werden. Ich bin nicht wie diese, ich habe mich emanzipiert, ich weiß, wie man sich wahrhaftig als Demokrat verhält: »Freiheit ist immer die Freiheit des Andersdenkenden« – heißt es nicht so? Ich weiß das, ich lebe danach. Ich kann sogar richtig Deutsch sprechen. Ich bin kein Stetl-Jude, ich schaue nicht aus wie ein Jude. Ich bin groß, stark, habe keine gebogene Nase, kann mich benehmen …
Diese Gedanken schossen mir durch den Kopf. Diese Kettenreaktion war viel zu lange schon in mir fest verankert. Hunderttausendmal hatte ich schon diese

Reaktion gehabt, immer dann, wenn ich Juden erlebte, die sich in einer Art und Weise verhielten oder benahmen, daß ich davon ausging, dieses Verhalten würde die Vorurteile gegenüber Juden auch noch bestätigen. Und ich wollte nicht dazugehören, ich wollte ganz einfach nicht in diesen Topf hineingeworfen werden, da ich anders war. Anders aussah, anders dachte. Als ich noch ins Gymnasium ging, trieb ich mich während des Religionsunterrichts meiner Klassenkameraden in den Gängen des Schulgebäudes herum. Einmal kam ein älterer Schüler der Oberstufe auf mich zu und fragte mich, wieso ich denn nicht im Unterricht wäre. Als er erfuhr, daß ich Jude bin, meinte er überrascht und freundlich: »Ach, wirklich, du schaust gar nicht so aus!« Damals freute ich mich darüber, ich empfand es als Kompliment, als hilfreich, da ich dadurch an meinem Äußeren eben nicht sofort als Jude erkennbar war. Ein gewisser Schutz, nicht wahr? Ich war elf Jahre alt, als sich diese Situation ereignete. Der gleiche Reflex also 18 Jahre später, angesichts der Nachrichtenbilder aus Frankfurt. So kurz jedoch, so verknappt, daß ich einfach weitermachte, als ob nichts geschehen sei.

Als ich am späten Abend noch einmal das Fernsehen einschaltete und erfuhr, daß die Demonstration erfolgreich gewesen und die Uraufführung geplatzt sei, stöhnte ich laut auf. Was würde das nur für neue antisemitische Ressentiments in diesem Lande wekken. Warum nur sind die Juden hierzulande so blöd? Ich regte mich furchtbar auf, von wegen Freiheit der

Kunst und so. Daran versuchte ich mich festzuhalten – in Wirklichkeit ging es mir jedoch darum, daß nichts, aber auch gar nichts meinen Weg in die Integration stören durfte. Das war schließlich mein erklärtes Ziel gewesen, als ich mit zwanzig die Gemeinde verlassen hatte. Ich wollte in Deutschland zu Hause sein. Dazugehören, als gleichwertiges Mitglied dieser Gesellschaft. »Freiheit der Kunst«? »Störet meine Kreise nicht«! Das war es, worum es mir wirklich ging.

Doch die nächsten Tage belehrten mich eines Besseren. Die nun folgende Diskussion, die Zeitungsartikel, die Talk-Shows im Fernsehen, die Gespräche unter Kollegen im Theater – plötzlich saß ich zwischen allen Stühlen. Denn die Kontroverse, die in den folgenden Wochen und Monaten die Republik erschütterte, verdichtete auf engstem Raum die verlogene und verdruckste Diskussion, die sich seit Jahrzehnten als sogenannter »deutsch-jüdischer Dialog« tarnte. Es gab keinen Dialog zwischen Deutschen und Juden. Es gab eine heftige Auseinandersetzung, in der sich Deutsche gegenseitig bekriegten und bekämpften. Alte gegen Junge, Linke gegen Rechte, und schließlich durch alle Parteien und Bundesgenossenschaften hindurch alle gegen alle.

Deutschland forderte sein Recht auf Normalität ein, es klagte sein Recht auf Normalität ein, das es einfach nicht bekommen konnte, weil sich die bösen Juden dagegen sträubten. So zumindest schimmerte es zwischen den Zeilen hindurch, die aufgeregte Gemüter strammer Linker und Rechter zu Papier brachten. Man berief sich auf das Grundgesetz. Juden hätten es mit Füßen getreten, weil sie mit ihrer Demonstration die Meinungsfreiheit auf der Bühne mißachtet hätten. Man begab sich in die Opferhaltung, um gleichzeitig die Opfer als wahre Täter beschuldigen zu können. Noch vor dem geplanten Premierentermin wollte das Berliner Jüdische Kulturforum die Aufführung des Fassbinder-Stückes mit einer Strafanzeige wegen Volksverhetzung, Rassenhaß und Beleidigung verhindern. Heiko Holefleisch, damals Dramaturg am Frankfurter Theater, hatte dazu nichts anderes zu sagen, als daß diese Klage »nicht hilfreich« sei.

Peter Iden, damals Theaterkritiker der *Frankfurter Rundschau*, verstieg sich in seiner Beurteilung der Lage zu einigen interessanten Äußerungen. Ähnlich Günther Rühle, der während der Demonstration im Theatersaal immer wieder aufforderte, man solle die Inszenierung doch aufführen, da nur sie den Beweis erbringen könne, daß das Stück nicht antisemitisch sei, erklärte Iden: »So schwierig ist die Situation, weil erst und *nur* eine Inszenierung – die sich indes nicht zeigen darf – den Beweis erbringen kann, daß Fassbinders Szenen *nicht* von einer antisemitischen Grundhaltung bestimmt sind. Das Frankfurter Theater hat es auf sich genommen, diesen Beweis zu erbringen – ein Unternehmen, das von allen Beteiligten höchste Verantwortung verlangt: Denn natürlich waren dabei die Ängste und die in geschichtlicher Erfahrung gründenden Empfindlichkeiten jüdischer Mitbürger unter allen Umständen zu bedenken.« Diese Form von Gehirnakrobatik konnte auch andernorts immer wieder gefunden werden: Denn wenn – wie Rühle und Iden unisono behaupteten – das Stück gar nicht antisemitisch sei, warum wäre dann »höchste Verantwortung« verlangt und auf welche Empfindlichkeiten jüdischer »Mitbürger« hätten dann die Frankfurter Theatermacher eingehen müssen? Doch Iden geht noch weiter, er schreibt: »Die Verhinderung von Aufführungen in dem städtischen Theater ist auch Ausdruck eines Machtanspruches bestimmter herrschender Kreise der Stadt, die, wie der korrupte Polizeipräsident in dem umkämpften Stück, aus leicht identifizierbaren Interessen nicht zulassen wollen, daß öffentlich verhandelt wird, was für Fassbinder allerdings ein Thema war: die Zugehörigkeit einiger Vertreter des jüdischen Kapitals zu einem rechten Power-Kartell, das während der sechziger und siebziger Jahre breite Felder der städtischen Politik bestimmt hat, zumal der Stadtplanung und der Baupolitik.«

Was Iden in seiner genüßlichen Agitpropsprache eigentlich sagen will, ist, daß der Jude an allem schuld sei. Doch in einem entscheidenden Punkt irrt Herr Iden: Kein rechtes Power-Kartell versuchte irgend etwas zu verhindern. Denn immerhin war Frankfurt in den entscheidenden Jahren der »Stadtplanung und Baupolitik« SPD-regiert. Und ebenso unsinnig ist Idens Behauptung, bestimmte Kreise würden irgend etwas verhindern wollen: Die Presse, nicht nur in Frankfurt, setzte sich jahrelang mit der Sanierung des

Westends auseinander. Wovon spricht also dieser Theaterkritiker?
Die Auseinandersetzung von einst erweist sich im heutigen Licht als Decouvrierung eines deutschen Zeitgeistes, der durchsetzt war von einer alten Weinerlichkeit und einer neuen, alt-neuen Arroganz. Am 8. November 1985 schreibt Theo Sommer in der *Zeit*: »So verständlich die subjektive Angst der Überlebenden des Holocaust auch ist, es muß erlaubt sein, deren objektive Stichhaltigkeit zu bezweifeln. In der Gesellschaft der Bundesrepublik, in den Herzen und Köpfen ihrer Bürger findet sich dafür keine Begründung: Es droht kein neues Auschwitz.« Ob Herrn Sommer bei der erneuten Lektüre dieser Zeilen nach Rostock und Hoyerswerda, nach Hünxe, Mölln und Solingen vielleicht nicht doch etwas mulmig wird?
Benjamin Henrichs gar versteigt sich in einen Vergleich, der für viele Theaterkritiker zum casus belli gegen die Juden wurde: die Freiheit der Kunst. Er schreibt: »Die Demonstranten hatten recht, *ihr* Recht. Nun müßten sie, auch wenn es weh tut und empört, akzeptieren, daß es noch ein anderes Recht gibt. Die Freiheit des Theaters, die auch eine Freiheit zu Fehlentscheidungen sein muß. Auf die Demonstration jüdischen Mutes mußte nun eine Geste der Großmut folgen, auf den Akt des Widerstands das Zeichen der Toleranz. Wenn aus ihrem Recht kein Unrecht werden soll, müssen die Demonstranten die Aufführung ertragen, muß ihr Protest ein gewaltloser werden.« Also auch hier die Verkehrung der Situation: Die Juden sind die Täter, die Deutschen, respektive die

Theatermacher, die Opfer. Ausgerechnet Juden müßten – angesichts eines Stückes, das sie für antisemitisch halten – Großmut, Toleranz erweisen. Henrichs, stellvertretend für viele andere, kann einfach die Perfidie seiner Gedanken nicht erkennen. Die Deutschen als Opfer der Juden. Diesen Unsinn hat in noch weit schlimmeren Ausmaßen bereits die NS-Propaganda unters Volk gebracht. Auch Rudolf Augstein verrät sich, wenn er im *Spiegel* vom 11. November 1985 schreibt: »Warum wollen wir uns wegen einer mittelmäßigen Hervorbringung in aller Welt wieder als Judenfeinde darstellen lassen, die wir in Wahrheit doch nicht oder nicht mehr sind?« Wieder geht es nicht um die Gefühle der Juden, es geht nicht um die Frage, ob man ein mittelmäßiges, antisemitisches Stück spielen soll oder nicht (was wäre eigentlich, wenn das Stück nicht mittelmäßig wäre?), sondern es geht um das Bild der Deutschen in der Welt. Wieder und immer wieder: die Deutschen als – in diesem Falle: potentielle – Opfer.

Die eigentlich tragikomische Figur in dieser Posse waren aber weder die demonstrierenden Juden auf der Bühne, noch die Figur des »reichen Juden«, noch Ignatz Bubis, damals noch Vorsitzender der Jüdischen Gemeinde in Frankfurt und angeblich die reale Vorlage für den Bauspekulanten in Fassbinders Stück. Die tragikomische Figur war Günther Rühle, ein wahrer Shylock. Er war ausgezogen, um sein Pfund Fleisch einzufordern, und erhielt – nichts. Rühle verstrickte sich in eine Flut von Mißverständnissen und Fehlleistungen, die schlimmer nicht sein konnten: Sein Gesinnungswandel in der Beurteilung des Stückes war nur ein erster Schritt. Noch im Vorfeld der Premiere dämmerte es dem wackeren Schauspieldirektor, daß Fassbinders Bezeichnung »reicher Jude« wohl doch zu sehr einem uralten antijüdischen Klischee entspricht. Um diesen Effekt zu vermeiden, bot er also an, der Figur einen Namen zu geben – als ob damit das Problem aus der Welt sei. Doch das war noch nicht alles. Rühles völlig unlogische und daher um so fatalere Überzeugung, man müsse das Stück spielen, denn nur die Inszenierung könne beweisen, daß es nicht antisemitisch sei, war von unsagbarer Naivität. Wenn dem so gewesen wäre, dann hätte auch jede Inszenierung das genaue Gegenteil beweisen können: Die szenische Interpretation eines Stükkes läßt so ziemlich jede Deutung zu. Rühle scheint sich irgendwann doch nicht mehr ganz sicher gewesen zu sein, denn er machte einen Rückzieher: »Das müssen wir dann sehen im Gespräch mit dem Publikum, wie es wirkt, und wenn wir sehen, das wirkt in die ganz andere Richtung, dann werden wir das im Spiel korrigieren. Dann ist es falsch inszeniert, denn so war es nicht gemeint.«

So war es nicht gemeint? So war es natürlich auch nicht gemeint, als plötzlich die Rede von dem Ende der Schonzeit für Juden aufkam. Eine Äußerung, die der jüdische Publizist Henryk M. Broder Günther Rühle zuschrieb, bis ihm dann per Gerichtsbeschluß untersagt wurde, diese Behauptung weiter zu verbreiten. Doch dieses Schlagwort war in der Fassbinder-Affäre nun einmal aufgetaucht, hatte damit ein Eigenleben erhalten und entwickelte sich so zu einem weiteren Meilenstein auf dem Weg, den diese Republik 1982 eingeschlagen hatte: zurück zur Normalität. Und, wie Broder dies damals weiter ausführte: Das Ende der Schonzeit bedeutete nichts anderes als die Wiederaufnahme der Jagdsaison. Also doch die Wiederherstellung deutscher Normalität?

Damals, 1985, war ich noch voller Idealismus. Abgesehen davon, daß ich als Jude einfach meine Ruhe haben wollte, hatte ich wirklich ernsthaft gedacht, man müsse dieses Stück spielen können. Ich hatte es inzwischen nochmals gelesen und hielt es durchaus für antisemitisch. Doch darauf kam es gar nicht an. Es war ein Theaterstück, geschrieben in einer freiheitlichen Republik. Also sollte es, verdammt noch mal, auch gespielt werden können. Es würde sich dann schon zeigen, wie stabil diese Demokratie ist. Und daß sie stabil ist – daran hatte ich keine Zweifel. Trotz wiederholter antisemitischer Affären Ewiggestriger, trotz Bitburg. Doch plötzlich klaffte alles auseinander: Meine Freunde, meine Kollegen, sie kopierten die Reaktionen in der Presse und den Gesprächsrunden im Fernsehen. Was heißt: sie kopierten? Sie waren ja aus dem gleichen Holz geschnitzt, was konnte daher auch anderes herauskommen als: antisemitische Äußerungen, Judenfeindlichkeit, Haß, tiefer, abgrundtiefer Haß – vererbt, aber unterdrückt, verdrängt und nur darauf wartend, endlich hervorbrechen zu können. Es ging nicht mehr um das Stück, es ging nicht mehr um die Rechtmäßigkeit der Bühnenbesetzung. Es ging nur noch um die Juden. Die Juden – wie konnten sie nur, was fiel ihnen ein, was erdreisteten sie sich. Nein, dich meinen wir doch nicht, du bist doch ganz anders, du gehörst ja nicht zu denen, schaust ja auch gar nicht so aus wie die da, bist einer von uns.

Meine Ängste und meine Sehnsüchte hatten sich auf unerträgliche Art und Weise vereinigt und waren Wirklichkeit geworden: Der Antisemitismus war in meinen engsten Freundeskreis eingedrungen und hatte sich den Raum verschafft, den er immer ausgefüllt hatte: das stillschweigende Vakuum, das immer und überall zwischen mir und meinen nichtjüdischen, deutschen Freunden herrschte. Diese Befangenheit, wenn man über die Nazizeit sprach, wenn man sich gegenseitig von der Vergangenheit der Eltern erzählte. »Was, deine Eltern waren im KZ? Haben sie denn überlebt?« Die Dummheit dieser Frage zeigte das ganze Ausmaß jener Befangenheit, über die man sich beiderseits immer wieder hinwegschwang, um die Scheinidylle, in der man lebte, nicht zu zerstören. Deutsch-jüdische Symbiose hieß das vor dem Krieg. Heute nennt man diese Lüge »Versöhnung«.

Also da war er nun, alltäglich, in meiner nächsten Nähe, immer, 24 Stunden lang. Der Antisemitismus. Und nicht nur gelegentlich, so ab und zu, kaum faßbar, kaum greifbar. Etwa, wenn mir Kommilitonen während meines Studiums neidisch versicherten, daß ich ganz gewiß eine Karriere am Theater machen würde, da es doch so viele jüdische Künstler gebe. Oder wenn eine Frau, eine deutsche Frau, die beim Anbandeln erfuhr, daß ich Jude bin, voller Schreck ausrief: »Um Gottes willen, zwei französische Juden haben mich geschäftlich betrogen!« und auf meine Frage, was das denn mit mir zu tun habe, antwortete: Es könne ja sein, daß ich sie jetzt privat betrügen würde. Oder, oder, oder. Es gab diese Ereignisse immer wieder, ebenso die Sprühaufschriften an deutschen Universitätswänden: Sabra + Schatila = Auschwitz, Begin = Hitler! Es gab diesen Antisemitismus. Immer. Und doch blieb er, so machte ich es mir zumindest immer wieder vor, peripher, er drang nicht wirklich in mein persönliches Leben ein.

Jetzt aber war er auf einmal da. Und ebenso war mein inniger Wunsch in Erfüllung gegangen, nicht zu »denen da« gerechnet zu werden: Ich war anders, ein »guter Jude«, das bestätigten mir doch meine lieben Freunde jetzt immer wieder.

Ich saß in der Falle. Schlagartig war es aus mit dem gemütlichen Leben in Deutschland. Die Fassbinder-Affäre, die sich ausgerechnet auf den Brettern, die meine Welt bedeuteten, abspielte, hatte das ganze Elend deutsch-jüdischer Existenz in mir wachgerufen. Denn dieses Dilemma existierte ja immerzu. Ich wußte das. Doch ich wollte ein Leben jenseits der Geschichte führen. Nicht im Schatten von Auschwitz stehen, sondern auf der Sonnenseite des Lebens. Ein Jude, gewiß, aber doch ein emanzipierter, ein freier, ein unabhängiger. Doch plötzlich schien das in Frage gestellt. Und zum ersten Male begann ich nachzusinnen: Was um alles in der Welt machst du in diesem Land? Warum lebst du in Deutschland? Wie lebt man als Jude in diesem Land? Kann man überhaupt als Jude in diesem Land leben? Nein, man kann nicht. Aber ich lebe doch hier. Wie soll's also weitergehen?

Denn eines war gewiß: Ein Zurück zur »Schein-Unschuld«, die ich mir als Kokon gesponnen hatte, war unmöglich geworden. Dazu war die Bedrohung und die tiefe Kluft, die sich plötzlich zwischen meinen deutschen Freunden und mir auftat, zu groß geworden. Und selbst mit jenen, die keine Antisemiten waren, die sich korrekt verhielten, die das Vorgehen, aber eben nicht die Juden kritisierten, auch sie waren plötzlich »die anderen« geworden. Denn die Auseinandersetzung mit diesen Freundschaften ergab sich ebenso zwangsläufig wie der Abbruch einer ganzen Reihe von Beziehungen in jenen Tagen. Dieser Vorgang wiederholte sich übrigens noch einmal: im Winter 1991, während des Golfkrieges. Wieder schieden sich die Geister. Wieder mußte man den Augiasstall ausmisten: zwischen Freund und Feind unterscheiden lernen. Schlagartig war ich gezwungen worden, Stellung zu beziehen: »Ich bleibe also Jude«, das hatte schon Franz Rosenzweig gesagt, nachdem er lange mit der Konversion geliebäugelt hatte.

Der Antisemitismus der Linken, wie ihn Henryk M. Broder bereits einige Jahre zuvor beschrieben hatte, setzte sich auch in meiner Generation fort. Das ideologische Gerede vom »zionistischen Aggressor«, vom »Imperialismus Zions«, der Vergleich zwischen der SS und der israelischen Armee, all dies war natürlich nichts anderes als verzweifelte Versuche, das eigene Schuldgefühl abzustreifen, den Juden mit demselben Stigma zu versehen, das man als Deutscher nun mal zu tragen hatte. Doch diese linke Propaganda schmerzte naturgemäß viel mehr als das reaktionäre Geschrei alter und neuer Nazis. Diese waren die erklärten Feinde der Juden. Die Linken aber, die Linken in diesem Lande hätten der natürliche Verbündete der Juden in der politischen Landschaft sein müssen. Mit ihnen arbeitete ich: an der Universität, im Theater und später in den Zeitungs- und Fernsehredaktionen.

Die Weltfremdheit, die, meiner Meinung nach, die deutsche Linke, und vor allem deutsche Theatermacher kennzeichnet, war mir schon in meinen Jahren an verschiedenen deutschen Bühnen immer wieder bewußt geworden. Draußen herrscht Krieg? Das tangiert nur insofern, als daß man hofft, daß die Premiere davon nicht berührt wird. Ist der Auftritt von rechts im zweiten Akt wirklich gut? Sollte man nicht doch lieber von links hinten kommen? Während man möglicherweise gerade ein Stück über den Krieg probte, konnte es passieren, daß man draußen den echten Krieg hatte – doch der war ganz unwichtig.

1982, ich arbeitete damals an den Städtischen Bühnen in Bonn, probten wir Heiner Müllers Stück *Quartett*. Ein Endzeitstück, in dem zwei Menschen in einer Höhle nach dem Atomkrieg ihre Beziehungs- und Sexualkonflikte austragen. Die Regisseurin galt als eine besonders linke Theatermacherin. Sie arbeitete

normalerweise an der berühmten Berliner Schaubühne von Peter Stein als Dramaturgin. Das verlieh ihr von vornherein den Stempel »sozialistisch« und »engagiert«.
An einem wunderbar sonnigen Samstagmorgen spazierte ich von meiner Bonner Wohnung zum Theater, vorbei an Hunderten von jungen Menschen, die bereits in den frühen Morgenstunden in die Stadt geströmt waren, vorbei an improvisierten Müsliständen und gitarrespielenden Grüppchen. Richtig, heute war die große Demo gegen den NATO-Doppelbeschluß. Aus der ganzen Republik erwartete die Bundeshauptstadt Demonstranten, die Stadt glich einer Festung, überall Polizei, überall Bundesgrenzschutz. Ich würde nach den Proben sicher mal bei der Demo vorbeischauen, doch vorher müßten wir erst die Szene probieren, in der Valmont sich auf seine Geliebte stürzt und sie von hinten nimmt.
Wir probten auf der Werkstattbühne. Der Darsteller des Valmont stand mit heruntergelassener Hose hinter seiner Kollegin. Die Regisseurin dirigierte ihre Schauspieler hin und her, ich als Regieassistent schrieb jede Position eifrig mit, während sich draußen eine der größten Demonstrationen der Republik organisierte. Gegen Mittag machten wir eine kleine Pause. Aus dem dunklen Theaterraum gingen wir hoch in die Theaterkantine, die einen wunderbaren Blick über den Rhein und die ganze Stadt bietet. Jetzt erst nahm die engagierte Schaubühnen-Dramaturgin so richtig wahr, was sich um uns herum abspielte. Unzählige Personen standen um das Theatergebäu-

de herum und bildeten eine Menschenkette. Jetzt erst kam es der revolutionären Regisseurin in den Sinn, daß die Arbeit da unten in dem kleinen Kabuff so gar keinen Sinn machte in Anbetracht der Vorgänge hier oben, in der Realität. Sie brach »spontan« die Probe ab und entließ uns in die Demo. Ich lief durch die Menschenmenge, traf hier und da ein paar Leute, die ich kannte, unterhielt mich ein wenig, hörte mir einige Reden, einige Rockbands an und freute mich in erster Linie darüber, daß ich früher frei hatte, da ich die Produktion und das Stück nicht mochte.

Eine Meinung zum NATO-Doppelbeschluß hatte ich nicht. Oder doch: Ich war dafür. Denn noch nie konnte ich den idealistischen Ansatz meiner Generation nachvollziehen: Give Peace a Chance! Ja, gerne, aber dazu gehören immer zwei Seiten. Und außerdem: Das Ende von Auschwitz hatte doch bewiesen, daß nur militärische Übermacht das Böse in die Schranken weisen kann!

Ich konnte mich der alternativen Ideologie meiner Altersgenossen und linken Freunde einfach nicht anschließen. Zu unterschiedlich waren die Lehren, die wir von unseren Eltern mitbekommen haben. Galt für friedensbewegte Deutsche als Quintessenz des Dritten Reiches die Losung »Nie wieder Krieg!«, so konnte für Juden nach Auschwitz die Devise nur lauten: »Nie wieder Opfer!«

Daher war für mich der linke Antiamerikanismus inakzeptabel: Schließlich hatten die GIs mein Volk vor dem Untergang gerettet. Die Amerikaner waren der Garant für die Sicherheit in Deutschland und

Europa. Was also hatten diese Demonstranten eigentlich gegen den Doppelbeschluß? Keine Pershing-Raketen in Deutschland? Ja, das konnte ich nur zu gut verstehen, aber wenn doch SS 20 auf uns gerichtet waren? Und selbst wenn die Pershings nicht auf deutschem Boden stationiert würden, was glaubten sie alle denn: Im Falle eines Krieges wäre Deutschland sowieso das ideale Schlachtfeld für Sowjets und Amis. Entsprechende Pläne lagen doch längst in den Schubladen der Militärs. Deutschland befand sich einfach an der Nahtstelle zwischen Ost und West. Freunde, macht euch doch nichts vor! Es gibt kein Entkommen aus dieser Falle. Mit oder ohne Pershings: An den Tatsachen im sogenannten Ernstfall kommen wir nicht vorbei. Darum also lieber: abschrecken. Sich wehren. Nur das hilft. Auschwitz hat es bewiesen. Der Aufstand im Warschauer Ghetto hat es gezeigt. Israel konnte ja nur überleben, weil es stark war.

So schlängelte ich mich durch die Menschenmassen hindurch, gab mich eine Weile dem gemütlichen Treiben hin, das eher an ein Volksfest denn an eine politisch gewichtige Demo erinnerte, und schlenderte schließlich in Richtung Bonner Altstadt, wo ich in einer WG lebte. Die Straßen waren mittlerweile ziemlich verödet, ein typischer Samstagnachmittag in einer deutschen Kleinstadt. Leises Sommerflirren lag in der Luft, irgendwo lief ein Hund herum, von den Wänden mancher Häuser prangten Graffiti: »No Atomstrom in my Wohnrom« oder »Sie wollen alle nur mein Bestes, aber das kriegen sie nicht!« Jugendkultur in Deutschland, die mich nichts anging, und eine Demo, die erfolglos blieb. Die Pershings wurden stationiert.

Die Fassbinder-Kontroverse ging ebenso sang- und klanglos unter wie die Friedensbewegung: Nach einer Art internen Premiere, zu der nur ausgewählte Zuschauer, insbesondere Kritiker, eingeladen waren, entschloß sich Günther Rühle schließlich doch, auf eine Aufführung seines so sorgsam gehätschelten Kindes zu verzichten.

Die eine und einzige Aufführung im geschlossenen Rahmen brachte denn auch an den Tag, was jedem vernunftbegabten Menschen längst klar gewesen war. Die *Neue Zürcher Zeitung* schreibt dazu am 14. November 1985:

»Zwar haben verschiedene Kritiker, die die Frankfurter Inszenierung in einer geschlossenen Pressevorführung gesehen haben, bescheinigt, daß die provozierendsten antisemitischen Effekte und Äußerungen der Vorlage von der Regie angestrengt ›geglättet‹ worden sind. Gerade dieses Bemühen beweist freilich, daß die Verantwortlichen selber ein schlechtes Gewissen hatten und manche Aspekte des Stückes für antisemitisch hielten, so daß sie entsprechend entschärft und ›umfunktioniert‹ werden mußten.«

Allmählich wurde der Vorhang über diese miserable Posse geschlossen, der Sturm im Wasserglas legte sich, doch die Kontroverse hinterließ ihre Spuren.

Zum erstenmal mußte jedermann klar werden, daß

der Gegensatz Juden – Deutsche nicht nur eine Begriffsverwirrung war, sondern ein Faktum. Es ging in der Auseinandersetzung nicht um einen Kampf zwischen christlichen Deutschen und jüdischen Deutschen, selbst wenn dies aufgrund der Staatsangehörigkeiten wohl de iure so gewesen ist. Das jüdische Volk war symbolisch mit den 25 Demonstranten im Theatersaal und vielen weiteren draußen vor den Toren des Theaters aufgestanden und hatte sich gegen die Dreistigkeit des deutschen Volkes erhoben. Die Spaltung hätte nicht tiefer gehen können. Die Arbeit der christlich-jüdischen Organisationen und deutsch-israelischer Gesellschaften war mit einem Male Makulatur. Das Ressentiment war wieder da, nein, es war nie weg, doch es wagte sich immer weiter aus seinen Löchern hervor. Stereotypien von einst wiederholten sich. Der Jude ist unser Unglück – und sei es nur auf der Bühne, die er nicht freigibt. Die Mißachtung der künstlerischen Meinungsfreiheit als weiterer Beweis für den jüdischen »Ungeist«. Die Saat, die nach 1945 lange keimte, ging mit der »geistig-moralischen Wende« allmählich auf. Nach Fassbinder kamen Nolte und der Historikerstreit: Die Relativierung der Shoa war nur eine weitere, logische Konsequenz der Grenzverwischung zwischen Täter und Opfer. Denn wenn die Shoa nicht mehr als singuläres Ereignis in der Geschichte dasteht, dann sind die Täter, in diesem Falle die Nazis, auch nicht viel schlimmer als alle anderen vor oder nach ihnen. Der Aufstieg rechtsradikaler Parteien noch vor dem Mauerfall, die neonazistischen Eskalationen seit der Wiedervereinigung – vor allem aber die hilflosen Nichteingriffe von seiten der Bundesregierung nach Hoyerswerda, die man als »sympathisierend« mißverstehen kann, mußten auch noch dem gutgläubigsten Juden klarmachen, daß sich das Klima in diesem Land zunehmend verschlechterte. Daß die Nachkriegszeit mit ihren Tabus und Philosemitismen, in die man sich so gemütlich einlullen und seine Geschäfte fortführen konnte, endgültig vorbei war.

Rostock war die Kapitulation des Rechtsstaates vor den Neonazis, ja noch mehr, wie sich schließlich herausstellte: Es war quasi die Kooperation des Rechtsstaates mit den Neonazis. Der Staat wollte das nicht einsehen: Der mecklenburgische Innenminister Kupfer weigerte sich hartnäckig zurückzutreten. Er hatte das Debakel der Polizei vor dem Asylbewerberheim in Rostock-Lichtenhagen zu verantworten. Doch er ging nicht, lange nicht. Warum sollte er auch: Ganz offensichtlich war der Druck aus Bonn nicht so stark, als daß Kupfer hätte Konsequenzen ziehen müssen. Der Staat begann also auch an dieser Front seine Grenzen zu verwischen: Denn selbst wenn es lediglich ein Einzelfall gewesen sein mag und nur *ein* Staatsvertreter die unheilige Allianz zwischen Rechtsstaat und Radikalismus zugelassen hatte, so waren es doch alle Staatsdiener, die dies über Wochen mitgetragen hatten.

Und als schließlich ein Rostocker CDU-Mitglied den Vorsitzenden des Zentralrats der Juden, Ignatz Bubis, die Frage stellte, ob denn seine eigentliche

Heimat nicht Israel sei, da wurde diese Frage auf eine völlig andere Art wieder virulent: nicht, weil sie eine bodenlose Frechheit gegenüber einem deutschen Staatsbürger war, sondern weil sich diese Frage in Deutschland erneut zu stellen beginnt: Sollten Juden dieses Land nicht verlassen? Ist das Vakuum der Nachkriegszeit keine Schutzgarantie mehr, so müssen sich Juden hier erneut fragen, inwiefern sie sich noch zu Hause fühlen können. Und vor allem: waren sie es denn jemals? Auch wenn die Metapher der »gepackten Koffer« längst nicht mehr stimmte, man verschloß die Augen vor der Realität und war aus diesem Grund auch nicht bereit, an ihr mitzuwirken. Sich an der Entwicklung der deutschen Gesellschaft zu beteiligen erschien den meisten Juden absurd. Dabei merkten sie gar nicht, welcher Chance sie sich selber beraubten. Obendrein konnte dadurch von offizieller Seite mit ihnen verfahren werden, wie man es gerade brauchte. Man verlieh Juden Bundesverdienstkreuze, wenn es notwendig war, man feierte in verlogener Eintracht die Woche der Brüderlichkeit, man traf sich zu Gedenkveranstaltungen und sprach salbungsvoll, mit pathetischer Stimme von den »Verbrechen, die im Namen des deutschen Volkes« begangen worden waren und verhöhnte mit all den dummen Phrasen und Floskeln lediglich seine »jüdischen Mitbürger«, während diese hinter ihren inneren Ghettomauern so taten, als ob sie gar nicht anwesend seien.

Um so einschneidender war die Demonstration im Frankfurter Schauspiel. Plötzlich standen ganz normale Juden im Rampenlicht, beteiligten sich an einer innenpolitischen Diskussion, ergriffen Initiative und stellten sich trotzig zur Schau.

Die *Jerusalem Post* war dermaßen beeindruckt von dieser Tat, daß sie zum erstenmal von »German Jews« sprach und nicht mehr von »Jews in Germany«, wie die jüdischen Gemeinden hierzulande sich ebenfalls definieren. Es spielt keine Rolle, ob diese Aktion der Juden mehr genützt oder geschadet hat. Der jüdische Theaterregisseur Benjamin Korn, der in Frankfurt aufgewachsen war und während der Fassbinder-Kontroverse selber an einer Inszenierung am Frankfurter Schauspiel arbeitete, schrieb in einem autobiographischen Essay in der *Zeit* im Herbst 1988, daß die eigentliche Katastrophe jenes Abends die Unfähigkeit beider Seiten gewesen sei, miteinander in einen Dialog zu treten.

Korn hat nur bedingt recht mit seiner Feststellung. Zu einem Dialog gehören zwei gleichwertige Partner. Dies aber sind Juden in diesem Land nie gewesen. Was in Frankfurt geschah, hätte der erste Schritt zu einem Dialog sein können, der dann allerdings – wie auch? – nicht eintrat.

Dennoch: Zum erstenmal gaben sich Juden zu erkennen, standen vor der Öffentlichkeit, den Medien, den Politikern und beharrten auf ihrem Standpunkt. Sie durchbrachen die Lüge, wie der israelische Schriftsteller Abraham B. Jehoschua diesen Zustand der Diaspora beschreibt: »Die Golah (das Exil) wurde als Situation angesehen, die die Doppelzüngigkeit der Nation zur Folge hatte (Abraham, der erste, der ins

Exil ging, mußte, kaum daß er in Ägypten angekommen war, Lügen über seine Frau verbreiten). Lüge und Erlösung vermischen sich nur deshalb, weil die Nation auf einem schmalen Grat zwischen zwei Loyalitäten wandeln und sich sozusagen national totstellen muß, um nicht mit dem nationalen Charakter des Volkes, mit dem sie lebt, in Konflikt zu geraten.«

Die Zeit des Duckens, des Abtauchens, der Anonymität war zu Ende: Dazu hatte es offensichtlich erneut einer Rampe bedurft!

Seit 1985 ist die Schonzeit vorbei. Und die problematische deutsch-jüdische Identität befindet sich nun an einem Scheideweg, der zwar ausgelöst wurde, wieder einmal, durch den aufblühenden Antisemitismus in Deutschland, der aber letztendlich doch auch ein innerjüdisches Problem ist. Denn die Entwicklung der jüdischen Gemeinschaft in Deutschland nach 1945 ist ein einziges großes Versäumnis. Vor lauter physischem Wiederaufbau machte sich niemand Gedanken um das psychische Überleben. Deutschland driftet immer weiter nach rechts. Ist diese Entwicklung wirklich notwendig, damit sich Juden endlich einmal Gedanken über ihr Sein und Werden machen? Fast scheint es, als ob sich ein altes Verhaltensmuster jüdischer Geschichte wiederholt.

Aber vielleicht ist die Besorgnis um die jüdische Existenz ebenfalls nur ein weiterer Sturm im Wasserglas. Die Jewish Agency berichtete, daß während des heißen Herbstes 1992 zahlreiche Juden aus Deutschland angerufen hätten, um sich über die Auswanderung nach Israel zu informieren. Einige wenige gingen, die meisten sind geblieben. Im Frühsommer 1993 war es schon wieder ruhig in der Frankfurter Zentrale. »Sie glauben, nur weil die Zeitungen nichts mehr darüber berichten, habe sich die Situation in Deutschland beruhigt. Sie haben nichts aus unserer Geschichte gelernt«, meinte unlängst ein Vertreter der Sochnut.

Grenze spüren, das Anderssein, das eigene und das der anderen, zu ertragen, Position zu beziehen: Die Fassbinder-Affäre wirkte wie ein Katalysator. »Gut« und »böse« standen sich gegenüber, wie in der Programmatik der konservativen Bundesregierung, so auch im Frankfurter Theater, so auch im Stück und in den Filmen Rainer Werner Fassbinders. Doch auch Fassbinder, der heute als großes deutsches Kinogenie gefeiert wird, verschob die Grenzen, ganz nach seinem Gutdünken, in – beinahe möchte man sagen – gewohnter deutscher Manier. Am Beispiel von *Lili Marleen* belegt Saul Friedländer dieses Vorgehen:

»Die wahre Geschichte der Lale Andersen und ihres Liedchens ist ein winziges Randereignis im Zweiten Weltkrieg; dennoch liegt etwas Mythisches in diesem meteorhaften Aufstieg einer kleinen Schlagersängerin, deren Schmachtfetzen bald von Millionen Soldaten in beiden Lagern gesungen wird, so daß die Singenden quer durch den Bombenhagel und den Geschützdonner miteinander in ein und derselben Wehmut kommunizieren. Das Grundprinzip dieses Mythos ist die elementare Macht des Gefühls, der Sehnsucht nach Frieden und Harmonie, nach Liebe, die stärker ist als der Tod. Doch bei wem? Hier hat

Fassbinder eine wichtige neue Ebene in die ursprüngliche Mythosstruktur eingefügt: bei den gewöhnlichen Leuten, den schlichten Soldaten aller Nationen, beim einfachen Volk, zu dem die kleine Sängerin Willie gehört. Und diesem einfachen Volk, das im Innersten gut, großherzig und tapfer ist (man schaue nur in die Gesichter der Soldaten), diesen Millionen anonymer Helden, die verheizt werden (sechs Millionen … gibt uns Fassbinder zu verstehen), stehen auf der anderen Seite die Bösen gegenüber, die Inhaber der Macht und des Geldes: die jüdischen Kapitalisten, verkörpert durch den Patriarchen in Zürich, und die Nazis, Adolf Hitler, symbolisiert durch das gleißende Licht. Damit tobt die wahre Schlacht nicht mehr zwischen den Nazis und ihren Feinden, sondern zwischen den Mächten des Bösen (jüdischer Kapitalismus und Nazismus) auf der einen Seite und dem ›guten‹ Volk auf der anderen (Willie und ihr kleines Lied, der verdammt gute Pianist, die Millionen anonymer Soldaten) – also denen, die sterben müssen (…) In *Lili Marleen* ist alles Kitsch, und zugleich atmet alles das Klima einer erbaulichen Geschichte. Allem Anschein entgegen gibt es in diesem Film kaum Ironie, alles vollzieht sich im Rhythmus der Legende, ja des Sakralen. Man erkennt, wer die Guten und wer die Bösen sind. Unter der melodramatischen Oberfläche (…) erkennt man das Zeichen der großen Tragödie. Alles bis zur mythischen Aufhebung der Zeit macht deutlich, daß die Geschichte, die hier erzählt wird, keine simple historische Episode ist, sondern Ausdruck ewiger Wahrheiten, darge-

stellt mehr durch Typen als durch konkrete Personen.«
Und Gertrud Koch fügt zu Recht hinzu: »Wenn man so will, ist der Fassbindersche Antisemitismus ein spezifisches Produkt der Verdrängungsmechanismen bundesdeutscher Geschichte. Das Tabu, das Berührungsverbot, die Ausgrenzung aus dem Alltagsbewußtsein lagert sich in Fassbinders Juden an: Die Projektion der eigenen Kälte und Distanz wird als Eigenschaft den Juden zugeschlagen, diese erscheinen nun unberührbar, kalt, abgewandt, unerreichbar, zurückweisend, überheblich, sich was Besseres dünkend.«
Genau derselbe Tenor dringt aus der öffentlichen Kritik gegen die Bühnenbesetzer mit durch, denen sich so gebildete und sensible Journalisten wie Benjamin Henrichs anschlossen. Solange jedoch das kollektive Unbewußte weiterhin und in jüngster Zeit immer exzessivere Grenzverschiebungen brutalster Art vollzieht, um sich dem Schmerz der eigenen Geschichte zu entziehen, solange wird jeder Versuch einer Normalität weiterhin scheitern müssen.
In seinem Film *Die Ehe der Maria Braun* schafft Fassbinder mit der letzten Szene eine eindrucksvolle Metapher. Marias Beziehung zu ihrem Mann ist auf dem Tiefpunkt, ihre Karriere, ihr finanzielles Vorwärtskommen dagegen gesichert. Und just in diesem Augenblick fliegt das ganze Haus durch eine Gasexplosion in die Luft.
Das Deutschland der Nachkriegsjahre ist und bleibt voller Gas, das sich einfach nicht verflüchtigen will.

Es steht zwischen den Menschen. Im Frankfurter Schauspiel und im täglichen Leben.
Die Fassbinder-Affäre hat mich aus einem mir selbst verordneten Dornröschenschlaf wachgeküßt. Ich konnte nicht mehr in dem geschützten Raum des fensterlosen Theaters bleiben, in dem ich so viele Jahre Schutz gesucht hatte, ich konnte mich nicht einmal mehr auf die deutsche Linke verlassen. Jude sein in Deutschland wurde zur Manifestation des Fremdseins. Eine Option, die das Leben als Frage darstellt, wie der Sprachphilosoph Edmond Jabès dies beschreibt: »Wie sollte ein Fremder sich hinsichtlich der Fremdheit des Anderen definieren? Seine Bindung an die Welt besteht, zunächst, aus Fragen an sein Anderssein.«

DEPLAZIERTE PERSONEN

Aus den DP-Camps waren unsere Eltern in die Städte gekommen. Es war wirklich zu pervers: Die Überlebenden der Konzentrationslager, diese Menschen, die kein Zuhause und keine Familien mehr hatten, die auf den verschlungensten Wegen in Deutschland gestrandet waren, wurden von den Alliierten wieder in Lager gesteckt. In Camps für Displaced Persons. Drei verschiedene Gruppen fanden sich nach 1945 in den Lagern mitten in Deutschland wieder: Jene, die gleich nach der Befreiung geblieben waren, jene, die aus Osteuropa flohen, nachdem sie sahen, daß sie in ihrer alten Heimat neuem Antisemitismus und neuen Pogromen ausgesetzt waren. Und schließlich die letzte Gruppe: Menschen, die mit Hilfe der zionistischen Fluchtorganisation »Brichah« nach Bayern, in die amerikanische Besatzungszone, kamen. Denn es war erklärtes Ziel der Zionisten, ein neues jüdisches Massenproblem in der amerikanischen Zone zu schaffen, weil sie hofften, die USA würden die Briten mit ihrer restriktiven Mandatspolitik in Palästina zum Einlenken zwingen können und dadurch einen Massenexodus ins Gelobte Land ermöglichen.
So kam es, daß nach 1945 bis zu 200 000 Juden in Deutschland lebten! Vor dem Krieg waren es 500 000. 1952 war die große Auswanderungswelle der DPs vorbei. Etwa 12 000 Menschen blieben in der Bundesrepublik. Im Jahr des Luxemburger Abkommens begann gleichzeitig eine neue Einwanderungswelle. Wiederum hatten Juden aus den unterschiedlichsten Gründen Deutschland zum neuen Standort für ihr Leben auserkoren.

Erst 1956 wurde das letzte DP-Lager in Föhrenwald aufgelöst. Die Zeit des Transits war damit vorbei. Jetzt gab es keine Ausrede mehr, man befände sich nur auf der Durchreise. Die Juden strömten in die Städte, nur wenige suchten eine neue Bleibe auf dem Lande oder in den Dörfern. Obwohl die meisten von ihnen aus den osteuropäischen Stetls stammten und ihnen das Großstadtleben naturgemäß fremd war, suchten sie instinktiv den Weg nach München oder Frankfurt oder Berlin. Die Anonymität der Großstadt garantierte die Sicherheit. Nur hier konnten Juden unerkannt leben. Und selbstverständlich waren die beruflichen und wirtschaftlichen Möglichkeiten der Großstadt breiter gesät als auf dem Lande. Dazu waren unsere Eltern ja hiergeblieben: eine neue Existenz aufbauen, endlich beginnen zu leben, obwohl es noch 1946 im jiddischen Münchner »DP-Express« geheißen hatte: »D getroimte alija (Auswanderung) ken Eretz Jißroel is noch nit mekujem geworn. Di farscholtene dajtsche erd hot sich farwandelt in an zajtwajlikn hejm far di jidische masn. A mensch kon on bescheftigung nit lebn. Was sol men ton? Arbetn in dajtsche fabrikn, opbojen dajtsche hajser, sejen in dajtsche erd? Dos hot kejn jid nischt gewollt un wil oich nischt hajnt, waijl jeder ejner fast oif wi farbrechn dos helfn opbojen di wirtschaft fun dem folk, wemens bawofnete sin hobn ois gemordewet mer wi adritl fun jidischn folk. Es wolt gewen absurd, as jidn soln zulegn a hant zum wieder oifbau fun Daitschland.«

Doch bald änderte sich, notgedrungen, diese Haltung: sich durch materiellen Wohlstand für all das Leid und die Entbehrungen der vergangenen Jahre zu belohnen – dies wurde zum 11. Gebot. Und dafür war man bereit, viel in Kauf zu nehmen, sogar als Jude unter Deutschen zu leben.

Man lebte in einer Schutzzone. Denn nirgends auf der Welt waren Juden nach 1945 so sicher wie in Deutschland. So zynisch kann Geschichte sein. Welcher deutsche Politiker hätte es gewagt, auch nur eine annähernd antisemitische Bemerkung zu machen? Auf der oberen Ebene, in der neuen politischen Führungsschicht der sich allmählich abzeichnenden Bundesrepublik, hatte man schnell begriffen, was die Stunde geschlagen hatte: Der Tenor offizieller Reden war vom Antisemitismus auf den noch schrecklicheren Philosemitismus umgeschlagen. Die neuen deutschen Führer hatten nichts Wichtigeres zu tun, als ihre Verbundenheit mit dem jüdischen Volk zu bezeugen. Auf der unteren Ebene, in der Bevölkerung, blieb alles beim alten, warum auch hätte der nationalsozialistische Rassenwahn schlagartig am 8. Mai 1945 verschwunden sein sollen? Michael Brenner gibt darüber Aufschluß:

»Es mangelt nicht an Berichten über verbale Angriffe gegen jüdische DPs und deutsche Juden, und manche Quellen erwähnen sogar gewalttätige Aktionen. Wenn auch ein Pogrom wie im polnischen Kielce im Nachkriegsdeutschland undenkbar war, so sind einige antijüdische Aktionen doch erwähnenswert. Der einzige Jude, der nach Herford zurückkehrte, mußte bald seine Entscheidung bedauern: Am 9. November (!) 1946 wurde sein Auto in Brand gesetzt und sein Haus beschädigt. Kaum ein Monat verging ohne Schändung jüdischer Friedhöfe, und bereits 1949 wurden mehr als 100 solcher Fälle offiziell registriert. Im April 1946 wurden mehrere jüdische Institutionen in Frankfurt mit Hakenkreuzen und antijüdischen Parolen beschmiert (...) Verbale und tätliche Angriffe richteten sich in den ersten Nachkriegsjahren gegen die osteuropäischen Juden, die beschuldigt wurden, die Schwarzmarktaktivitäten zu kontrollieren, deutsche Städte zu verschmutzen oder für alle möglichen anderen Probleme des Wiederaufbaus verantwortlich zu sein. In Oberammingen (Bayern) wurden im März 1946 zwei jüdische Radfahrer von der Dorfbevölkerung tätlich angegriffen und mußten Zuflucht in der Dorfschule suchen, während vor der Türe Steine auf sie geworfen wurden und der Ruf ›Heil Hitler‹ ertönte.«

Noch schlimmer waren allerdings offizielle Eingriffe deutscher Polizisten in den DP-Camps. So eröffnete in Stuttgart im März 1946 ein deutscher Polizist in einem Lager das Feuer: Ein jüdischer Lagerpolizist wurde verwundet, ein Shoa-Überlebender erschossen.

Einen ähnlichen Vorfall gab es in Hannover im Februar 1950. Rabbiner Zvi Helfgott-Asaria beschreibt die Situation: »Etwa 40 uniformierte Kriminalbeamte waren dem Kommando der Zollbeamten angeschlossen. Die Beamten dieses Kommandos stürzten sich mit heruntergelassenen Sturmriemen, Gummiknüppel schwingend, auf die jüdische Bevölkerung und knüppelten jeden, von dem sie vermuteten, daß er Jude sei, nieder. Es gab auf seiten der jüdischen Bevölkerung 15 Verletzte.«

Dies also war die Stimmung in Nachkriegsdeutschland. Trotz der Tatsache, daß die Alliierten letztendlich die Sicherheit der jüdischen Minderheit garantierten. Zumindest war das das subjektive Gefühl der Juden: Solange Amerikaner in München stationiert blieben, konnte gar nichts passieren. Vielen Überlebenden bot Deutschland aber auch eine psychische Sicherheit: Die Gewißheit, unter den Mördern des eigenen Volkes zu leben, mit den Mördern der eigenen Familie Geschäfte zu machen, ließ unterschwellig eine Verbindung herstellen oder aufrechterhalten, die eine seltsame Nabelschnur zur Vergangenheit darstellte. Man hatte ja alles verloren – doch die Nähe der Täter hielt zumindest einen Abglanz des Gewesenen wach. Man konnte nicht zurück. Polen, Ungarn, die Tschechoslowakei, Rumänien – dort gab es nichts mehr, da hatte man nichts mehr verloren. An den Geburtsort zurückkehren hätte bedeutet, sich mit dem erlittenen Verlust noch viel krasser konfrontieren zu müssen als in Deutschland. Das Loch, das die Nazis in den jüdischen Leib gerissen hatten, war daheim deutlicher zu spüren. Daheim gab es keinen Tatte und keine Mamme mehr, kein Sejde und keine Bobbe, keine Geschwister.

Wohnungen und Häuser waren zerstört oder verkauft, manche Gegenden gehörten unterdessen zum sowjetischen Imperium, dahin wollte man schon gar nicht zurück. Und daheim waren auch die Nachbarn von einst, von denen man verraten worden war. Die sich nicht darum geschert hatten, daß die Juden abtransportiert worden waren. Die die Nazis sogar unterstützt hatten, weil der Jude nebenan vielleicht ein schöneres Haus besaß, das man schon immer haben wollte, inklusive der alten Standuhr, die zu jeder vollen Stunde so schön läutete. Nein, an eine Rückkehr dachten die ehemaligen DP-Insassen nicht mehr. Unter den Deutschen in Deutschland zu leben erschien allemal als das geringere Übel, als zürückzukehren dorthin, wo nichts mehr existierte.

Diese merkwürdige Verschiebung der politischen Realitäten gehörte zum Nachkriegsalltag der Juden in Deutschland. Das eigene Erleben prägte das Verhältnis zu den Deutschen. Die subjektive Erfahrung, von den Polen, den Ukrainern, Slowaken oder Ungarn verraten worden zu sein, wog schwerer als die historische Tatsache, daß doch die Deutschen es waren, die den Krieg und die Shoa angezettelt hatten.

Und obendrein gab es mit den Deutschen eine gemeinsame Sprache. In Osteuropa sprachen Juden Jiddisch und mit diesem mittelhochdeutschen Dialekt war es ihnen ein leichtes, sich verständlich zu machen. Das wog schwer. Das prägte aber gleichzeitig das Bild des Juden in der deutschen Nachkriegsgesellschaft. Das *Stürmer*-Image des Juden, das die nationalsozialistische Propaganda in die Köpfe der Deutschen eingehämmert hatte, wurde jetzt scheinbar bestätigt. Denn der krummnasige, kaftantragende, mauschelnde Jude des *Stürmer* hatte nur wenig mit den deutschnationalen Juden vor 1933 zu tun.

Diese waren assimiliert, waren bürgerlich-gebildet, europäisch-fortschrittlich ganz und gar. Nachträglich also schien Hitler recht zu bekommen. Wo auch immer Deutsche in Kontakt mit Juden kamen, wurden sie mit einem Typus von Juden konfrontiert, der ihrem eigenen Zerrbild scheinbar entsprach: die jiddische Sprache, die merkwürdigen Verhaltensformen, die oftmals mehr osteuropäisch, slawisch waren als »jüdisch« – was auch immer das bedeuten mochte –, das Gehabe der rund 30 000 Juden in Deutschland trug wenig zur Verständigung oder Annäherung zwischen Tätern und Opfern bei. Beiden Seiten war dies recht. Niemand hatte ernsthafte Absichten, mit der anderen Seite wirklich in Berührung zu kommen. Man wickelte seine Geschäfte miteinander ab und nahm von jüdischer Seite auch in Kauf, sich mit den »primitiven« Normen der Gojim zu arrangieren: Geschäftsessen, die in Deutschland meistens in Saufgelage ausarten, bei denen zotige Sottisen zum besten gegeben werden oder deutsche Geschäftsleute nach dem achten Bier von den tollen Zeiten während des Kriegs zu schwärmen anfangen. So lange, bis ihnen bewußt wurde, wem sie eigentlich gegenübersaßen. Was folgte, war meist peinliches Schweigen, Erklärungsversuche sowie Mißverständnisbeteuerungen, auf die sich beide Seiten bereitwillig einließen, man wollte ja schließlich miteinander Geschäfte machen und sonst nichts. Man mochte sich nicht – das war allen Beteiligten völlig klar. Doch darum ging es nicht. Die Deutschen brauchten die Juden, um sich als gute Menschen gegenüber den

Siegermächten zu beweisen, die Juden brauchten die Deutschen, um sich den materiellen Wohlstand erwirtschaften zu können, der ihnen von genau denselben Deutschen so viele Jahre vorenthalten worden war. Es war eine merkwürdige Allianz, die da nach dem Krieg eingegangen wurde. Juden und Deutsche hatten zwei Ziele gemeinsam: möglichst schnell die Vergangenheit vergessen und möglichst rasch am Wiederaufbau, am Wirtschaftswunder der fünfziger und sechziger Jahre teilhaben. Die Konsequenzen, die sich daraus ergaben, waren doppelbödig und doppelzüngig. Die Realität zeugte recht bald davon, daß der Großteil der Juden keineswegs die Absicht hatte, dieses Land jemals wieder zu verlassen. Sehr, sehr früh hatten sich Juden etabliert. Dennoch geisterte das Bild der »gepackten Koffer« in den jüdischen Köpfen und in den Gesprächen innerhalb unserer Familien herum. Man wollte ja gehen, man würde ja gehen, man geht ganz gewiß – aber immer erst morgen, erst dann, wenn die Kinder größer, das Geschäft besser, die Lage insgesamt stabiler sein wird. Keiner dachte auch nur im entferntesten darüber nach, daß genau dann eine Auswanderung aus Deutschland beinahe unmöglich sein würde, da stabile Verhältnisse das genaue Gegenteil bewirken. Man belog sich und die eigenen Kinder, für die man ja nur das Beste wollte. Manche Familien splitteten die Situation in ein Generationenproblem: Die Eltern, die Überlebenden blieben hier, gründeten eine Existenz und erwirtschafteten sich ein einigermaßen bequemes Leben. Die Kinder wurden ins Ausland geschickt zum Studieren. Sie sollten keinesfalls in Deutschland bleiben. Das Geld, das man in Deutschland verdiente, diente einer neuen Generation als Startkapital im Gelobten Land. Das hieß, je nach ideologischer Überzeugung, Israel oder USA. Die meisten anderen Familien aber kümmerten sich nicht darum. Sie hatten sich so weit arrangiert und ihre Situation verinnerlicht, daß sie sich nur wenig Gedanken um die geistige und psychische Zukunft ihrer Kinder machten. Ergo besuchten wir anderen deutsche Gymnasien, studierten an deutschen Universitäten und begannen, unsere berufliche Laufbahn in deutschen Betrieben und Büros, in deutschen Kliniken und Kanzleien zu beschreiten.

Der Traditionsbruch war vollkommen. Das kleinbürgerliche Leben in den osteuropäischen Stetls hatte nur wenig gemein mit der Realität deutscher Großstädte der fünfziger Jahre.

Es ist bekannt, daß die Juden Osteuropas wesentlich religiöser und stärker der Tradition verbunden waren als die deutschen Juden vor 1933. Die Assimilationsbestrebungen hatten zwar auch in Osteuropa um sich gegriffen, die Haskala, die jüdische Aufklärung, war bereits im 19. Jahrhundert überaus erfolgreich gewesen, doch die Überlebenden, die nach 1945 in Deutschland lebten, hatten damit nichts zu tun. Der Weg aus dem Stetl, aus der Orthodoxie hinein in die Assimilation, hatte breite Bevölkerungskreise der jüdischen Schichten lange vor 1933 erfaßt. Diejenigen, die sich den Maskilim anschlossen, hatten schon um die Jahrhundertwende ihre Konsequenzen gezogen. Sie hatten die Dörfer verlassen und waren in die Städte gezogen: nach Warschau und Budapest, nach Czernowitz und Prag. Manche hatten sich dem Sozialismus verschrieben, andere, deren Entscheidung den größten Einfluß auf die jüdische Nachkriegsgeschichte hatte, wandten sich einer ganz neuen Bewegung zu: dem Zionismus. Unsere Eltern jedoch, die in den DP-Camps übriggeblieben waren, der traurige Rest einer zerstörten Welt, der den Weg woandershin nicht fand oder vielleicht gar nicht suchte, waren die letzten verstreuten Juden, die das Stetl geistig niemals verlassen hatten. Doch das Stetl – heute in der deutschen Literatur längst zum romantischen Topos geworden – war alles andere als eine Idylle. Das Stetl war ein Krankheitsherd für kleinbürgerliche Neurosen, ein Ort, in dem die sozialen Bande nicht nur Sicherheit und Schutz vor einer feindlich gesinnten Umwelt boten, sondern zugleich eine restriktive Überwachung über Wege und Gedanken jedes einzelnen Juden bedeuteten. Wer dieses Ghetto zu Beginn der zwanziger oder dreißiger Jahre noch nicht verlassen hatte, der war entweder zu schwach dazu, oder aber er bekannte sich zu dieser Lebensform, die sich in einer tiefen und zugleich abergläubischen Religiosität ausdrückte. Denn zu Beginn des 20. Jahrhunderts war der Chassidismus, dieses Wunder mystischer Gläubigkeit, längst verkommen, sein geistiger Abstieg war spätestens mit dem Tod Rabbi Nachmans von Bratzlaw besiegelt. Einst, im 17. Jahrhundert, hatte der große Rabbi Israel ben Eliezer den Chassidismus als Protestbewegung gegen die abstrakte und kalte, harte und unbarmherzige Scholastik der damaligen Rabbinen begründet. Schwere innerjüdische Krisen, die jahrzehntelang dauerten und den Glauben und das Vertrauen weiter jüdischer Bevölkerungsschichten erschütterten, waren zu der Zeit im Gange. Die im Judentum verankerte Erwartung des Messias und die damit verbundene Erlösungs- und Endzeithoffnung wurde im 17. Jahrhundert durch den falschen Messias Schabbtai Zwi heftig genährt. Weite Kreise verfielen dem Scharlatan und blieben ihm auch noch nach seinem Übertritt zum Islam und über seinen Tod hinaus treu. Parallel zu diesem Messiasfanatismus, der bis auf den Vorderen Orient übergriff, versuchten kabbalistische Kreise die seit Jahrtausenden überfällige Erlösung durch magische Riten und Beschwörungsformeln zu beschleunigen, während das klassische, rabbinische Judentum sich strikt auf das rationale Studium der heiligen Schriften und der Erfüllung der rituellen Gesetze konzentrierte. Damit vergrößerte es die Kluft zwischen den ungebildeten und den gebildeten Juden, da jene an der Lehre nicht mehr teilhaben konnten.

In diesem politischen und geistigen Klima entstand im frühen 18. Jahrhundert in Podolien und Wolhynien der Chassidismus als eine Volksbewegung, die der Judenheit wieder Hoffnung und spirituelles Erlebnis ermöglichte. Israel ben Elieser, der spätere Baal Schem Tow, der »Meister des guten Namens«, eignete sich talmudische und kabbalistische Kenntnisse an, ohne jedoch die Gelehrsamkeit zu erreichen, die die damaligen Talmudhochschulen vermittelten. Er zog nach Brody und heiratete dort die Schwester des Gelehrten Rabbi Abraham Gerschom, der ihn jedoch nicht besonders mochte, da sich Israel als einfacher Bauer ausgab. Mit seiner Frau wanderte er daraufhin vor allem in den Karpaten umher und zog sich immer wieder in die Einsamkeit der Berge zurück. Nach sieben Jahren kamen sie erneut nach Brody, wo sie eine Schankwirtschaft pachteten, die jedoch seine Frau führte, während Israel sich die ganze Woche in eine Klause im Wald zurückzog, um dort über die Geheimnisse der Thora und der jüdischen Gebete zu meditieren. Lediglich am Schabbat kam er heim zu seiner Frau. Er erwarb sich naturheilkundliche Kenntnisse und heilte damit Patienten. Schon bald wurde ihm seine geistige Größe bewußt, doch er verbarg sie weiterhin vor seinen Mitmenschen. Er wartete auf den Zeitpunkt der Hitgalut, der Offenbarung. Dann erst würde er beginnen, zu den Menschen zu sprechen. Diese Vision trat, laut der Überlieferung, im Alter von 36 Jahren ein. In Kotow hatte er seine ersten öffentlichen Auftritte, und sein Ruf als Tröster, Helfer und inspirierter Geist sprach sich bald herum. Schüler scharten sich um ihn, um seine Lehre und Lebensweise zu lernen und zu übernehmen. Im Jahre 1760 starb Israel ben Elieser in Miedzyboz und hinterließ eine Lehre, die sich auf die Kabbala, die jüdische Mystik, beruft und heute allgemein als »Chassidismus« bezeichnet wird.

Das Wort Kabbala stammt von dem Verb *kibbel* ab, zu deutsch: empfangen. In den Pirkei Awot, den

Sprüchen der Väter, heißt es: »Moses empfing die Lehre vom Sinai und überlieferte sie dem Josua, Josua den Ältesten, die Ältesten den Propheten, und die Propheten überlieferten sie den Männern der großen Versammlung.« Nach jüdischem Glauben empfing Moses am Berg Sinai nicht nur die schriftliche und mündliche exoterische Lehre, sondern auch die esoterische, die Kabbala. Zwei Traditionsketten durchlaufen also die jüdische Geschichte, die »äußere« für die Allgemeinheit und eine »innere«, die nur für bestimmte, gereifte, heilige Persönlichkeiten bestimmt ist. So läßt sich ein Bibeltext buchstäblich und geschichtlich auslegen, zugleich ist jedoch auch eine transzendente Interpretation möglich. Zentrale Bedeutung hat in der Kabbala der sogenannte Sefirot-Baum mit seinen zehn Emanationen Gottes. Diese zehn Aspekte der Gottheit finden eine Entsprechung in den Zehn Geboten der Thora. Neben der Verborgenheit Gottes kommt im Judentum die Unbenennbarkeit des Einen hinzu, der Name Gottes darf nicht ausgesprochen werden. Gott kann also nur von Auserwählten gesehen werden. Die sogenannten zehn Sefirot stehen nun in einem wechselhaften und spannungsgeladenen Bezug zueinander. Sie symbolisieren aber nicht nur die Gottheit, sondern auch die Schöpfung. Eine dieser Emanationen ist die Schechina, die göttliche Gegenwart unter den Menschen. Die Majestät Gottes ist mit dem Volk Israel gemeinsam verbannt: Sie teilt mit dem Volk den Galut. Indem sich der Kabbalist oder Chassid mit der Schechina verbindet, ist er mit den restlichen neun Sphären ebenfalls verknüpft. In der nach Jitzchak Luria benannten lurianischen Kabbala wird nun von Tikkun, Erlösung, gesprochen. Was ist damit gemeint? Nach esoterischer Vorstellung hat Gott sich um seiner Schöpfung willen zusammen- oder zurückgezogen. Dieser Akt der Kontraktion heißt Zimzum. Vereinfacht ausgedrückt kann man sagen, daß sich Gott, der in der Kabbala als »Ein Sof«, als Unendlich, bezeichnet wird, zurückgezogen hat, um Platz für seine Schöpfung zu machen. Nach diesem Akt des Zimzum kam es jedoch zu einem Unfall, der als Mysterium des »Zerbrechens der Gefäße« bekannt ist. An jenem freigewordenen Ort, der nun durch Gottes Rückzug entstanden ist, stellte Er Gefäße auf, die das Licht aufzunehmen hatten, in dem die Welt entstehen sollte. Diejenigen Gefäße, die der Lichtquelle am nächsten standen, waren spiritueller Natur und nahmen das Licht ohne weiteres auf, die weiter entfernt stehenden waren jedoch bereits Materie und zerbrachen, als das Licht eindrang. Diese Funken sind nun durch den Fall der Welten und des ersten Sündenfalls des Menschen im Exil und irren sinnlos umher. Zugleich irrt auch die Schechina umher, sie ist quasi eine Gefangene der menschlichen Sünde und existiert abgetrennt von der transzendenten Gottheit. Daher ist es also Aufgabe des Menschen, diese Funken wieder einzufangen und zu erheben, nur dadurch kann die Schechina, und somit auch das ganze Volk Israel, erlöst werden. Jetzt wird klar, warum die Ankunft des Messias von so großer Bedeutsamkeit ist und warum so oft verschiedenartigste Versuche unternommen wurden, um seine Ankunft zu beschleunigen.

Doch zurück zu Rabbi Israel ben Elieser, zurück zu den Anfängen des osteuropäischen Chassidismus im 18. Jahrhundert. Es waren vor allem zwei innovative Regelungen – von Reformation kann nicht eigentlich gesprochen werden –, die die Chassidim einführten: Zum einen galt es, nach der riesigen Enttäuschung über den falschen Messias Schabbtai Zwi, die Messiasidee wieder zu entpersonifizieren und zu neutralisieren, da die Schabbatianer auch nach dem Tode Schabbtais die Gemeinden weiter beeinflußten. Einer seiner bekanntesten Anhänger, Nathan von Gaza, versuchte gar, dessen Übertritt zum Islam als wichtigen Schritt zu deuten. Er behauptete, daß gerade durch das Opfer des Übertritts die Erlösung auf Erden herbeigeführt werde.

Zum anderen mußte die Kluft zwischen der rabbinischen Gelehrtheit und dem einfachen Juden überbrückt werden. Es ging darum, die Wirklichkeit der zu erlösenden Welt jedem einzelnen erlebbar zu machen. Jeder einzelne hat ja Anteil an dieser Erlösungsarbeit. Der Chassidismus machte sich also daran, die Kabbala, die Mystik, aus dem abgeschlossenen Raum eines kleinen, elitären Zirkels herauszuholen und sie in die Mitte alltäglichen Lebens zu stellen, sie zu einer aktiv gelebten Mystik zu machen.

Um die Am Ha-Arez mit Spiritualität zu beflügeln, bedurfte es eines Zaddiks, eines »Gerechten«, der als Führer seiner Gemeinschaft in einem ständigen Paradox leben mußte: Einerseits ein Mystiker, der in ständiger Verbindung zu Gott steht, muß er in die unteren Sphären zu seiner Gemeinde herabsteigen, um sie zu inspirieren und sie seiner Visionen teilhaftig werden zu lassen und sie somit zu Gott in die Höhe zu ziehen. Das Bild einer Leiter, deren Fuß auf der Erde steht und deren Ende in den Himmel ragt, bietet sich an und bildet zugleich ein Symbol für das Prinzip der chassidischen Gemeinschaft und Lebensweise. Chassidismus wird nicht aus Büchern gelehrt, sondern im persönlichen Umgang mit dem Zaddik. Diese Idee wurde dem rabbinischen Judentum ganz bewußt entgegengesetzt.

Im Mittelpunkt der Lehre des Bescht (eine Abkürzung für Baal Schem Tow) steht die Dewekut, das »Anhangen«. Gemeint ist damit eine Bindung der Seele an Gott, eine Kommunion mit Gott. Dies ist ein permanenter Akt, der sich nicht nur auf Gebet oder Schriftstudium beschränkt. Das ganze Leben soll unter Dewekut geführt werden, selbst die profansten Dinge müssen mit Dewekut verrichtet werden; nur derjenige, der beständig an Gott haftet, ist in der Lage, die heiligen Funken emporzuheben. Theoretischer Hintergrund dieser Idee ist natürlich eine pantheistische Gottesvorstellung, die sich sowohl im Sefer ha-Sohar, im *Buch des Glanzes*, dem kabbalistischen Hauptwerk, als auch bei den Propheten wiederfinden läßt. Dadurch, daß Dewekut in allen Lebensbereichen gefordert und möglich ist, wird dem Menschen keine Abkehr von der Gesellschaft abverlangt. Im Gegenteil, Askese und Kasteiung werden gänzlich abgelehnt, sie machen gar keinen Sinn. Der

Baal-Schem-Tow betonte den Gottesdienst im irdischen Leben. Freude, Gesang, Tanz, das rhythmische Hin- und Herschaukeln während des Gebets sind wichtige Elemente chassidischen Lebens. Chassidismus bedeutet, aus der Kraft tiefer Begeisterung zu leben, aus der Kraft der Hitlahawut Gott zu dienen, in Ekstase zu geraten. Dabei darf niemals das eigentliche Ziel allen Tuns aus den Augen verloren werden: Jichud, Einung. Die Wiederherstellung der Verbindung Gottes zu seiner auf Erden im Exil befindlichen Schechina. Indem also der Chassid seine Aufgabe mit Kawwana, mit Intention und Konzentration erfüllt, trägt er mit zur Erlösung bei, so daß die »heiligen Funken« wieder emporgehoben werden können.
Man sieht, daß die chassidische Konzeption einen scharfen Gegensatz zur rabbinischen des 18. Jahrhunderts bildet. War im letzteren nur der Gelehrte in der Lage, Gott wirklich zu dienen, da er über das nötige Wissen verfügte, so zählte bei den Chassidim auch die einfache Tat eines einfachen Mannes. Die Auffassung, daß das gesamte jüdische Volk eine Einheit sei, wird von den Chassidim wortwörtlich wieder aufgegriffen. Jeder trägt für den anderen Verantwortung und ist am Erlösungsprozeß beteiligt, der Zaddik ebenso wie der Sünder.
Es ist offenkundig, daß die Lehre des Bescht schon bald bei der breiten jüdischen Masse großen Anklang fand. Nach seinem Tod übernahm einer seiner Schüler, Dow Bär, der Maggid von Mesritsch, die Führung der Chassidim, und bereits in der dritten Generation

hat sich der Chassidismus über ganz Rußland, Polen, Galizien, Rumänien und Teilen Ungarns und Tschechiens verbreitet.
Zuvor entbrannte jedoch zwischen den Chassidim und den Mitnagdim ein heftiger Glaubenskrieg.
Das Zentrum der klassischen Orthodoxie lag im litauischen Wilna. Ihr Führer, der große Gaon Elija, war einer der größten Schriftgelehrten der jüdischen Geschichte überhaupt. Er war ein erbitterter Gegner des Chassidismus und griff die Chassidim insbesondere wegen ihrer geringeren Gelehrtheit und ihrer Faxen an: Damit war ihr ekstatischer, lauter, scheinbar chaotischer Gottesdienst gemeint. Für den Gaon von Wilna war dies reine Blasphemie. Doch sei darauf verwiesen, daß der Chassidismus die Halacha anerkannte und ihre Einhaltung forderte und achtete.
Nach dem Wilnaer Bannfluch von 1772 dauerte der Kampf zwischen Chassidim und Mitnagdim weitere zwanzig Jahre, ehe die Nachfolger des Baal-Schem-Tow den Sieg für sich errungen hatten. Daß der Chassidismus unterdessen in seiner Ausformung Veränderungen erfahren hatte, versteht sich.
Einer der größten chassidischen Führer, Rabbi Schnëur Salman aus Ljadi, ein Schüler des Maggid von Mesritsch, bemühte sich, die Spaltung der osteuropäischen Judenheit zu überwinden. Er entwickelte in seinen Schriften ein Lehrgebäude, das den mystischen Enthusiasmus mit der rationalen Strenge des Rabbinismus verband. Er gründete die sogenannte Chabad-Bewegung. Chabad ist eine Abkürzung, be-

stehend aus Namen dreier Sefirot: Chochma – Weisheit, Bina – Einsicht, und Daat – Vernunft. Damit wird das Element der Erkenntnis besonders betont, eine Versöhnung mit dem Rabbinismus. Der Raw, wie Schnëur Salman von seinen Anhängern genannt wurde, verschmäht die praktische Seite der Kabbala, bestehend aus Beschwörungsformeln, Amuletten oder ähnlichen Dingen. Er legte eher Wert auf die kabbalistische Theosophie, mit Hilfe derer das Geheimnis der transzendenten Gottheit erfaßt werden soll. Dennoch wurde die praktische Seite nicht vergessen. Chochma, Bina, Daat müssen sich in der lebendigen Tat ausdrücken. Der pantheistische Gedanke wird in einer tätigen Hingabe gegenüber allen Geschöpfen sichtbar. Diese Bewegung, die die stärkste chassidische Gruppierung des 20. Jahrhunderts werden sollte, wird auch Chabad-Lubawitsch genannt, da der spätere Sitz der Chabad-Rabbiner die russische Stadt Lubawitsch war.

Wie alle charismatischen Bewegungen, so durchlitt auch der Chassidismus eine große Krise, die zu seiner allmählichen Degeneration führte. Über seine Blütezeit meint der Religionswissenschaftler Gerschom Scholem, »daß hier auf geographisch beschränktem Raum und während einer überraschend kurzen Zeit eine ebenso überraschend große Zahl wahrer Heiliger von Aufsehen erregender Individualität innerhalb des Ghettos erschienen sind«. Doch die anfängliche Heiligkeit wurde schließlich mehr und mehr verwässert. Die Zaddikim wurden immer häufiger zu Wunderrabbis hochstilisiert, sie mußten das

Außerordentliche vollbringen. Zugleich wurde mit dem Übergang zu den Rebbe-Höfen und Rebbe-Dynastien die Führungskraft vom Vater auf den Sohn vererbt. Somit war nicht mehr der Beste der Nachfolger eines Zaddiks, sondern sein Sohn. Der Baal-Schem-Tow hatte noch anders gehandelt. Er erkannte bald, daß sein Sohn nicht die Fähigkeiten eines geistigen Führers hatte. Auf die Frage, wer nach seinem Tode sein Nachfolger werden sollte, antwortete er: »Derjenige, der euch sagt, wie man die Eigenschaft des Stolzes bricht.«

Rabbi Nachman von Bratzlaw, geboren 1772, gestorben 1810, war ein Urenkel des Baal-Schem. Er erkannte den Verfall des Chassidismus sehr wohl und kämpfte um den Erhalt des spirituellen Erbes. Hart ging er mit den macht- und geldgierigen Zaddikim ins Gericht, die ihre Gemeinden nur noch für ihre persönlichen Interessen ausnutzten. Rabbi Nachman war einer der letzten großen Visionäre des Chassidismus, doch auch er konnte den Abstieg der Bewegung nicht mehr verhindern.

Eine von zahllosen chassidischen Geschichten veranschaulicht Aufstieg und Fall der Bewegung sehr schön:

»Wenn der Baal-Schem etwas Schwieriges zu erledigen hatte, irgendein geheimes Werk zum Nutzen der Geschöpfe, so ging er an eine bestimmte Stelle im Walde, zündete ein Feuer an und sprach, in mystische Meditationen versunken, Gebete – und alles geschah, wie er es sich vorgenommen hatte. Wenn eine Generation später der Maggid von Mesritsch dasselbe zu tun hatte, ging er an jene Stelle im Walde und sagte: ›Das Feuer können wir nicht mehr machen, aber die Gebete können wir sprechen‹ – und alles ging nach seinem Willen. Wieder eine Generation später sollte Rabbi Mosche Leib aus Sassow jene Tat vollbringen. Auch er ging in den Wald und sagte: ›Wir können kein Feuer mehr anzünden, und wir kennen auch die geheimen Meditationen nicht mehr, die das Gebet beleben; aber wir kennen den Ort im Walde, wo all das hingehört, und das muß genügen.‹ – Und es genügte. Als aber wieder eine Generation später Rabbi Israel von Rischin jene Tat zu vollbringen hatte, da setzte er sich in seinem Schloß auf seinen goldenen Stuhl und sagte: ›Wir können kein Feuer machen, wir können keine Gebete sprechen, wir kennen auch den Ort nicht mehr, aber wir können die Geschichte davon erzählen.‹ Und seine Erzählung allein hatte dieselbe Wirkung wie die Taten der drei anderen.«

Diese Erzählung zeigt, daß in der chassidischen Tradition Geschichten eine gebetartige Funktion übernommen haben. Sie sind kein Ersatz für das Gebet, wohlgemerkt, doch in ihnen obliegt noch der Rest der mystischen Kraft von einst.

Die mystische Kraft von einst – all das Vergangene. Es konnte gar nicht ausbleiben, daß unsere Eltern ihre Vergangenheit glorifizierten. Denn es war ja die Zeit, in der die Familie noch existierte und im gewohnten kulturellen, chassidischen Ambiente lebte. Es war natürlich keineswegs so, daß jeder einzelne die Geschichte des Chassidismus kannte. Und den wenigsten war bewußt, daß sie zu einem Zeitpunkt gelebt hatten, in dem das Stetl früher oder später sowieso auseinandergebrochen wäre. Dennoch waren diese Menschen in sich authentisch. Kleinbürgerlich und spießig auf der einen Seite, religiös und transzendent auf der anderen. Die Kluft zwischen moderner und religiöser Ausbildung war enorm. Viele der Überlebenden hatten ein oder mehrere Jahre auf der Jeschiwa, auf einer orthodoxen Hochschule für jüdische Studien, zugebracht, auf der sie neben der Thora vor allem noch Mischna und Gemara lernten, tagaus, tagein. Viele von ihnen konnten seitenweise die Raschi-Kommentare zitieren, wußten schwierige homiletische Passagen der Thora zu interpretieren, konnten Recht sprechen, jüdisches Recht, und vertieften sich auch weiterhin jeden Morgen in die Geheimnisse des Talmuds. Andere, die keine Gelegenheit hatten, eine Jeschiwa zu besuchen, waren zumindest mit jener einfachen Frömmigkeit aufgewachsen, die sehr nahe am Aberglauben war, ihnen aber dennoch ein Gefühl der Transzendenz des Lebens vermittelte, das den modernen laizistischen Juden meiner Generation abhanden gekommen ist. Wie bei jeder mystisch-religiösen Bewegung hatte es auch im Chassidismus eine Art »praktische Kabbala« gegeben. Sogenannte »Meister« wanderten durch die Lande, verkauften Amulette mit rituellen Beschwörungsformeln oder schrieben auf Pergament geheimnisvolle kabbalistische Zeichen, die sie ihren Kunden zur Heilung einer Krankheit oder zur Angedeihung des Geschäftes verkauften. Häufig kam es vor, daß in ein und derselben

Person beide Richtungen, die »gebildete« und die »abergläubische«, vertreten waren: völlig ohne Widerspruch, ganz ohne Reflexion, was da eigentlich geschieht. Laschon Hara, üble Nachrede, und Ajin Hara, der böse Blick, waren zwei der am meisten gefürchteten Übel, die einen Menschen treffen können. Mein Vater, ein talmudisch durchaus gebildeter Mann, der mehrere Jahre auf der Jeschiwa in Galanta bei Bratislava studiert hatte, pflegte ein seltsames Ritual, wann immer ich erkrankte: In ein Glas Wasser wurden sieben Brotstückchen eingebrockt. Dann sprach er eine geheimnisvolle Formel, spuckte in das Glas, ließ mich ebenfalls hineinspucken und schüttete dann den Inhalt des Glases aus dem Fenster. Dieses Ritual sollte dazu dienen, das Ajin Hara von mir zu wenden, aufgrund dessen ich möglicherweise erkrankt war. Bis heute finden sich Rudimente jenes chassidischen Aberglaubens, der aus den dunklen Karpaten des 17. und 18. Jahrhunderts stammt: Ein jüdisches Ehepaar, mit dem ich befreundet bin, hat vor wenigen Jahren ein Kind bekommen. Die Mutter ist Innenarchitektin, der Vater Orthopäde. Sofort nach der Geburt wurde dem kleinen Mädchen ein rotes Bändchen um das linke Handgelenk gebunden: als Schutz vor dem bösen Blick! Die Geschichte vom frommen Chassid, der in den Wald geht, müßte längst einen weiteren Abschnitt erhalten.

Unsere Eltern vermittelten uns ein diffuses Bild ihrer Religiosität. Das veränderte Ambiente, die zerbrochene Infrastruktur waren natürlich dafür verantwortlich, daß wir, ihre Kinder, nicht mehr in der gleichen Weise wie sie ausgebildet werden konnten. Und selbst wenn die Frömmigkeit nur eine fragmentarische war, sich auf ein paar wenige Grundregeln beschränkte, wie etwa die Einhaltung der koscheren Speisegesetze, des Schabbats und der Hohen Feiertage, so fehlten doch oft die Möglichkeiten, sogar diese wenigen »Erinnerungen« jüdischen Lebens einigermaßen vernünftig einzuhalten. In München gab und gibt es beispielsweise nur einen einzigen koscheren Metzger. In München gab es lange Jahre keine jüdische Schule – und die, die es heute gibt, ist nicht besonders gut. Es gab und gibt nur wenige Religionslehrer. Und die meisten von ihnen bringen den Kindern den Glauben nach alter Manier bei: mit der Knute und mit Drohungen, ohne jegliches pädagogisches Einfühlungsvermögen. In den anderen deutschen Städten ist es nicht viel anders. Im Gegenteil, bis heute gilt die Münchner Gemeinde als orthodoxeste Gemeinde Deutschlands.

Die Zweite Generation bekam nur noch einen Abglanz des jiddischen Stetls vermittelt. Versatzstücke aus einer Welt, die wir nicht kannten, die wir uns aber vorstellten und imaginierten. Vage Ideen, wie unsere Großeltern wohl gewesen sein mochten, unsere Tanten und Onkeln, die zum Zeitpunkt ihres gewaltsamen Todes oftmals jünger waren als wir heute. Der jüngste Bruder meines Vaters, Schimschon Schaje, war gerade vier Jahre alt, als er in Auschwitz vergast wurde.

Religiöse Versatzstücke: ein Nebeneinander von Tradition und Aberglauben, von Gelehrsamkeit und

Ungläubigkeit. Denn wie konnte man nach Auschwitz noch an Gott glauben? Wie aber konnte man nach Auschwitz nicht an Gott glauben? Unsere Eltern waren keine Theologen. Sie waren nicht in der Lage, gedanklich die religiöse Brisanz zu erfassen, die Auschwitz im Menschen hinterlassen hatte. Wo war Gott in Auschwitz? Dieser Frage mußte sich das Judentum stellen. Die Antworten waren meistens unbefriedigend. Die Ultra-Orthodoxie machte es sich am einfachsten. Auschwitz sei die Strafe gewesen dafür, daß die Juden nicht gemäß der Halacha gelebt hatten. Punkt. Hitler sei nur ein weiterer Haman gewesen in der jüdischen Geschichte. Und Haman erscheint immer dann, wenn das jüdische Volk sündigt. Damit reagierten die ultraorthodoxen Rabbinen gemäß dem mittelalterlichen System jüdischen Geschichtsverständnisses. Der Historiker Yosef Hayim Yerushalmi beschreibt diese Sicht, neue Ereignisse in eine alte, längst etablierte Begriffs- und Vorstellungswelt einzuordnen:
»Leid und Verfolgung sind schließlich Folge des Exils, dieses wiederum die bittere Frucht der alten Sünden. Es ist wichtig zu begreifen, daß es das Bedürfnis, vergänglichem Geschehen etwas Neues abzugewinnen, damals gar nicht gab. Ganz im Gegenteil, sogar bei bedeutenden Ereignissen zeigt sich eine klare Tendenz, sie unter vertraute Archetypen zu subsumieren; selbst das schrecklichste Schicksal ist ja nicht ganz so schrecklich, wenn man nicht das verwirrende Besondere darin sieht, sondern eine vertraute Struktur wiedererkennt.«

Elie Wiesel, Friedensnobelpreisträger und selbst Auschwitz-Überlebender, reagierte auf jene ultraorthodoxe Antwort mit der Frage: Und was ist mit einer Million jüdischer Kinder, die ins Gas gehen mußten? Was haben sie verbrochen? Natürlich gibt es keine befriedigende Antwort. Und alle Lösungsversuche, die die moderne jüdische Theologie am Ende des 20. Jahrhunderts darauf zu geben versucht, sind nichts als hilflose Bemühungen, das Unfaßbare in ein transzendentes System zu übertragen, das den Überlebenden und ihren Kindern helfen soll, diese Welt zu ertragen, die mittlerweile als Ganzes zum Anus mundi geworden ist.

Das andere Extrem ist in der jüdischen Theologie nach Auschwitz ebenso zu finden: ein wütender Atheismus, der jedoch keinesfalls mit dem Atheismus kommunistischer oder christlicher Prägung zu vergleichen ist. Ein chassidischer Weiser hat einmal gesagt: »Ein Jude kann für Gott oder gegen Gott sein. Aber niemals ohne ihn«. Ganz in diesem Sinne ist der jüdische Atheismus nach Auschwitz zu verstehen, wie er durchaus auch unter den überlebenden Juden in der Bundesrepublik zu finden ist. Er hat eher etwas mit Trotz, mit Auflehnung und Widerstand zu tun denn mit einer echten Ablehnung Gottes. Die Äußerungen eines alten Juden, eines überzeugten Sozialisten, dessen ganze Familie in den Lagern ermordet wurde, erklärt dieses Phänomen. Er leugnete die Existenz Gottes beharrlich – was ihn aber nicht daran hinderte, jahrelang als Gabbaj, als Synagogendiener, zu fungieren. Auf meine Frage, wie er dieses Amt mit

seiner Überzeugung in Einklang bringen könne, antwortete er mir während eines Schabbatabendessens ohne jegliche Irritation: »Um Ihm, dem Heiligen, Gelobt sei Sein Name, eins auszuwischen!«
Gemeinhin setzte sich bei unseren Eltern jedoch ein Mittelweg durch: Man lebte traditionell, ohne tiefe Spiritualität, man führte einfach ein jüdisches Leben, ohne sich allzuviel Rechenschaft abzulegen, inwiefern dies einen Sinn machte. Jude sein wurde nicht in Frage gestellt. Man war es. Nach Auschwitz sowieso. Und in Deutschland erst recht.
Für uns Nachkriegsgeborene bedeutete dies, mit Riten und Traditionen aufzuwachsen, die zwar zum alltäglichen Leben gehörten, weil wir sie Woche für Woche, Jahr für Jahr, erlebten, deren tieferer Sinn uns aber bisweilen verborgen blieb. Freitagabend zündete die Mutter die Kerzen an, der Vater sprach den Kiddusch, den Segen über den Wein, und wir setzten uns an den schön gedeckten Tisch und aßen Gefilte Fisch. Doch dies war kein Hinderungsgrund, im Anschluß an das Abendessen Fernsehen zu schauen – ein Sakrileg am Schabbat.
Die Inkonsequenz unserer Eltern hatte nur wenig mit den Bestrebungen des Reformjudentums in Deutschland vor dem Krieg oder den liberalen Gemeinden der USA zu tun. Hier wurde keine Auseinandersetzung des Judentums mit dem 20. Jahrhundert geführt, sondern schlicht der einfachste und unkomplizierteste Weg gesucht, in irgendeiner Form jüdisches Leben aufrechtzuerhalten. Doch in diesem desinteressierten Pragmatismus der Eltern keimte bereits der

Verfall der jüdischen Gemeinden in unserer Zeit. Wir Nachkriegsgeborenen durften uns aus einem religiösen Gemischtwarenladen bedienen. Und doch entwickelten wir einen Instinkt für das, was Jude sein in der Diaspora bedeutete, besonders in Deutschland. Rosch Haschana in München. Das jüdische Neujahrsfest, ein heiliger Tag, ein transzendenter Moment, in dem der jüdische Mensch innehält, sich seiner Taten und Sünden des vergangenen Jahres bewußt werden und sich im klaren darüber sein soll, daß er Tschuwa begehen muß, damit in sein Buch des Lebens für das nächste Jahr von Gott ein günstiges Schicksal eingetragen wird. Man begeht den Feiertag in stiller Andacht daheim, im Kreise der Familie, und in der Synagoge. Festlich gekleidet stapfte ich bereits als kleiner Junge an der Hand meines Vaters Jahr für Jahr am Morgen von Rosch Haschana in die Synagoge. Dies ist an sich nichts Besonderes. Und doch geriet dieser Weg jedesmal aufs neue zum inneren Spießrutenlauf. In keinem Augenblick meines noch jungen Lebens war es mir so bewußt, daß irgend etwas nicht stimmen könne an diesem jüdischen Leben in Deutschland wie damals auf dem Weg zur Synagoge an der Hand meines Vaters. Rosch Haschana ist im Herbst, im September, es ist die Zeit des Altweibersommers in München, die Zeit, in der die bayerische Landeshauptstadt zum Oktoberfest rüstet, zum größten Besäufnisfestival der Welt. In meiner Kindheit wohnten wir im Lehel, einem urmünchnerischen Stadtteil, nicht weit entfernt von der ehemaligen Wohnung eines gewissen Lion Feuchtwanger – doch

davon wußte ich damals noch nichts. Das Lehel war eines jener Stadtteile, in dem das Lokalkolorit der Stadt sehr ausgeprägt war. Es standen noch viele Häuser aus dem letzten Jahrhundert.
Die Münchner Hauptsynagoge, in die ich mit meinem Vater ging, war die große Synagoge in der Reichenbachstraße. Sie war die einzige Synagoge Münchens, die den Naziterror der Reichskristallnacht und des Krieges einigermaßen heil überstanden hatte; da sie in einen Hinterhof hineingebaut ist, war es unmöglich, sie abzubrennen, ohne die Nachbarhäuser der Gefahr auszusetzen, ebenfalls zerstört zu werden. So wurde die Synagoge »lediglich« geschändet und später geschlossen. Vom Lehel hinüber in die Reichenbachstraße ging man den kürzesten Weg über den Viktualienmarkt, vorbei an den urigen Marktweibern, die im besten Bairisch ihre Ware feilboten. Und in der Früh waren noch die Bierkutscher und LKW-Fahrer unterwegs, die ihre Ware ausluden und mit den Standl-Besitzern laut und heftig palaverten. Man trank schon mal ein Bier, irgendwo in der Suppenkuchl gab's ein paar Arbeiter, die ihre erste warme Mahlzeit zu sich nahmen, aus der »Schmalznudel« torkelten noch einige Nachtschwärmer nach Hause: Ein ganz normaler Werktag in München hatte begonnen. Ein ganz normaler Werktag. Wieso? War nicht Rosch Haschana? Ein Feiertag? Ein heiliger Tag? Mit Gebeten und Gesängen, mit Kiddusch und Gefilte Fisch, ein Tag, an dem ich nicht in die Schule zu gehen brauchte, an dem die Zeit stehenblieb? An dem ich im dunklen Anzug, mit gestärktem

weißen Hemd, Krawatte und Hut als kleinere Ausgabe meines Vaters mit ihm zusammen den halbstündigen Weg von unserer Wohnung bis zur Schul ging?

Auf dem Weg in die Synagoge gaben wir beide sicherlich ein seltsames Paar ab. Ausgerechnet am Viktualienmarkt gingen zwei festlich gekleidete Menschen einher. Es war klar, daß wir so gar nicht in dieses Bild morgendlichen Markttreibens hineinpaßten. Die Menschen starrten uns an. Ich weiß nicht, ob ihnen klar war, daß es sich bei uns um Juden handelte. Ich weiß nicht, ob sie sich vielleicht nur über diese zwei merkwürdig, für die Jahres- und Tageszeit völlig unpassend gekleideten »Herrschaften« wunderten. Mir waren diese Blicke zutiefst unangenehm. Ich schämte mich ein bißchen, dafür, daß ich auffiel, daß ich anders gekleidet war. Wir befanden uns auf feindlichem Territorium. Jüdisches Leben spielte sich in geschlossenen Räumen ab. Zu Hause, in der Schul, im jüdischen Restaurant, bei jüdischen Freunden und Bekannten daheim. Aber nicht auf der Straße. Man brauchte die Straße, um den nächsten sicheren jüdischen Hafen wieder zu erreichen, wo man unbeobachtet und frei sich so geben konnte, wie man war.

Ich liebte es, in die Schul zu gehen. Ich liebte die Gesänge und Gebete, ich liebte die Atmosphäre und die Sprachen, die ich da hörte. Hebräisch und Jiddisch, Ungarisch und Polnisch, Russisch und Rumänisch. Vor allem aber die Körpersprache der alten Männer: Wild gestikulierten sie hin und her, zeigten nach oben, waren in stetiger Auseinandersetzung mit

Gott, einem Dialog, der mir so selbstverständlich vorkam wie ein ganz normales Gespräch mit meiner Schwester oder meinen Freunden. Singend schaukelten die Männer hin und her, mit ihren kehlig-gutturalen Stimmen stimmten sie die uralten Weisen an, die nur noch wenig von der einstigen Freude der chassidischen Bewegung zeugten – zuviel Leid hatte sich im Laufe der Jahrhunderte eingeschlichen, zuviel Trauer in jüngster Zeit, zuviel Moll. Denn selbst die Freudenlieder hatten in der Reichenbachstraße einen deprimierenden Unterton. Ich wußte bereits damals, daß grausame Erinnerungen, die ich allerdings nicht begriff, diese Männer durchdrangen. Auch mein Vater betete derart, versunken in sein Siddur oder Machsor, seinen Gebetbüchern, der Talles, der Gebetsumhang, wippte im Schaukelrhythmus mit, und ich machte mir einen Spaß draus, die Zizit, die Schaufäden, an den Ecken des Talles im Rhythmus zu fangen und wieder loszulassen, zu fangen und wieder loszulassen, so lange, bis mich mein Vater streng anschaute und ich mich eiligst wieder über mein Gebetbuch beugte, den Rhythmus der Erwachsenen aufnehmend, meinen kleinen Kinderkörper ebenso hin- und herschaukelte und in die Gesänge mit einfiel. Ich kannte all diese Melodien auswendig. Manchmal kannte ich die Worte nicht, doch das störte mich nicht. Wie ich es beobachtet hatte, ahmte ich die Alten nach und sang die Lieder mit einigen Silben lauthals vor mich hin: »ojwawoj, ojbidibom«. So klangen meine Gebete. Ja, Gebete, das waren diese Lieder ohne Texte. Die Melodien hatten die Kraft der Gebetstexte einfach übernommen. Niggunim nennen die orthodoxen Juden diese Lieder: Melodien ohne Worte, über Generationen weitergetragen, sind sie Ausdruck eines Lebensgefühls, das Juden in der Diaspora immer schon erfaßt hatte. Hier aber, im Deutschland der Nachkriegsjahre, wurden diese Lieder zum Ausdruck ewiger Trauer um die verlorenen Angehörigen. Wir Kinder machten einfach mit. Denn die Kraft dieser Melodien erfaßt auch den derbsten und gröbsten Menschen. Jedes Jahr zu den Hohen Feiertagen engagierte die Gemeinde aus dem Ausland einen Baal Tefilla – einen Mann, der als Vorbeter den Gottesdienst leiten sollte. Ein Baal Tefilla ist etwas anderes als ein Kantor. Ein Kantor ist in erster Linie ein Sänger. Ein religiöser Mann, gewiß, doch in erster Linie ein Sänger. Auf einer Schule hat er die zahlreichen Melodien gelernt, die es in der jüdischen Liturgie gibt, seine Stimme wurde ausgebildet, und so trägt er die Gebete auch vor: inbrünstig, aber doch wohl eher darauf bedacht, Atem- und Gesangstechnik so einzusetzen, daß das Zusammenspiel von Melodie, Stimme und Text die größtmögliche Wirkung beim »Publikum« erzielt. Gewiß gab und gibt es Ausnahmen: Jossele Rosenblatt beispielsweise, der berühmteste Kantor dieses Jahrhunderts. Doch selbst wenn man seine Interpretationen, ja: Interpretationen, hört, hat man das Gefühl, man lausche einem Opernsänger – gekonnt, grandios, ergreifend. Aber eben doch nur: eine Vorstellung.

Ein Baal Tefilla aber ist etwas anderes: ein heiliger Mann, durchdrungen von seinem Glauben an Gott, im ewigen Dialog, in ewiger Zugewandtheit, ein Diener des Herrn, dem die Gnade zuteil wurde, eine gute Stimme zu haben. Ein Baal Tefilla singt die Gebete nicht: Er lebt sie mit ganzem Herzen und verleiht der Liturgie dadurch erst die Bedeutung, die sie wirklich hat.

Solch einen Baal Tefilla hatten wir zu Jom Kippur, zum Versöhnungstag. Er stammte aus Antwerpen, einer Hochburg europäisch-jüdischer Orthodoxie. Er war ein Mann in den Vierzigern: dunkle, ernste Augen, langer, dichter, schwarzer Bart. Den Talles über den Kopf gezogen, so daß sein Gesicht von der Silberborte seines Gebetstuches umrahmt war.

Einmal betete er Nëila – das Schlußgebet an Jom Kippur. Es ist das letzte Gebet der zehn Bußtage, während derer Gott das Schicksal jedes einzelnen Menschen für das kommende Jahr besiegelt. Es ist ein Gebet voller Verzweiflung und Hoffnung. Ein Gebet am Scheideweg zwischen gestern und morgen. Ein Gebet des absoluten Präsens, der absoluten Präsenz vor Gott: Jetzt ist es soweit. Nackt stehst du vor deinem Schöpfer, du hast alles getan, um dein Schicksal für das nächste Jahr positiv zu beeinflußen, du hast Tschuwa geleistet, jetzt wird dein Schicksal von Gott besiegelt. Dieser Baal Tefilla sang nicht: Er schluchzte, er weinte, er zerknirschte sich vor Gott. Seine Stimme füllte das Gotteshaus, und jeder neue Schluchzer, jeder neue Klagelaut ergriff die Anwesenden und versetzte sie in das gleiche Gefühl, in einen Taumel von Verzweiflung, Hoffnung und Reue. Ich verstand nicht alles, was da gebetet wurde.

Doch es war nicht schwer, die Bedeutung von Nëila zu erfassen. Und ausnahmsweise mußte mich mein Vater nicht ermahnen, bei ihm zu bleiben, mitzubeten, anstatt mit den anderen Kindern durch die Synagoge zu rennen. Ich habe nie wieder dieses Schluchzen vergessen. Es war und ist für mich der Inbegriff jüdischer Existenz. Und jedesmal, wenn ich in eine Synagoge gehe, erwarte ich dieses Schluchzen und bin schrecklich enttäuscht, wenn der Vorbeter diese spirituelle Kraft nicht aufbringt, wenn das Gebet mechanisch, der Gesang nur schön, der Gottesdienst nur Routine ist.

Es gab diese großen Momente in der jüdischen Gemeinde. Das war erstaunlich, angesichts der Massenvernichtung, die das jüdische Volk in Europa durchlitten hatte. Und noch viel erstaunlicher, weil die Nachkriegsgemeinden in Deutschland keinerlei Kraft mehr in sich bargen. Kleine Inseln für verrottetes Strandgut. Notgemeinschaften. Aber dann – dieses Schluchzen.

Oder das Schluchzen unserer Väter, wenn wir Jugendlichen unter der Leitung des Gemeindekantors einen Synagogenchor bildeten und an den Hohen Feiertagen mit unseren knabenhaften Sopranstimmen die zentralen Gebete anstimmten: »Hajom harat olam …«, »Heute ist der Geburtstag der Welt, heute stehen alle Kreaturen vor Gericht …«

Sie schluchzten vor Freude und Begeisterung, daß eine neue Generation entstanden war, die das Erbe der Vorväter weitertrug, entgegen den Erwartungen aller, vor allem auch entgegen der Erwartungen der

Juden selbst. Was es unseren Eltern wohl bedeutet haben mag, ihre Kinder in der Synagoge zu erleben. Mitten in Deutschland, nur wenige Jahre nachdem sie der Hölle der Konzentrations- und Vernichtungslager entkommen waren? Natürlich wußten wir Kinder das nicht. Wir wußten nicht, welcher Druck auf uns lastete, aber wir spürten ihn. O ja, wir spürten ihn. Und die Diskrepanz zwischen drinnen und draußen, die erlebten wir tagtäglich, diese Grenze zwischen Gefilte Fisch und Weißwürsten. Jedesmal, wenn wir die Synagoge verließen, am Ende des Gottesdienstes, durchschritten wir einen Zeit- und Kulturtunnel, der uns am anderen Ende wieder hinausspuckte in eine fremde, mißgünstige und kalte Welt. Ein schmutziggelb gekachelter Gang führte von der Synagoge hinaus auf die Straße, beleuchtet von einer einzelnen, bläßlichen Glühbirne. Die Schatten der Menschen türmten sich zu einem riesigen Ungeheuer an den Kachelwänden entlang des schmalen Ganges, durch den sich nach Ende des Gottesdienstes Hunderte von Menschen hinausdrängten. Die Männer in ihren dunklen Anzügen wirkten zerbrechlich und majestätisch zugleich. An ihrer Seite die Frauen und Kinder. Die Stimmung an Rosch Haschana und Jom Kippur war verhalten, schließlich waren es ernste Jomtojwim, draußen war es bereits dunkel, die ersten kühlen Herbstabende kündeten den grauen, eisigen Winter an. Gegenüber dem Synagogenausgang, auf der anderen Straßenseite, stand meistens ein Grüppchen von Menschen, Deutsche, die uns beobachteten, leise miteinander sprachen, tuschelten – was dachten

sie über uns? Waren wir für sie exotische Tiere, die man sich wie im Zoo anguckte? Oder waren sie nur neugierig, wollten wissen, wie denn nun Juden tatsächlich aussehen, nachdem sie ja ausgerottet worden sind vom eigenen Volk und man dies selber nicht begreifen konnte? Oder dachten sie sich gar: schade, daß der Hitler die da drüben vergessen hat? Ich haßte dieses Angestarrtwerden, dieses Beobachtetwerden. Es bedeutete nichts als Kälte, Distanz, Grenze. Drinnen, in der Synagoge, die Gesänge, das laute Durcheinander, das Schluchzen – das war der Mutterschoß, aus dem man jetzt, durch kalte Kachelwände hindurchkriechend, ins Leben, in die Welt geworfen wurde. Warum nur dieses? Warum konnten wir nicht einfach in der Schul bleiben, die böse Welt der Gojim einfach aussperren?
Den Sabras geht das Gefühl, das Verständnis für die Diaspora gänzlich ab. Sie können nicht mehr ermessen, was es in 2000 Jahren Diaspora bedeutet hat, sich als Jude unter Nichtjuden zu bewegen. Immer auf der Hut, immer beobachtet, immer auf die nächste Vertreibung, den nächsten Pogrom wartend. Immer anders zu sein. Den Israelis ist das Gefühl, eine Minorität zu sein, abhanden gekommen. Das ist gut so. Das gibt ihnen die Freiheit, sich normaler – gewiß nicht normal – zu entwickeln. Da alle Juden sind, spielt das Judesein keine besondere Rolle mehr im täglichen Leben. Man ist Israeli, hat eine nationale und religiöse Geschichte, die als Kulturgut dem täglichen Leben immanent ist, doch nicht die Bedeutung erlangt wie in der Galut. Im krassen Gegensatz dazu steht die

Erfahrung der Zweiten und wahrscheinlich auch Dritten Generation der in Deutschland geborenen Juden. Die »Absonderung«, wie der deutsche Jude Georges Arthur Goldschmidt seine Biographie nannte, sie ist uns Nachkriegsgeborenen eine eigene Erfahrung geblieben. Darin spiegelt sich all das Vergangene wider. In dieser Erfahrung bleiben Ghetto, Pogrom, Vertreibung als leises, aber doch unüberhörbares Echo stets präsent. Mehr als anderswo. Mehr als in den USA, in Frankreich oder England. Das Angegafftwerden blieb ein vertrauter Habitus der Umwelt, in dem man sich zunehmend selbstverständlicher bewegte. Das Exzeptionelle der eigenen Existenz wurde immer mehr zur zweiten Haut, zu einer Besonderheit, mit der man sich sogar zu schmücken begann. Der französische Philosoph Alain Finkielkraut nannte dieses Phänomen den »eingebildeten Juden«. Das entscheidende und identitätsprägende Ereignis der eigenen jüdischen Existenz lag *vor* unserer Geburt: Wir waren Betrogene, die das wahre Abenteuer des Judeseins nicht miterleben durften, die sich mit den (Helden-)Federn unserer Eltern und Großeltern schmücken mußten. So eine Gemeinheit: Wir waren weder in den Todeslagern gewesen noch in den Arbeitslagern, wir waren nicht im Untergrund versteckt, und bei den Partisanen waren wir auch nicht gewesen, wir hatten nicht einmal die eintätowierten Nummern auf den Unterarmen unserer Eltern geerbt.

Nichts also. Statt dessen Alpträume. Depressionen. Manische Schübe, Verzweiflungsausbrüche. Schwei-

gen. Schreie. Hysterie. Panik. Psychopharmaka. Antidepressiva. Mehr oder weniger. Unverständliche Reaktionen der Eltern.
Ich kannte das, von frühester Kindheit an. Meine Mutter steht in der Küche, bereitet das Mittagessen, ich sitze auf dem Boden und spiele. Sie redet mit mir, während sie im Topf rührt, die Zwiebeln schneidet, den Tisch deckt. Und plötzlich schweigt sie. Starrt geistesabwesend aus dem Fenster, rührt aber weiter mechanisch im Topf herum. Sie ist ganz weit weg. Irgendwo. Anfangs hatte ich nach ihr gerufen, war zu Tode erschrocken, wenn sie nicht reagierte. Meine Mama ist weit weggegangen plötzlich. Mama, wo bist du?
Später hatte ich mich daran gewöhnt. Ich rief nicht mehr nach ihr, bekam keine Angst mehr. Mama ist wieder weg. Irgendwann kommt sie dann zurück, einfach so. Kocht weiter, spricht mit mir, als sei nichts geschehen. Ist ja auch nichts geschehen, oder?
Oder: unglaubliche Aggressionsschübe. Unverhältnismäßige Wutausbrüche, wenn ich mein Zimmer nicht genau so ordentlich aufgeräumt hatte, wie sie sich das vorstellte. Dann kam sie hereingerannt, warf den Inhalt aller Schubladen mit einem Ruck auf den Boden, schrie mich an: »Räum das auf, räum das auf!« Und ließ nicht locker, schlug auf mich ein, zornentbrannt, voller Rache, bis alles wieder exakt so aufgeräumt war, wie sie sich Ordnung vorstellte. Ordnung und Sauberkeit.
Jahrelang hatte ich mit diesen jähen Wutausbrüchen

meiner Mutter gelebt. Verängstigt, manchmal voller Haß. Ich hatte nichts verstanden. Worüber regte sie sich eigentlich so auf? Das bißchen Unordnung? Das konnte nicht sein.

Erst nach vielen Jahren begriff ich das Unglück meiner Mutter: in einem dunklen Kinosaal. Ich sah den israelischen Spielfilm »Der Sommer von Aviha«. Er erzählt die Geschichte eines kleinen Mädchens in den fünfziger Jahren in Israel. Es geht in einem Heim zur Schule, die großen Sommerferien beginnen gerade, die Eltern holen ihre Kinder ab, nur Aviha wird von niemandem abgeholt. Da taucht eine wirr gekleidete, seltsame Frau auf: Avihas Mutter. Sie ist einfach gekommen, plötzlich, von irgendwoher. Sie nimmt ihre Tochter mit, nach Hause, in eine Wohnung innerhalb eines Moschaws. Etwas abgelegen vom Zentrum, von den anderen Menschen. Aviha hat wunderschönes, langes Haar, doch ihre Mutter entdeckt einige Läuse darin. Wutentbrannt über diesen Dreck, diesen Schmutz, rasiert die Mutter ihr den Schädel ab und beginnt den kahlen Kinderkopf mit Petroleum einzureiben. Wie eine Wahnsinnige reibt sie das Petroleum in die Kopfhaut, zwischen ihren zusammengebissenen Zähnen stößt sie einzelne Laute heraus: Wir werden diese Läuse schon totkriegen, du wirst lernen, in Zukunft sauber zu sein. Und macht immerzu weiter, bereit zum Töten, während die kleine Aviha weint und weint und weint. Doch das merkt die Mutter gar nicht. Sie nimmt ihr Kind gar nicht mehr wahr. Am Ende dieses Sommers, in deren Verlauf sie noch öfter solche Schübe bekommt und mit ihrer Tochter, die ihre Mutter verzweifelt liebt und dennoch immer wieder Angst vor ihr hat, eine Form des Zusammenlebens versucht, am Ende dieses Sommers fällt die Mutter wieder in einen Zustand psychotischen Wahnsinns zurück. Männer in weißen Kitteln kommen, holen sie ab und bringen sie dorthin zurück, wo sie zu Beginn des Films hergekommen ist. Inzwischen aber hat der Zuschauer das Drama ihres Lebens während der Shoa erfahren ...

Ich saß im sicheren Dunkel des Kinosaals und sah die Szene, in der Aviha der Kopf gewaschen wurde. Die Kamera hielt groß auf das wutverzerrte Gesicht der Mutter. Und ganz tief in meiner Magengrube begann sich etwas zu rühren, etwas Dumpfes, Gequältes, ein längst vergessenes, aber altbekanntes Kindergefühl: Nur mit Mühe konnte ich mich zurückhalten. Ich brauchte alle Kraft, um nicht in lautes Schluchzen auszubrechen, hier mitten im Kino. Doch da hörte ich schon aus einer Reihe vor mir, und irgendwo hinter mir, ein leises, unterdrücktes Weinen, ein Stöhnen, das mehr war als nur eine sentimentale Identifikation mit der Filmfigur. In dem Kino saßen fast ausschließlich junge Juden. Ein gemeinsames Wiedererkennen, das war es, was sich in diesem Augenblick in der Dunkelheit ausbreitete. Das Leiden von Aviha und ihrer Mutter vermischte sich mit dem unseren und dem unserer Eltern. Die Shoa. Da war sie. Real auf der Leinwand und im Zuschauerraum. In unseren Kinderseelen, die sich in der Hülle unseres Erwachsenendaseins so mühevoll verbargen.

Die israelische Schriftstellerin Savyon Liebrecht, 1948 in München geboren, ehe sie ein Jahr später mit ihren Eltern nach Israel kam, beschreibt in ihrer Erzählung *Kahlschlag* das gleiche Phänomen:

»Als Hanja die spitze Schere aus dem grünen Kunststoffetui zog, auf das ein tranchiertes Huhn aufgeprägt war, schien ihr Blick mit einemmal glasig, und als sie die Hand nach dem Kopf ihrer Enkeltochter ausstreckte, mit gespreizten Fingern durch deren goldglänzendes Haar strich und unter dem Geklapper der blitzenden Klingen wellige Strähnen zu Boden sanken, war ihr Gesicht schon zur Maske erstarrt.

›Komm nah ans Fenster, Mammele, damit Oma besser sieht und dir nicht wehtut. Oma hat dich lieb und will nicht, daß dir je ein Leid geschieht. Und halte den Kopf etwas tiefer, damit Oma es richtig macht.‹ Hanja sprach hastig, und die Kleine, die spürte, daß etwas Wichtiges mit ihr geschah, stand lange Zeit gehorsam und still, mit gesenktem Kopf, beide Hände hinter die Gürtelschnalle ihres kurzen Kleides geschoben, und starrte auf die langen blonden Strähnen, die herabfielen und sich um ihre Sandalen häuften.

›Wir werden es ganz, ganz gut machen‹, sagte Hanja verheißungsvoll flüsternd zu dem zerbrechlichen blassen Nacken, der nun dem Licht ausgesetzt war. ›Nichts soll zurückbleiben auf dem hübschen Köpfchen, alles Ungeziefer soll verschwinden.‹

Indes ihr Oberkörper sich bogengleich über den Kopf des Enkelkinds neigte, grub ihre Linke sich in das Haar, das für die Größe des Mädchens auffallend lang war, und bewegte ihre Rechte mit großer Geschwindigkeit die Klingen der Schere. Sie arbeitete wie besessen, mit starrem Blick. Auf ungestüme Art nahm die Bresche zwischen den beiden goldenen Vorhängen immer größere Ausmaße an, bis der Kopf rundum geschoren war und sich kurze Stoppeln gleich gemähtem Gras über dem bleichen Schädel erhoben und die zarte weiße Haut hervortreten ließen, auf die seit dem ersten Haarwuchs kein Licht mehr gefallen war.

Hanja keuchte, ihr Körper wurde von einem krampfartigen Zucken hin und her geschüttelt. Sie steckte die Schere in das Etui zurück und sank wie nach großer Anstrengung auf einen Stuhl. Dann zog sie ihre Enkeltochter heran, drückte sie mit aller Kraft an sich und küßte wieder und wieder den Nacken des Mädchens, als nehme sie Abschied von ihr. Trotz des Sturms, der sie erfaßt hatte, klang ihre Stimme beruhigend: ›Jetzt wird alles gut, Mammele. Du brauchst keine Angst mehr zu haben.‹ ...«

Michel Friedmann, Kulturdezernent der jüdischen Gemeinde in Frankfurt und Mitglied der CDU, erklärte einmal während einer Podiumsdiskussion, bei der es zu Unmutsäußerungen junger Deutscher gekommen war, weil die anwesenden jüdischen Diskutanten immer und immer wieder über die Shoa sprachen: »Der Unterschied in der Wahrnehmung der Zeit bei Juden und Deutschen liegt darin, daß für Deutsche die Shoa Vergangenheit ist, für uns jüngere Juden jedoch so lange lebendige Wirklichkeit bleibt, wie unsere Eltern am Leben sind.«

Was Friedmann beschreibt, ist auf der politischen Ebene sicher richtig, doch das Zeitgefühl meiner Generation läßt sich dennoch nicht so linear erfassen. Wir lebten bereits in unserer Kindheit im Hier und im Damals. Es ging nicht um Deutschland, noch nicht. Die frühesten Kindheitserfahrungen, die wir machten, hatten gar nichts mit dem politischen Gebilde »Deutschland« zu tun, sondern mit der seelischen Destruktion unserer Eltern. Die Shoa – und nur um sie ging es – hatte irgendwann einmal, in grauer Vorzeit, stattgefunden, und gleichzeitig fand sie tagtäglich, vor allem aber auch nächtens in den Schlafzimmern unserer Eltern statt, die nicht schlafen konnten oder die Zimmertüre nicht schlossen, weil sie es nicht mehr ertrugen, in verriegelten Räumen zu leben. Und auch die Gespräche unserer Eltern rankten sich immerzu um die Konzentrationslagerhaft. Man sprach vom kommenden Urlaub – das Gespräch endete im KZ. Man redete über Mode, über Freunde, über die Kinder – das Gespräch endete immer wieder im KZ.
Wir Kinder waren dort, ohne dort gewesen zu sein. Auschwitz war für uns etwas Unerreichbares, innere Erfahrung, die wir nicht gemacht hatten. Ich hatte stets Angst vor Auschwitz: Ich wußte nicht, was ich mir darunter vorstellen mußte, selbst später, als ich alles darüber gelesen, jeden Film gesehen hatte. Auschwitz blieb ein nicht erlebter, aber selbsterfahrener Alptraum.
Absurd nur, daß so manche Deutschen dies ebenfalls so sahen. Geschichtsunterricht in der Mittelstufe an

meinem Gymnasium. Wir nahmen gerade das Dritte Reich durch, als mich der Lehrer bat, bis zum nächsten Male ein Referat über die Konzentrationslagerwelt vorzubereiten: »Da Sie Jude sind, Schneider, wissen Sie ja besser als die anderen Schüler, wie es dort gewesen ist.« Eine Unverschämtheit, solch ein Satz. So wie der jüdischen Überlieferung nach jede jüdische Seele am Berg Sinai stand, als Gott dem auserwählten Volke seine Thora gab, so soll offensichtlich jeder Jude auch in Auschwitz gewesen sein?

Für unsere Eltern mag dies so gewesen sein. Denn für sie waren wir die wiedergeborene Verkörperung all dessen, was sie in den Vernichtungslagern verloren hatten. Wir waren ihre Eltern, ihre Geschwister, ihre ganze Familie. Wir waren die Hoffnung und die Zukunft. Wir waren ihre Lebensversicherung. Und wir sollten das Erbe, das durch Auschwitz zerstört wurde, weitertragen. Man gab uns die Namen ermordeter Verwandter und erwartete, daß wir gute Juden würden – nicht etwa, weil Gott dies uns am Berg Sinai befohlen hätte, sondern weil dies unsere Pflicht war, nachdem die Eltern nun schon einmal die KZ überlebt hatten. Wir hatten primär das Vermächtnis, nicht den Glauben, weiterzutragen. Und alle, alle halfen sie dabei, damit wir auf gar keinen Fall vergessen könnten, diesen unfreiwilligen Auftrag auch auszuführen.

Meinen frühesten Unterricht in Sachen jüdischer Identität hatte ich von einem Auschwitz-Überlebenden erhalten, Moische Gerczik. In meiner Kindheit sah ich ihn regelmäßig in der Synagoge. Während des Gottesdienstes lief ich mit den anderen Kindern häufig durch die Gänge der Schul, wir begrüßten hier und dort Bekannte der Eltern, die einen plötzlich am Ärmel festhielten und sich nach unseren Fortschritten im Talmud-Thora-Unterricht erkundigten. Eben jener Moische Gerczik hatte im Laufe der Zeit ein Ritual mit mir eingeübt. Jedesmal, wenn ich an ihm vorbeieilte, grüßte er und fragte mich, wie ich heiße. Ich antwortete stolz: »Richard«, worauf er, ungläubig und mit gespielter Entrüstung zurückfragte: »Wie heißt du?« Und ich antwortete, diesmal grinsend: »Chaim Jossel!« Jetzt erst war er zufrieden, lächelte glücklich und gab mir zur Belohnung ein Bonbon. Vielleicht war dieses Fragespiel nach meinem Namen das fundamentalste Exerzitium, mich meiner wahren Identität zu erinnern. Doch es war auch ein erster Hinweis auf die doppelte Identität, die ich habe, auf das Dilemma in mir, auf ein Leben in Zwischenwelten.

HELLAS

Im Jahre 1975 trat in Deutschland erstmals das neue Gesetz in Kraft, daß man im Alter von achtzehn Jahren volljährig wurde. Ich wurde damals gerade so alt und genoß, wie meine Klassenkameraden auch, dieses neue Privileg von Freiheit und Erwachsensein. Im Gegensatz zu unseren Lehrern, die sich den Kopf zerbrachen, was sie mit uns auf der Abiturreise nach Rom denn nun anstellen sollten: Einerseits hatten sie die Aufsichtspflicht, andererseits waren wir doch jetzt für uns selbst verantwortlich. In der Praxis sah die Lösung wahrhaft salomonisch aus: Die Lehrer ermahnten uns lediglich, gut auf uns aufzupassen, und damit war das juristisch so bedeutsame Problem schlagartig gelöst.
Achtzehn ist auch in der jüdischen Kultur eine bedeutsame Zahl. Der Zahlenwert der Wortes Chai, lebendig, ergibt 18. Das Leben wird im Jüdischen also durch diese mystische Zahl 18 repräsentiert. Und nun fuhren wir im Jahre unserer Reifeprüfung nach Rom. Das Leben stand vor uns, die Verantwortung, die Freiheit. Und ich war 18.
Als gute und brave Schüler eines altsprachlichen, humanistischen Gymnasiums beeilten wir uns geflissentlich, die großen Kunst- und Bauwerke der alten Römer zu besuchen. Das Forum, die Engelsburg, vielerlei Triumphbögen, darunter natürlich auch den Titusbogen.
Da stand ich also, anno domini 1975, vor dem Siegestor jenes alten römischen Feldherrn und Kaisers, der den Römern Triumph, den Juden jedoch Schmach, Untergang und 2000 Jahre Diaspora und Exil ver-

sinnbildlichte. Das steinerne Relief an der Vorderfront: Juden, die in die Knechtschaft gingen, die heiligen Kultgegenstände aus dem Tempel in Jerusalem, die Menora, der siebenarmige Leuchter, gut sichtbar da oben: Siegesbeute der Heiden, der Barbaren. Ich hörte förmlich den Jubel der antiken Massen: »Hierosolyma est perdita!«, Jerusalem ist verloren! Später dann, im Mittelalter, sollte aus diesem Satz nur noch eine drohende Abkürzung werden, die den Tod Hunderter, Tausender jüdischer Menschen bedeutete: »Hep, Hep!«.

Achtzehn war ich, das Leben hatte gerade begonnen, die »Reife« sollte uns in wenigen Wochen bescheinigt werden. Und ich stand da vor diesem kolossalen Monument, und vor meinen Augen entfaltete sich das antike Drama des Untergangs meines Volkes. Liebend gerne hätte ich die steinerne Menora von dem Titusbogen heruntergeholt, wenigstens diese, wo doch die echte im Laufe der Zeiten längst verlorengegangen war. Fast 2000 Jahre nach der Zerstörung Jerusalems stand ich als jüngster Nachkomme des jüdischen Volkes vor diesem Triumphbogen, fassungslos in diesem einen, einzigen Augenblick, aber doch schon entschieden, längst entschieden, meinen Weg ins Leben – mit 18 – in die nichtjüdische Richtung zu gehen: Rom hatte mir längst den Weg vorgezeichnet, natürlich auch Athen und Berlin: Ich hatte beinahe keine andere Wahl mehr. Das Judentum hatte offensichtlich doch verloren. Denn nach dem Abitur wollte ich Germanistik, Theaterwissenschaft, Kunstgeschichte und Philosophie studieren. Nicht

nur, daß diese Fächer keine jüdischen Fächer waren, sie waren obendrein Antithesen zur Welt des antiken Judentums. Doch das wußte ich beinahe schon nicht mehr in jenem Sommer. Das Bewußtsein dafür war mir beinahe abhanden gekommen.
Indes erinnerte ich mich noch daran, daß ein Jude auf gar keinen Fall durch den Triumphbogen des Titus gehen durfte, denn für uns gab es nichts zu bejubeln. Und während meine deutschen Klassenkameraden unbeschwert hindurchschritten, machte ich einen Bogen um den Bogen und trat in einem unbeobachteten Moment mit aller Gewalt mit meinem Fuß gegen den mächtigen, uralten Sockel. Eine Mücke sticht einen Elefanten! Doch nein: Uns gab es immer noch, die Römer und ihr mächtiges Imperium waren längst untergegangen, und einen jüdischen Staat hatten wir auch wieder. Ätsch, Titus, du hast verloren!
Und doch hatten beinahe wir verloren. Wir bundesrepublikanische Juden der Nachkriegszeit. Und der Einfluß Hellas' war dabei wahrscheinlich noch bedeutender als der Roms.
Unsere Vorfahren hatten ihn uns vorgemacht, den klassischen Dreisprung: der Großvater, ein frommer Jude, noch ganz versunken in Thora und Talmud; der Vater, auch ein frommer Mann, mußte bereits den ganzen Tag den Geschäften nachgehen, so daß seine Schriftgelehrtheit massiv darunter zu leiden hatte; der Sohn schließlich schnitt sich die Pajes ab, zog den Kaftan aus und besuchte die Universität der Gojim. Reihenweise nahmen jüdische Familien diese Entwicklung gegen Ende des 19. Jahrhunderts. Im

Deutschland der Aufklärung und im Gefolge der Reformbestrebungen nach Moses Mendelssohn ebenso wie in den USA, wohin viele osteuropäische Familien auswanderten. Aus Jossel wurde Joe, aus Moische Moritz – fertig war der moderne Jude. Der jüdische Humor machte daraus eine süßsaure Parabel: »Der Großvater schrieb aus Liebe zu Gott eine Thora, der Vater liebte die Thora, der Sohn schrieb nur noch über die Liebe.«

So auch in der BRD. Doch während im 19. Jahrhundert die beschriebene Entwicklung das sich allmählich herauskristallisierende Ergebnis radikaler politischer und gesellschaftlicher Umwälzungen war, so war in unserem Falle ein eklatanter Bruch dafür verantwortlich, daß meiner Generation der jüdische Boden unter den Füßen weggezogen war: Wir kannten die Welt und die Schriftgelehrtheit unserer Großväter nicht mehr. Statt dessen herrschte der unerschütterliche Wille unserer Eltern vor, in der Welt der Gojim zu reüssieren. Sich nicht mehr die Butter vom Brot stehlen zu lassen. Haben wir gelitten, so sollen unsere Kinder dafür entschädigt werden. Besucht Schulen, geht studieren: Unser Sohn, der Herr Doktor.

Nicht der Chacham, der jüdische Gelehrte, war das innigste Ziel der jüdischen Überlebenden in Deutschland, sondern der Homo doctus. Die Zeit verlangte angeblich diese Anpassung. Die Welt um uns herum, der Säkularisationsprozeß, der bei den Eltern auch schon längst eingesetzt hatte, auch der Zweifel an der Richtigkeit so mancher Gesetze des allmächtigen

Gottes, der Auschwitz zugelassen hatte, dies alles rechtfertigte den entscheidenden Schritt in Richtung Universität. Aber sie wußten nicht, was sie taten. Unsere Eltern ahnten nicht, daß sie damit dem Verfall des ohnehin schon überaus fragilen Judentums in Deutschland weiter Vorschub leisteten.

Es war ja keineswegs so ungewöhnlich, daß Juden die Universität besuchten. Vor dem Krieg im Westen längst gang und gäbe, war dies nach 1945 natürlich auch weiterhin keine weiter aufregende Sache, weder in Frankreich noch in England, gewiß nicht in den USA und nicht einmal in Israel.

Anders aber in der Bundesrepublik. Hier existierte ja nicht mehr das europäische Westjudentum, das sich über mehrere Generationen hinweg an seine Umwelt assimiliert hatte, das sich über merkwürdige Ideen wie etwa dem Reformjudentum einen Ausweg aus seinem vermeintlichen Zwiespalt zwischen zwei nationalen Zugehörigkeiten gewählt hatte, hier war der Schutthaufen des einstmals blühenden Ostjudentums versammelt, fernab von allem, was mit emanzipatorischem Gedankengut auch nur annähernd zu tun hatte. Unsere Eltern waren Handwerker und Kaufleute, Kleinbürger eben. Die wenigsten hatten vor dem Kriege irgendeine Ausbildung machen, geschweige denn beenden können, und noch viel weniger waren übriggeblieben, die an den Universitäten von Warschau oder Budapest studiert hatten. Denn selbstverständlich hatte es auch solche Menschen in Osteuropa gegeben. Doch sie waren in den Gemeinden der Bundesrepublik nur ganz, ganz selten zu

finden. Statt dessen also in der Mehrzahl Autodidakten.
Und während die Aufklärung im Westen den Juden die Bürgerrechte brachte, so daß ihr Bestreben nach Assimilation und Anerkennung wenn auch nicht ganz unproblematisch und frei von Vorurteilen oder Verfolgungen, dennoch einigermaßen erfolgreich war, bis 1933 zumindest, lebten die jüdischen Massen Osteuropas in Armut und abgekapselt von der christlichen Umwelt. Es waren diese Massen, die Theodor Herzl dazu bewegten, den Zionismus als politische Lösung für das jüdische Problem zu halten. Es waren diese Massen, die den Gedanken an den nationalen Charakter des jüdischen Volkes stets beibehielten. So und nur so konnte sich der zionistische Gedanke in Rußland und im übrigen Osteuropa verbreiten, während die Juden Westeuropas und vor allem des wilhelminischen Deutschland die Formel »deutscher Staatsbürger jüdischen Glaubens« ausprobierten.
Und es waren diese Massen, aus deren Kreisen unsere Eltern stammten. Wir Kinder der Überlebenden wurden also schlagartig hineingeworfen in ein kulturelles Erbe, das nicht das unsere war. Es galt, die wichtigsten Bastionen westlicher Kultur auf einmal zu erobern: Athen und Rom und Berlin. Und wir machten uns auf den Weg, den typisch deutschen Weg, das Land der Griechen mit der Seele zu suchen. Wissen ist Macht – so lautete eine der Maximen, mit denen ein jüdisches Kind zu allen Zeiten für den Überlebenskampf ausgerüstet wurde. Wisse, woher du kommst – dies war die andere Seite der Medaille.

Die Botschaften der Eltern waren immerzu widersprüchlich, schizoid. Sie ergaben keinen Sinn: Integriere dich in die deutsche Gesellschaft, indem du das westliche, deutsche Gedankengut in dir aufnimmst. Lerne soviel wie möglich, mein Junge, du wirst das alles brauchen. Sei besser als die anderen, du hast keine Wahl, du mußt einfach besser sein. Werde wie die Gojim, aber wehe, du vergißt unterwegs, daß du Jude bist. Das wäre unser Ende, unser Tod. Was Hitler nicht geschafft hat, du könntest es, wenn du ein Goj würdest: uns umbringen!

Ein ehemaliger jüdischer Emigrant aus der Sowjetunion, der in den siebziger Jahren, auf dem ersten Höhepunkt der sogenannten Refuseniks-Bewegung, nach Israel gekommen war, erzählte mir Ende der siebziger Jahre bei einer Tasse arabischen Mokkas und einer herrlichen Schischa, der gemütlichen Wasserpfeife, in der Altstadt von Jaffa eindrücklich, wie der Antisemitismus in seiner Heimatstadt Moskau funktionierte: »Wir wurden immer und überall schikaniert«, berichtete er, »wenn wir auf die Universität wollten, so mußte unser Schulzeugnis einen besseren Notendurchschnitt haben als das der anderen Schüler. Als wir dann auf die Uni durften, mußten wir bei jeder Prüfung wiederum stets bessere Noten haben als die anderen – andernfalls hätten unsere Professoren uns durchfallen lassen. Und was war das Ergebnis?« – er lachte lauthals und sehr guttural – »sie wunderten sich, daß so viele Juden an den russischen Universitäten in Spitzenpositionen gelangten.« Aber das wiederum nährte den Antisemitismus erneut: da, seht her, die Juden beherrschen uns, sie regieren die Welt, macht sie nieder, treibt sie weg …

So kannten wir diese Situation in der Bundesrepublik nicht. Aber auch wir mußten besser sein als die anderen. In diesem Fall nicht aufgrund eines äußeren, sondern eines inneren Druckes. Die Schmach von Auschwitz mußte durch den gesellschaftlichen Erfolg der Kinder in der deutschen Gesellschaft abgewaschen werden. Eine Eins in der Schule war nicht einfach eine gute Note. Sie war späte Rache für Auschwitz, das Dafke des Schwachen, der immer wieder zu Boden geschlagen wird und sich dennoch stets aufs neue aus dem Staub erhebt, obwohl er weiß, daß er wieder zu Boden geschlagen wird. Es war wie mein Tritt gegen den Titusbogen. Die Mücke, die gegen den Elefanten antritt. Und doch wird die Mücke letztendlich siegen. Denn es gibt sie überall, obwohl sie ganz klein ist. Der Elefant, dieser Koloß, stirbt allmählich aus. So ist das.

Ein gutes Zeugnis bedeutete Widerstand, war das Jiskor, das Gedenken, für all die ermordeten Verwandten, deren Namen wir trugen, so wie ich den Namen meines in Auschwitz getöteten Großvaters trage, den ich nie gesehen habe, von dem es nicht einmal ein Foto gibt. Denn er war zu fromm, um sich abbilden zu lassen, gemäß dem strengen jüdischen Gebot: »Du sollst dir kein Bildnis machen.«

Wir mußten also besser sein. Unsere Eltern sprachen dies aus, oder, was subtiler und wesentlich unerträglicher war, sie schwiegen sich aus. Stöhnten nur über jede schlechte Note, jedes schlechte Betragen. Ver-

drehten die Augen gen Himmel, murmelten einige Worte auf Jiddisch oder Ungarisch oder Polnisch – und schon war es klar: Wir hatten das Andenken der Toten nicht geehrt. Wir haben die letzte Raison d'être unserer Mütter und Väter nicht adäquat erfüllt. Also weiter: Zeigen wir's den Deutschen, wir sind besser als sie, zumindest ebenso gut.
In den fünfziger und sechziger Jahren wurde dieses Vorhaben von deutscher Seite kräftig unterstützt. Eine geradezu ekelhafte Servilität gegenüber Juden war vielerorts anzutreffen. Man war geflissentlich und eifrig damit beschäftigt zu beweisen, daß man so rein gar nichts gegen Juden hatte, um Gottes willen, wir doch nicht. Also unterstützte man Juden und insbesondere jüdische Kinder. Wir waren beinahe etwas Sankrosanktes. Die Unberührbaren – in der Thora sind damit die Aussätzigen gemeint. Zweifelhaftes Auserwähltsein!
Doch zunächst blieb ich von diesen Erfahrungen verschont, da mich meine Eltern auf eine französische Schule schickten. Warum taten sie das, mitten in Deutschland? Sicherlich, um ihr eigenes Bedürfnis zu stillen. Meine Mutter, die außer ihrer Muttersprache Ungarisch und einem zunächst sehr schlechten Deutsch keine andere Sprache konnte, wußte nur zu gut, was es bedeutete, im Exil sprachlos zu sein. Sie hatte sehr darunter gelitten. Dieses Schicksal sollte ihren Kindern unbedingt erspart bleiben. Und wenn sich auf diesem Wege die Möglichkeit bot, Französisch zu lernen, warum nicht? Dabei erwies sich die École Française als trügerischer Hort, als fatale Idylle,

die meine »Ankunft« in Deutschland nur zusätzlich erschwerte. Nicht nur, daß sie quasi exterritoriales Gebiet darstellte, die Absicht meiner Eltern, mich möglichst viele Sprachen lernen zu lassen, konnte nur heißen: auch auf dich wartet letztendlich das Exil. Du kannst hier in Deutschland nicht zu Hause sein. Irgendwann geht alles von vorne los.

Fast ausnahmslos waren wir jüdischen Kinder im Ghetto aufgewachsen. Das Ghetto war unsichtbar, es hatte keine Mauern und war in jedem Fall freiwillig. Aber es existierte. Unsere Eltern hatten es mehr oder weniger gewollt um uns herum errichtet. Man blieb unter sich. Das war besser so. Und sicherer. Außer Günther und Peter, meinen beiden Spielkameraden, mit denen ich ganze Nachmittage im Hof verbrachte, kamen so gut wie nie deutsche Kinder zu mir nach Hause. Die École Française hielt diesen ungesunden Zustand leider für weitere vier Jahre aufrecht. Meine Klassenkameraden waren Franzosen und Engländer, Amerikaner und Russen, Muslime und Juden – nur keine Deutschen. Umgeben von hohen Zäunen waren wir Kinder in einer anderen Welt, die mit der draußen nichts gemein hatte. Wir sprachen alle Französisch untereinander. Und jeder von uns war etwas Besonderes, so daß schließlich jeder nur er selbst war, egal, ob er nun Pierre-Dominique oder John, Oleg oder Jan, Abdul oder Chaim hieß. Der strikte Laizismus des französischen Schulsystems ließ den Glauben zu einer Privatsache werden. Er war unwesentlich für den Unterricht, unwichtig unter uns Kindern. Der Schock, den ich erlitt, als ich dann auf das humanistische Gymnasium wechselte, war total. Ein überdimensionales Kruzifix zierte das Klassenzimmer. Jesus war immer dabei, wachte über uns, beschützte die Klasse. Mich auch? Wohl kaum. Bereits damals empfand ich dieses Bildnis als Götzendienst. Du sollst dir kein Bildnis machen!

Meine Eltern hatten mich in einen katholischen Kindergarten geschickt, als ich fünf Jahre alt war. Einen jüdischen gab es damals noch nicht. Nach wenigen Tagen baten die Aufseherinnen meine Eltern, mich wieder rauszunehmen, da ich den anderen Kindern unermüdlich erklärte, ich sei ebenfalls Jude, so wie Jesus, und deswegen müßten sie mich nun auch anbeten …

Jetzt aber hing Jesus über meinem Kopf. Wie ein Damoklesschwert, wie eine Drohung. Man hatte mich in eine rein protestantische Klasse gesteckt. Das – so meinte man – ergäbe weniger Friktionen als mit Katholiken.

Die Glaubensfrage wurde auf einmal ganz wichtig. Wir wurden ständig danach gefragt – und ich gehörte zusammen mit den »o.B.-Kindern« (den Kindern »ohne Bekenntnis«) in die Kategorie der »anderen«. Die Ausgrenzung hatte bereits stattgefunden, ehe sich auch nur irgend jemand einen Gedanken darüber machte, wer ich denn sei. Diese Erfahrung war fundamental und neu. In der École Française wäre dies undenkbar gewesen. Absolut unmöglich.

Im ersten Schuljahr saß ich mit Matthias in einer Bank. Matthias trug Lederhosen, kariertes Hemd, Haferlschuhe und den »Heinrich-Himmler-Gedächtnis-Haarschnitt«, wie die anderen Klassenkameraden dies nannten: Topf auf den Kopf und alles darunter wegrasiert. Mich erschreckte dieser Haarschnitt. Ich kannte ihn bereits von zahlreichen Fotos aus dem Krieg: Wehrmachtssoldaten und SS-Offiziere hatten diese Frisur. Und nun also Matthias. Die Deutschen, die meine Familie ermordet hatten, und die Deutschen um mich herum – die waren ja identisch! Panik erfaßte mich. Panik, die ich nicht mehr abschütteln konnte. Ich wollte zurück in die französische Schule. Die Atmosphäre dort war so anders, soviel freier, offener. Keiner dort machte mir angst, alle waren nett und lieb. Gemeinsam feierten wir den 14. Juli und den Sieg der Revolution. Vive la France! Und hier, jetzt, im deutschen Gymnasium? Weihnachten stand bald vor der Tür, und kaum hatte das Schuljahr begonnen, mußten wir im Gesangsunterricht Weihnachtslieder lernen. Und irgendwann stand dann in der Eingangshalle des Schulgebäudes plötzlich ein riesiger Weihnachtsbaum, vollbeladen mit Lametta und diesen blöden, farbigen Kugeln, die wir unter Strafe nicht berühren durften, denn sie hätten ja kaputtgehen können. Jeden Tag mußte ich an diesem Ungetüm vorbei. Jeden Tag suggerierte er mir: Du bist anders, du bist fremd, du bist nicht wie wir …

Mich verwirrte diese merkwürdige Ausgrenzung sehr. Ich fragte meine Eltern immer wieder, wie ich mich verhalten sollte, ob das auch in Ordnung sei, wenn ich Weihnachtslieder sänge, oder ob ich, wenn man mir schöne Weihnachten wünschte, dann nicht sagen sollte, ich sei Jude und hätte kein Weihnachten, weil wir nicht an Jesus Christus glaubten, statt dessen aber Chanukka feierten, den Feiertag, der daran erinnert, wie wir einst, vor Tausenden von Jahren, den Hellenismus besiegt hatten, als Antiochus Epiphanes den Heiligen Tempel zu Jerusalem entweihte, indem er eine Zeus-Statue mitten auf den Altar stellen ließ …

Nein, fall nicht auf – so lautete die Devise meiner Eltern. Bedanke dich einfach und wünsche ebenfalls ein frohes Fest. Sei aber trotzdem stolz, ein Jude zu sein – das war der Satz, den sie sogleich nachschoben. Wieder so eine doppeldeutige Botschaft, die ich nicht verstand. Aber ich begriff die Angst, ich roch und witterte sie, hatte sie längst übernommen, vielleicht schon im Mutterleib.

Also paßte ich mich an und machte all die christlichen Dinge mit, ging aber innerlich streng auf Abstand: Das ist nicht meins, Gott wird mich dafür strafen, aber nein, Er versteht schon, warum ich das tue, Er weiß ja, daß mein Herz woanders ist – bei Ihm, nicht bei diesem Christus-der-Heiland-Getue.

Und während ich mich äußerlich anpaßte und innerlich auf Widerstand setzte, ließ ich nolens volens all das Wissensgut der deutschen, der abendländischen Kultur in mich hineinsickern. Die Edda und die Völuspa, Goethe und Kleist, Brecht und Grass, Thomas von Aquin und Augustinus, Caesar und Cicero, Livius und Horaz, Tacitus und Ovid, Homer und Xenophon, Sophokles und Euripides, Platon und Aristoteles.

Irgendwann hörte ich auf, darüber nachzudenken, der Alltag hatte mich längst gepackt. Ich verschwendete keinen Gedanken mehr darauf, wenn ich im Deutschunterricht das Vaterunser auf Gothisch lernen mußte: »Atta unsar thu in himinam ...« und dachte auch nicht mehr darüber nach, wenn meine Klassenkameraden mich hänselten, weil mein Neujahrsfest im Herbst war und nicht, »wie sich das gehört«, im Winter, wenn es schneit.
Um es deutlich zu machen: Mein ganz normaler Alltag unterschied sich so gut wie gar nicht von dem meiner nichtjüdischen Klassenkameraden. Ich führte ein ganz normales Leben, wuchs heran, schlug mich mit den lateinischen unregelmäßigen Verben herum wie alle anderen auch, haßte den griechischen Aorist, den ich nie richtig begriff, lernte Schillers »Kraniche des Ibikus« auswendig und paßte bei den Schulaufgaben auf, nicht beim Spicken erwischt zu werden. Daneben gab es Janis Joplin und Jimi Hendrix, die Beatles und den ersten Sex, Bravo-Aufklärungs-Fotoromane und viel Streit mit meinen Eltern, weil ich – selbstverständlich – mein Haar wachsen ließ, wie Gott es geschaffen hatte. Es war die Zeit Ende der sechziger, Anfang der siebziger Jahre.
Was einst als unsichtbares Ghetto begann, wurde bald zu einer eigenen, inneren Trennlinie zwischen Gefilte Fisch und Weißwürsten. Schweigen wurde zur Gewohnheit.
In der achten Klasse fuhren wir ins Skilager. Auf dem Weg zurück nach München saßen meine Klassenkameraden und ich im Bus. Wir machten natürlich, wie

sich das für vierzehn-, fünfzehnjährige Buben so gehörte, gehörigen Lärm. Plötzlich erschallte die Stimme unseres Turnlehrers, der zu allem Überfluß auch noch Schneider hieß: »Verdammt noch mal, seid endlich still. Wir sind hier doch in keiner Judenschule!« Alle verstummten – aus Angst vor dem Lehrer. Mir verschlug es die Sprache. Mein Herz begann rasend zu klopfen, ich spürte das hektische Schlagen im Hals, mir wurde heiß und kalt, und Angst kroch aus meinem Bauch allmählich hinauf bis zum Kopf. Dann packte mich die Wut, ich wollte etwas erwidern, doch irgend etwas schnürte mir die Kehle zu, ich brachte kein Wort hervor. Es hätte auch nichts mehr genutzt. Zuviel Zeit war bereits vergangen. Der Lehrer saß längst wieder auf seinem Platz vorne im Bus, die anderen Jungs begannen, nach einer kurzen Schrekkenspause, wieder mit dem Gebrabbel und Gejohle, das spätestens nach zwei, drei Minuten ebenso laut war wie zuvor. Nur ich sagte nichts mehr. Kein Wort. Bis zur Ankunft in München. Der Bus hielt vor dem Gymnasium, viele Eltern waren gekommen, um ihre Kinder abzuholen, und endlich konnte ich durch das Fenster hindurch den Kopf meines Vaters entdecken. Gott sei Dank, gerettet.
Völlig erschöpft stieg ich in das Auto meines Vaters ein. Doch ich sagte immer noch nichts, kein Wort. Ich schämte mich viel zu sehr für meine Feigheit, die mir die Kehle zugeschnürt hatte. Erst am nächsten Tag beichtete ich meinem Vater stotternd, was geschehen war. Er sah mich nur an, blieb äußerlich ruhig, doch ich merkte, wie in ihm der Zorn hochkochte. Ich

fürchtete das nun beginnende Donnerwetter, welche Schande ich ihm gemacht habe, ob es denn nicht schon genug sei, daß Juden sich immer nur ducken würden, die Zeiten seien doch vorbei, auch Israel lasse sich nichts mehr gefallen, man müsse sich wehren, man müsse kämpfen, man müsse sich verteidigen. Ja, auch diese Botschaft erhielt ich immer wieder in meiner Erziehung, und sie paßte gar nicht zusammen mit dem obersten Gebot: »Fall' nicht auf!«

Doch diesmal machte mein Vater mir keine Vorwürfe. Er war zornig auf den Lehrer und ging ins Gymnasium, um mit dem Schuldirektor ein ernstes Wort zu reden. Er hatte mir nie erzählt, was dabei gesprochen wurde, ich hatte auch nie wieder mit jenem Schneider zu tun, aber die Schmach über mein eigenes Versagen nistete sich tief in mir ein. Deswegen reagierte ich auch völlig anders, als einige Jahre später ein Musikreferendar mich im Unterricht permanent bevorzugte. Wie sich das in einem Knabengymnasium gehörte, wurde ich bald dafür gehänselt. Ich wollte dies nicht so auf mir sitzen lassen, ging nach einer Unterrichtsstunde zu dem jungen Lehrer und sprach ihn direkt auf diese unangenehme Bevorzugung an. Er blickte mich ernst an und bat mich, mit ihm in ein Café zu gehen, wo er mir alles erklären wolle. Dort saß er mir dann mit hochrotem Kopf und kleinen Schweißperlen auf der Stirn gegenüber und erzählte mir von seinem Vater, einem überzeugten Nazi, der den Tod Hunderter von Juden auf dem Gewissen habe. Und er, der Sohn, wolle dies nun an mir wiedergutmachen. Entsetzt und schockiert sprang ich auf, schrie ihn an, er sei auch nicht besser als sein Vater, denn er würde mir, dem Juden, schon wieder eine »Sonderbehandlung« zuteil werden lassen, es sei unfaßbar. Ließ ihn stehen, rauschte ab und fühlte mich elend.

Ansonsten verlief das Leben ruhig. Und ich machte mir nur wenig Gedanken darüber, in welchem Lande ich eigentlich lebte. Es war mein Geburtsland, mein Zuhause, was sonst? Ich gehörte nicht dazu, aber ich gehörte hierher. Und hierher zu gehören bedeutete, dazugehören zu müssen. Anerkennung zu finden. Akzeptiert zu werden. Ebenso viel wert zu sein wie die anderen. Also Latein und Griechisch büffeln und deutsche Literatur …

Meine Eltern waren stolz, wenn ich Bescheid wußte über Goethe und Schiller. Wie viele osteuropäische Juden, so hatten auch sie eine ehrfürchtige Bewunderung für die deutsche Kultur. Einst war Deutsch die lingua franca in Mittel- und Osteuropa gewesen, das Volk der Dichter und Denker war das große geistige und intellektuelle Vorbild. Was Wunder, wenn sich meine Eltern kaum halten konnten vor Begeisterung, wenn ich mich auskannte in der deutschen Geschichte, wenn ich Hegel las oder Kant – daß ich beide als Teenager nicht verstand, war völlig nebensächlich. Der späte Triumph der KZ-Generation über Hitler war vollzogen. Während ein Teil dieser Generation die deutsche Sprache verabscheute, sich weigerte, auch nur einen Fuß auf deutschen Boden zu setzen, und Deutschland als Urbild der Barbarei begriff, gab es den anderen Teil, der sich die Bewunderung trotz

Auschwitz bewahrt hatte. Dahinter steckte aber auch, ganz ohne Zweifel, das verinnerlichte Bild vom Untermenschen und der Herrenrasse. Wenn unser Sohn im deutschen Gymnasium besteht, dann gehört er auch zur Herrenrasse, er ist dann kein Untermensch. Wieder so eine widersprüchliche Aussage: Wehre dich, wir Juden sind heute auch etwas wert, werde deutsch, dann gehörst du erst wirklich zur Herrenrasse, aber assimiliere dich auf keinen Fall, wehe, wenn du ein nichtjüdisches, ein deutsches Mädchen gar, heiraten würdest.
Die Kehrseite dieser Erziehungsmethode mußte mein Vater in Israel erleben. Wir feierten im Kreise von Freunden und Familie das Pessach-Fest. Und wie in Israel üblich, las jeder der Tischgesellschaft einen Abschnitt aus der Haggada, der Erzählung über den Auszug aus Ägypten. Auch ich kam an die Reihe, ich war unterdessen 16 Jahre alt und machte mir ernste Gedanken über Platons Höhlengleichnis. Schon lange hatte ich kein Hebräisch mehr gelesen, in der Synagoge schwänzte ich das Gebet, ich war inzwischen dazu übergegangen, mich lieber auf dem Synagogenhof den hübschen Mädchen zu widmen. Hier aber, in Ramat-Gan bei Tel Aviv, interessierte sich in diesem Augenblick niemand für Platon, auch nicht für hübsche Mädchen, hier galt es, die Befreiung des jüdischen Volkes aus der ägyptischen Sklaverei zu feiern. Chaim Jossel, lies! Ich machte mich über den Text her und stotterte vor mich hin. Die Gebete konnte ich alle flüssig und schnell vor mich hinbrabbeln: Jahrelang hatte ich sie tagaus, tagein wie eine Litanei

aufgesagt. Aber wann hatte ich das letzte Mal einen anderen hebräischen Text gelesen? Das war schon ein Weilchen her. Also entzifferte ich etwas mühsam den Abschnitt, alle Freunde und Verwandten starrten mich an, mein Vater versank vor Scham in den Erdboden, mir wurde ganz schlecht: Seht her, ein Schajgiz, ein Apikores, ein Abtrünniger. Schaut, was aus einem Juden wird, wenn er unter Gojim lebt, wenn er in Deutschland, bei den Nazis ist. Niemand sprach diese Sätze aus. Aber sie waren in den Blicken enthalten, die auf mir ruhten in diesem Augenblick. Ich haßte diese Juden da, was bildeten sie sich eigentlich ein, natürlich ist mein Hebräisch nicht mehr so gut wie das ihre, schließlich sprechen und lesen sie es täglich. Aber was wissen die schon von Mörike? Und was von Novalis? Das ist sowieso viel wichtiger, denn das ist ja die wahre Kultur! So kämpfte ich gegen diese Schande an, trotzig, doch auch überzeugt von dem, was ich da dachte. Die Erziehung meiner Eltern zeigte Wirkung: Ich begann allmählich die deutsche Kultur als meine eigene anzusehen.
Wieder zurück in Deutschland, hatte mein Vater nichts Eiligeres zu tun, als mir einen umfassenden und intensiven Talmud-Thora-Unterricht zu verpassen. Er war mehr als nur besorgt, daß sein Sohn sein Judentum verlieren könnte. Heute bin ich ihm dankbar für diesen Parforceritt, den er da mit mir durchgezogen hatte. Aber damals? Ich haßte diesen Druck, ich wollte damit nichts zu tun haben. Das Schöne, Edle, Gute, das lag doch ganz woanders!
Welches Judentum also? Jenen Eklektizismus, den

wir von daheim mitbekamen? Diese willkürliche Mischung aus Jiddisch, Gefilte Fisch, Aberglauben und Zeremonien, die wir Jahr für Jahr vollzogen? Die jährlichen Reisen nach Israel, in »unser« Land? In dem ich mich zugegebenermaßen wohler fühlte als in Deutschland, aber eben auch nicht zu Hause.

Dieser kategorische Imperativ der Eltern, unser aller Eltern, in dieser Gesellschaft bestehen, ja, gewinnen zu müssen, war die Wiederholung eines Grundmusters, das die Emanzipation seit 200 Jahren provoziert hatte und Juden immer wieder vor eine Zerreißprobe stellte: Was willst du nun? Jüdische Identität oder das Billet d'entrée in die gojische Gesellschaft? Gab es nur ein Entweder-Oder? Warum sollte ein Sowohl-als-auch nicht möglich sein?

Aber welches »sowohl«? Die Gemeinden in Deutschland versagten ja völlig, wenn es darum ging, jüdische Kinder dem Judentum nahezubringen. Autoritäre Lehrer, die schlecht Deutsch sprachen und die Thora uns mit Strafen, Drohungen und Prügel einzutrichtern versuchten. Dumme, orthodoxe Rabbiner, die auf einer starren Auslegung des jüdischen Gesetzes beharrten und sich keine Gedanken machten, daß der Alltag jüdischer Kinder und Jugendlicher anders aussah, als die Thora es verlangte. Kein Brückenschlag, keine hilfreiche Hand, die es uns Jüngeren erlaubt hätte, eine Synthese zu finden, oder auch: eine echte Entscheidung für die eine oder andere Seite zu treffen.

Die Gefahr, die dies auf lange Sicht hin bedeutete, war niemandem so recht bewußt. Die Aushöhlung des Judentums von innen war der Anfang einer Identitätskrise, die das Judentum weltweit erfaßt hat, die aber in Deutschland noch viel extremere, krassere Auswirkungen hatte.

Denn was war man in Deutschland denn anderes als ein Jude? Ein Deutscher? Wohl kaum. Dies stimmte bei den meisten von uns bereits durch die Herkunft nicht, gefühlsmäßig schon gar nicht. Als in den siebziger Jahren die ersten jüdischen Stimmen in Deutschlands Medien laut wurden, war eine der zentralen Fragen die nach der eigenen jüdischen Identität. Sie ist bis heute vielleicht die entscheidende Frage für Juden in Deutschland geblieben.

Emmanuel Lévinas, der große, vielleicht der größte lebende jüdische Denker, hatte bereits in den frühen sechziger Jahren einen Essay mit dem Titel *Identitätsnachweise* folgendermaßen eingeleitet:

»Sich nach der jüdischen Identität fragen heißt sie bereits verloren haben. Aber noch an ihr festhalten, andernfalls würde man der Befragung ausweichen. Zwischen diesem *bereits* und diesem *noch* verläuft die Grenze, gespannt wie ein Drahtseil, auf das sich das Judentum der Westjuden wagt.«

Lévinas spricht an dieser Stelle von Westjuden, und ich hatte ja weiter oben von uns als Nachkommen der Ostjuden gesprochen. Doch er meinte uns – die sogenannte Zweite Generation, die im Westen geboren war, die durch den bereits erwähnten Bruch die in sich geschlossene, sich nicht in Frage stellende, schlicht: die gelebte jüdische Identität nicht mehr kannte. Immer dort, wo jüdische Tradition mit westlichem Säkularismus zusammenprallt, wird die Frage nach der eigenen Identität laut. Das gilt für Frankreich, wo Lévinas, ursprünglich ein Litauer, heute lebt, ebenso wie für die USA mit der größten jüdischen Gemeinschaft auf der Welt. Israel, das säkulare Israel, ist ein Sonderfall, der hier nicht weiter betrachtet werden kann. Israel findet eine neue Antwort auf das Problem der jüdischen Identität: die israelische Identität im Rahmen einer jüdischen Nation.

In Deutschland aber ist alles anders. Während es in Frankreich und den USA, um bei diesen beiden Beispielen zu bleiben, genügend Ausbildungsstätten gibt, die es jüdischen Menschen ermöglicht, in das Wesen des Judentums, in die heiligen Schriften einzudringen, ist die Bundesrepublik völliges Ödland. Der Morgenthauplan, aus Deutschland ein schlichtes Ackerland ohne Industrie, ohne Entwicklung zu machen – im jüdischen Leben Deutschlands ist dieser Plan Realität geworden.

Den Mythen Germaniens, den Schulen Roms und den Lehrgebäuden Athens konnte und kann das Judentum nichts entgegensetzen, nicht weil es schwächer oder die kleinere geistige Kraft wäre, sondern weil es hierzulande niemanden mehr gibt, vielleicht in Deutschland auch nie gegeben hat nach 1945, der diesen mächtigen Kulturen etwas entgegenzusetzen gehabt hätte.

Germanistik, Theaterwissenschaft, Kunstgeschichte, Philosophie: vier Antithesen zur jüdischen Kultur. Ich ahnte damals gar nicht, wie entgegengesetzt die Richtung war, die ich zunächst eingeschlagen hatte.

Es gab erhebliche Widerstände gegen meine Entscheidung, Germanistik zu studieren. Das Eindringen in die deutsche Kultur – ja, das war natürlich gewünscht und dringend nötig. Sich die deutsche Kultur aber zur eigenen zweiten Haut zu machen, das ging vielen Juden meiner Gemeinde zu weit. »Germanistik« – das klang einfach zu sehr nach »Germane«, das roch zu sehr nach Gas.
Was war nur mit Chaim Jossel geschehen?
Dabei merkten viele von ihnen nicht, daß ihre Kinder, die Medizin, Jura oder Betriebswirtschaft studierten, längst dem gleichen Prozeß ausgeliefert waren: der schleichenden Assimilation, diesem Abfallen vom Judentum, das keinerlei geistige und religiöse Werte mehr besaß. Uns allen blieb aber das Bewußtsein, daß wir Juden waren. Dieses Bewußtsein läßt sich in Deutschland nicht verlieren. Im Gegenteil. Nirgendwo ist es so leicht, »Jude« ohne tiefere Bedeutung des Wortes zu sein, als in Deutschland. Aber dadurch wurde »Jude« nur noch als Gegenpol zu »Deutscher« verstanden, der Begriff, der eigentlich ein Bekenntnis sein sollte, er hatte keine Eigenständigkeit mehr. Jude sein als Gegensatz zu Deutscher sein – so beließen wir es einstweilen, ohne uns darüber Gedanken zu machen, was dieses Gegensatzpaar bedeutete, ob dies so auch stimme und welche Funktion wir damit diesen Termini gaben.
Ich wollte also Philologie studieren – ein Fach, das es nur aufgrund des Weltbildes geben konnte, das Hellas einst entwickelt hatte. Und ich wollte zum Theater – noch so eine griechische Erfindung, von der

Kunstgeschichte und der Philosophie ganz zu schweigen.
Keiner von uns aus der Zweiten Generation war sich dessen wirklich bewußt, daß wir unfreiwillig den jüdischen Geist verrieten. Der Einstieg in die Welt Hellas' mag für mich aufgrund des altsprachlichen Gymnasiums, das ich besuchte, krasser gewesen sein als für manch anderen meiner jüdischen Freunde, doch im wesentlichen machten wir alle die gleichen Erfahrungen. Für mich bedeutete es den Einstieg in die Literatur, in eine Welt der Kultur, deren einziger Inhalt die Beobachtung des Seienden bedeutete. An sich ist das keine große Affäre, sollte man meinen. Literatur ist ein Wert an sich, und schließlich werden doch gerade die Juden immer wieder als »Volk des Buches« tituliert. Wo ist da der Widerspruch, der Verrat gar?
Das Judentum, das antike vor allem, kennt keine Bücher im Sinne von Literatur. Die Bibel – und dieser griechische Terminus bedeutet nichts anderes als »Buch« – ist weit mehr als ein Buch. Im Hebräischen bedeutet Thora »Lehre«, »Weisung«. Das Judentum beobachtet nicht das »Sein«, es stellt sich dem Leben. »Sein« als Denkkategorie ist im antiken Judentum nicht vorhanden, im Gegenteil. Sie zielt am Wesentlichen der jüdischen Welt gründlich vorbei.
Das jüdische Leben ist durch die Mitzwot, die Ge- und Verbote, bestimmt. Es gibt derer 613 und sie regeln das Leben des jüdischen Menschen von dem Augenblick an, in dem er in der Frühe seine Augen aufschlägt, bis zu dem Moment, da er sich zum Schla-

fen hinlegt. Dem modernen westlichen Menschen mag diese Form von Reglementierung ein Greuel sein, wie ein Gefängnis wirken. Doch für den gläubigen Juden bedeutet das »Joch der Thora« die Freiheit. Eine schwierige Freiheit, gewiß, doch garantieren die Mitzwot ein Leben in der Transzendenz, im Angesicht Gottes. Das jüdische Gesetz hat daher gar nichts mit dem griechischen »nomos« zu tun. Die Regelung des täglichen Lebens des frommen Juden ist gleichbedeutend mit der Bejahung des Lebens. Und nur darauf kommt es an. »Na'ase we nishma« – wir werden tun und dann werden wir (Gottes Stimme) hören – ist eine Grundregel des Gläubigen.

Indem die Griechen das »Sein« aber zur philosophischen Größe erhoben, mußte ihr Weltbild ein anderes werden. Um »Sein« denken zu können, muß man Abstand nehmen können. Die Literatur, wie wir sie heute verstehen, ist eine »Erfindung« der Griechen, da sie ein erstes Ergebnis dieses neugewonnenen Abstandes war. Die Literatur hat sich vom Leben abgelöst. Sie ist autonom, sie ist fähig, das Leben zu betrachten. Dazu gehört die Distanz des Autors zu seinem Beobachtungsobjekt. Er kann sich sozusagen aus dem Leben herauslösen. Damit aber wird der Mensch, so die griechische Überzeugung, autark und autonom. Wie aber kann ein Jude autark sein? Wie auto-nom? Die Dualität zwischen Mensch und Gott, zwischen Mensch und Mensch, nicht die Selbstbestimmung, machen das Wesen jüdischen Weltempfindens aus.

Die Philosophie, deren Anfang man ja nach Milet,

zum guten alten Thales, verlegt, ist ebenfalls ein Produkt dieser Distanzentwicklung griechischen Denkens. Natürlich gab es schon vorher philosophisches Denken. Nicht nur der Judaismus, auch viele andere Kulturen zwischen Euphrat, Tigris und Nil hatten durchaus die Fähigkeit dazu. Aber die griechische Philosophie ist im Gegensatz zu den Kulturen des Nahen Ostens, vereinfacht gesagt, im wesentlichen »gottlos«. Denn der klassische Philosoph vereinsamt, ja muß geradezu vereinsamen, da er Gott nicht mehr neben sich hat. Das ist dem Juden unmöglich. Der Jude der Thora ist nie einsam. Selbst im Augenblick größter Verlassenheit, größter »Einsamkeit«, haben Abraham und Moses und all die anderen Juden der Thora, ja selbst Hiob, Gott an ihrer Seite. Er ist immer da. Zwischen Gott und dem jüdischen Menschen gibt es ein ewiges Kontinuum: das Gespräch, den Dialog. Nun wird gerade das dialogische Prinzip als große Errungenschaft der griechischen Klassik angesehen: Die Dialoge des Platon gehören zum Besten, was auf diesem Gebiet bis heute geschrieben wurde. Das ist sicher richtig, und doch sind Platons Schriften, im jüdischen Licht betrachtet, gar keine Dialoge. Es sind Manipulationen, Täuschungsmanöver, Tricks. Sokrates geht immer nur ein Scheingespräch ein, um sein Gegenüber, der gar kein echter Gesprächspartner ist, dahin zu bringen, wo er ihn haben will. Das soll ein Dialog sein?

Es geht hier nicht darum, ob das griechische Denken besser oder schlechter ist als das jüdische. Es ist schlichtweg anders.

Das Judentum kennt die platonische Form des angeblichen Gesprächs nicht. Das jüdische Wort, das Wort Gottes, ist ein wesensbezogener Dialog. Das Ich braucht das Du und umgekehrt – die Notwendigkeit des anderen ist ein wesentliches Merkmal der fünf Bücher Moses. Den anderen anzuflehen, den anderen zu brauchen: Keiner schämt sich dafür in der Thora. Es ist nach altjüdischer Überzeugung die conditio sine qua non menschlicher Existenz. Selbst Gott benötigt den Menschen, um sein Werk zu vollenden. In der Kabbala taucht das Bild des schwachen Gottes auf, der ohne menschliche Hilfe nicht mehr in der Lage ist, die Einheit der Welt wiederherzustellen.

Der Auftrag des jüdischen – letztendlich aber nicht nur des jüdischen – Menschen erfüllt sich im Bild des anderen, wie Emmanuel Lévinas dies ausdrückt: »Sprechen heißt den Anderen erkennen und sich ihm gleichzeitig zu erkennen geben. Der Andere wird nicht nur erkannt, er wird *begrüßt*. Er wird nicht nur benannt, sondern auch angerufen. Um es grammatikalisch auszudrücken: der Andere erscheint nicht im Nominativ, sondern im Vokativ. Ich denke nicht nur daran, was er für mich ist, sondern gleichzeitig und sogar schon vorher *bin* ich für ihn. Indem ich einen Begriff auf ihn anwende, indem ich ihn so oder so nenne, berufe ich mich bereits auf ihn. Ich *erkenne* nicht nur, ich bin auch in Gesellschaft. Eben dieser *Umgang*, den das gesprochene Wort impliziert, ist das Handeln ohne Gewalt: der Handelnde hat im Augenblick seines Handelns auf alles Beherrschen, auf jede Herrschaft verzichtet, setzt sich bereits, in

Erwartung der Antwort, dem Handeln des Anderen aus. Sprechen und Zuhören fallen zusammen, folgen nicht aufeinander. Sprechen begründet somit das moralische Verhältnis der Gleichheit und erkennt folglich die Gerechtigkeit an. (…) Was man sagt, der kommunizierte Inhalt, ist nur dank diesem Verhältnis des von Angesicht zu Angesicht möglich, in dem der Andere, noch bevor er erkannt ist, als Gesprächspartner zählt. Man blickt einen Blick an. Einen Blick anblicken heißt anblicken, was sich nicht preisgibt, sich nicht ausliefert, sondern einen ins ›Visier‹ nimmt: es heißt das Gesicht (visage) anblicken.«

Das jüdische Zwiegespräch, das ohne Anfang und ohne Ende ist, begann vor Urzeiten und setzt sich bis heute fort. Das hebräische »we« – »und« –, das in der Thora und vielen anderen heiligen Schriften am Anfang eines Satzes steht, markiert den eigentlichen Anfang des gesprochenen und geschriebenen Wortes außerhalb des Textes: Der Dialog ist im permanenten Fluß. Ewige Gültigkeit: das Wort Gottes. In Aufbau und Struktur des Talmud setzt sich das dialogische Prinzip weiter fort: Verschiedene Gesetzesauslegungen werden besprochen, Für und Wider abgewogen, verschiedene Meinungen, die sich oftmals völlig widersprechen, nebeneinander stehen gelassen. In jeder ordentlichen Jeschiwa setzen die Talmudschüler diese Form des Gesprächs fort: Sie lernen stets zu zweit, im Dialog. Das Zwiegespräch der Kinder Israel mit Gott findet so seine Fortsetzung bis heute. Jede jüdische Seele stand am Berg Sinai, als Gott Moses und dem jüdischen Volk die Thora gab, so lautet die

Überlieferung. Die Konsequenz ist klar: Soeben beginnt *mein* Gespräch mit Gott, das zugleich vor Tausenden von Jahren längst stattgefunden hat.

Doch mein Gespräch mit Gott wird übertönt: von Platon und Aristoteles, von Goethe, Schiller und Kleist, nicht zuletzt natürlich auch von Jesus, genauer: seinen Anhängern, die sich aus den Heidenchristen, den hellenistischen Christen, entwickelt haben.

Die wahre Katastrophe, die uns, die Zweite Generation in der Bundesrepublik, traf, war die eigene Behauptung eines Zustandes, einer Daseinsform, die wir gar nicht kannten. Jude – die Definition dieses Begriffes mußten wir uns zwangsweise von außen oktroyieren lassen. Denn im deutschen Sprachgebrauch bedeutet Jude nichts anderes als Fremder. Der Fremde muß aber immer in Antithese zum Deutschen stehen. Wir übernahmen diese Weltsicht, da wir keine eigene hatten, wir akzeptierten sie aber auch, weil uns unsere Eltern, aus unterschiedlichen, aber nicht unähnlichen Gründen, denselben Antagonismus predigten: wir hier – die dort.

Genauso idiotisch wie der Stolz mancher Leute auf ihr Deutschtum, ebenso stupide ist der Stolz, Jude zu sein. Wir aber waren stolz, zumindest gebärdeten wir uns so. Wir waren stolz auf etwas, um das wir gar nicht rangen.

Die Zustände in den Gemeinden sind demoralisierend und chaotisch. In den Vorständen herrscht Vetternwirtschaft, Korruption, Machtgier. Immer noch regieren Vertreter der Shoa-Generation die Gemeinden, allmählich erst dringt eine jüngere Generation nach, die jedoch zumeist ebenso korrupt ist wie ihre Vorgänger. Vor allem: Das geistige und intellektuelle Potential ist nicht vorhanden, um eine wirkliche Veränderung innerjüdischer Gemeindepolitik in Deutschland einzuläuten. Der neue Präsident des Zentralrats der Juden in Deutschland, Ignatz Bubis, versucht dies zwar, doch ist sein Bestreben in erster Linie ein politisches. Sich aktiv an dieser Gesellschaft zu beteiligen, weil man ein »deutscher Staatsbürger jüdischen Glaubens« ist, das ist Bubis' Maxime. Doch der im Gegensatz zu seinem Vorgänger Heinz Galinski wesentlich beliebtere Bubis spielt in erster Linie das Hätschelkind einer deutschen Öffentlichkeit, auf die es gar nicht wirklich ankommt. Wenn Bubis sich von der Zeitschrift *Bunte* als moralische Instanz anheuern läßt, um nach dem Mordanschlag auf fünf Türken in Solingen der Republik zu sagen, wo's denn nun langgehe, so ist das leider immer noch nicht die Äußerung einer gewichtigen Persönlichkeit des öffentlichen Lebens in der Bundesrepublik, es bleibt die Aussage einer Minorität, die in Deutschland nicht als selbstverständlich zugehörig betrachtet wird. Und dies wird wohl auch nie der Fall sein. Bubis' Berufung an die Spitze des obersten jüdischen Gremiums hat also keine wirkliche Veränderung der allgemeinen Verdrängungskünste innerhalb der Gemeinden bewirkt.

Vor allem in den achtziger Jahren wurden sogenannte linke, kritische Juden ausgegrenzt. Eine Gruppe, die sich beispielsweise in Frankfurt um Micha Brum-

lik oder Dan Diner sammelte, mußte sich außerhalb der Gemeinden, in deutschen Publikationsorganen oder in selbstgeschaffenen Zeitschriften, wie etwa dem kritischen Magazin *Babylon – Beiträge zur jüdischen Gegenwart*, Gehör verschaffen.
Die Frage, was jüdisches Leben hier und heute sein kann, wird einfach nicht gestellt. In den meisten Gemeinden wird stur am orthodoxen Ritus festgehalten, nur wenige leisten sich eine liberale Abteilung. Ich bin kein Gegner der Orthodoxie. Doch in der von allen Seiten hier praktizierten Form wird sie wohl kaum dazu beitragen, daß jüdisches Leben in Deutschland erhalten bleibt. Die Doppelzüngigkeit und Absurdität der religiösen Situation in Deutschland möge ein Beispiel verdeutlichen:
Ein Jahr nach der Wiedervereinigung fand eine Podiumsdiskussion statt, die sich mit der Frage nach der Zukunft jüdischer Gemeinden in Deutschland in den neunziger Jahren befaßte. Als einer der Referenten vorschlug, man müsse sich einmal Gedanken machen, ob man, ähnlich dem amerikanischen Vorbild, nicht doch endlich in Deutschland konservative oder gar liberale Rabbiner berufe, kam ein entrüsteter Aufschrei aus dem gesamten Auditorium. Ein jüngeres Vorstandsmitglied einer Gemeinde entgegnete voller Zorn und Verve, dies sei absolut unmöglich, Kaschrut, die jüdische Speisegesetzgebung, und der Schabbat, die Einhaltung aller Ruhegebote am Samstag, müßten auch weiterhin garantiert werden, sonst wäre das Judentum am Ende. Dies aber könnten nur orthodoxe Rabbiner garantieren, da sie, und nur sie

allein, sich streng an die Halacha hielten. Eben dieser junge Mann aber hält sich an keine der beiden von ihm selbst geforderten »Mindestmaßnahmen« zur Erhaltung jüdischen Lebens. Dahinter steht eine allgemeine Tendenz, die Orthodoxie als Statthalter des Judentums zu verstehen und sich damit eine Art Freibrief zu erkaufen, um weiterhin ein säkulares »business as usual« zu betreiben. Solange also ein Rabbiner da ist, der alles streng nach den Gesetzen der Thora handhabt, solange kann ich ja weiterhin außerhalb des jüdischen Gesetzes, der jüdischen Prinzipien leben. Dies ist nicht nur ein eklatantes Beispiel von Heuchelei, es ist, im Grunde, die unbewußte Übernahme eines christlichen Prinzips, das es innerhalb des Judentums gar nicht gibt: Der Rabbiner, der eben kein Priester im Sinne der katholischen Kirche ist, übernimmt Stellvertreterfunktion, und der einzelne, nichtreligiöse Jude erteilt sich damit quasi selber Absolution. Die Pervertierung jüdischer Ethik könnte schlimmer nicht sein. Gerade die persönliche Verantwortung ist einer der Grundpfeiler jüdischen Denkens. Die entscheidende Forderung des Judentums ist es, das Joch der Thora auf sich zu nehmen. Das kann nur freiwillig geschehen, selbst Gott kann niemanden zwingen. Durch die Annahme der Gebote wird die Existenz Gottes ermöglicht und bestätigt. Die Bedeutung, die damit die jüdische Existenz erhält, die Verantwortung, die jeder einzelne Jude auf sich nehmen muß, ist enorm. Verantwortung für sein Tun zu übernehmen ist eine Forderung, die in säkularer Form innerhalb der Psy-

choanalyse von dem Juden Sigmund Freud erhoben wurde.
Hier offenbart sich, wie lapidar in Deutschland mit dem Judentum umgegangen wird. Ebenso aber zeigt sich die Verwischung jüdischer Begrifflichkeit mit christlichen Vorstellungswelten. Das Fehlen echten jüdischen Wissens führte im Laufe der Jahre dazu, religiöse Determinationen, Fragen der Moral, der Humanität, der Ethik von einem »allgemeinen Standpunkt« aus zu betrachten, und das heißt letztendlich: von keinem Standpunkt, weil keiner existiert. Bereits der Gottesbegriff unterscheidet sich im jüdischen Denken sehr von dem des christlichen Denkens. Täglich aber mit dem deutschen Wort Gott und all seinen Implikationen und Konnotationen konfrontiert, die notwendigerweise natürlich hellenistisch-christlich sind, übernehmen Juden eine Vorstellungswelt, von der sie zwar noch glauben, sie sei jüdisch, die aber in Wirklichkeit oftmals Lichtjahre davon entfernt ist. Die Saat für dieses so modern erscheinende und für Juden in Deutschland so bedeutsame Problem wurde bereits in der Antike gelegt. Mit der ersten Thoraübersetzung ins Griechische, der Septuaginta, wurde allen zukünftigen Fehlinterpretationen und Mißdeutungen jüdischer Terminologie Tür und Tor geöffnet. Schwierigkeiten setzten sich fort bis zur Bibel-Übersetzung Luthers, in der der antisemitische Reformator Weglassungen und Fehlinterpretationen ganz nach seinem Gusto unternahm. Von dieser langen Traditionskette aus christlich-griechisch-deutschen Begrifflichkeiten wird urjüdisches Denken über-

lagert – wenn Juden von ihrer eigenen Kultur keine Ahnung mehr haben.
Dies wäre in dem Augenblick nicht weiter schlimm, wenn diese Juden – und sie bilden in meiner Generation in Deutschland die Mehrheit – nicht mehr darauf bestehen würden, Juden zu sein, sondern sich leise und still endgültig zu assimilieren begännen. Doch das wollen sie eben nicht. Deutscher werden oder Goj werden? Das geht nicht. Die Zwickmühle ist fatal und sehr eng. Die Geschichte dieses Landes läßt es nicht zu, daß Juden einen ähnlichen Assimilationsprozeß beginnen, wie dies schon einmal geschehen war, gleichzeitig aber wollen sie sich auf keinem Fall der Mühe unterziehen, sich mit ihrem Judentum wirklich auseinanderzusetzen, eine Daseinsform zu wählen, die vielleicht unbequem, aber zumindest konsequent wäre.
Vor einigen Jahren rief mich ein jüdischer Freund an. Ganz aufgeregt erklärte er mir, es gebe da einige kritische junge Juden in der Stadt, die seien alle unzufrieden mit der Situation in der Gemeinde, so könne man nicht mehr weitermachen, alles liefe irgendwie so dahin, aber das würde letztlich nur zum Untergang führen. Wir sollten uns also mal alle miteinander treffen und beraten, was man denn nun eigentlich tun könnte. Gesagt, getan.
Die Diskussion war scharf und hitzig, man sparte nicht an berechtigter Kritik gegenüber dem Vorstand, erklärte den Rabbiner für einen weltfremden Trottel, die Religionslehrer für inkompetent und den Rest der Gemeinde für oberflächlich und materiali-

stisch, kurz: für Idioten. Der kleinste gemeinsame Nenner war also rasch gefunden. Nun aber ging es daran, Alternativen zu entwickeln. Merkwürdigerweise gingen alle Vorschläge in eine politische Richtung. Wie die Gemeinde sich nach außen, gegenüber der Landesregierung und den Medien präsentieren sollte, wie man sich mit dem wachsenden Antisemitismus in diesem Lande auseinandersetzen müßte und so weiter. Irgendwann wagte einer der Anwesenden die Frage zu stellen, was denn eigentlich mit Gott sei. Allgemeine Ratlosigkeit machte sich breit, keiner begriff die Fragestellung. Wozu Gott? Wir reden doch hier gerade über die Zukunft der jüdischen Gemeinde. Eben, erwiderte jener, eben drum: Was ist mit Gott? Die Frage hatte geradezu explosive Sprengkraft. Denn sie warf die Anwesenden auf sich zurück, auf die Leere, die in ihrer jüdischen Existenz herrschte. Der Gottesbegriff war für sie ein unlösbares Problem geworden. Es fehlte das geistige Handwerkszeug, das unseren Großvätern noch so spielend zur Verfügung stand. Die Versammlung brach daraufhin bald auseinander. Alle übrigen Pläne lösten sich alsbald in Wohlgefallen auf, die Gemeinde durfte weiterhin vor sich hindümpeln wie bisher auch schon. Ende der Vorstellung, Vorhang zu.

Der Verlust der eigenen Welt ist angesagt in Deutschland. Die Entwicklung, an der unsere Eltern aufgrund der Shoa einen enormen Anteil hatten, führte dazu, daß Juden nicht mehr unterscheiden können zwischen eigener Welt und der nichtjüdischen Welt. Sergej Awerinzew erklärt anschaulich, was damit

gemeint ist, er spricht vom unterschiedlichen Universumsbegriff, vom Gegensatz zwischen Kosmos und dem hebräischen Weltenbegriff Olam:
»Die griechische Welt – ein ›Kosmos‹, nach der ursprünglichen Intention des Wortes eine ›Anordnung‹, die zur ›Aufeinanderfolge‹ und zur ›Ordnung‹ wird. Eine gesetzmäßige, symmetrische Raumstruktur. Die althebräische Welt – ein *olam*, der ursprünglichen Intention des Wortes nach ein ›Zeitalter‹, also ein Strom der Zeit, der alle Dinge mit sich reißt: die Welt als Geschichte. Innerhalb des ›Kosmos‹ ist selbst die Zeit im Maß des Raumes gegeben: in der Tat nimmt die Lehre von der ewigen Wiederkehr, die sich offen oder latent in allen griechischen Seinskonzeptionen, ob mythologischer oder philosophischer Art, verbirgt, der Zeit die Eigenschaft der Irreversibilität und ersetzt sie durch eine allein im Raum denkbare Eigenschaft der Symmetrie. Innerhalb des *olam* ist selbst der Raum im Maß der zeitlichen Bewegung gegeben: als ›Gefäß‹ irreversibler Geschehnisse. Zeus – ein ›Olympier‹, also ein Wesen, das durch seinen Platz im Welt-Raum charakterisiert ist. Jahwe – der, *›der Himmel und Erde gemacht hat‹*, also der Herr des unabänderlichen Augenblicks, mit dem die Geschichte begann und dadurch Herr über die Geschichte, Herr über die Zeit. Die Struktur kann erschaut werden, an der Geschichte muß man sich beteiligen.«
Exakter kann die Gegensätzlichkeit jüdischen und hellenistischen Weltverständnisses nicht beschrieben werden. Was damit gezeigt werden soll, ist die Dis-

krepanz, die Judentum und die Welt der Gojim auszeichnet. Da hilft auch nicht die von den Nichtjuden so oft beschworene gemeinsame judäo-christliche Kultur. Natürlich gibt es Gemeinsamkeiten in Christentum und Judentum, das muß an dieser Stelle gewiß nicht weiter erörtert werden. Doch um die Gemeinsamkeiten zu begreifen, sie auch von innen heraus annehmen zu können, muß man die eigene Position kennen und verstehen. »Gebt mir einen Punkt, auf dem ich stehen kann, und ich hebe die Welt aus den Angeln«, forderte einst Archimedes. Dieser Forderung sind unsere Eltern nicht nachgekommen. Wir haben keinen Standpunkt erhalten. Ein Sowohl-als-auch ist dadurch unmöglich geworden, wobei natürlich offenbleibt, ob ein Sowohl-als-auch überhaupt und wirklich denkbar ist in der Bundesrepublik.

Habe ich bislang den Gegensatz zwischen Athen und Jerusalem so heftig betont und den Konflikt auf die Situation junger Juden in Deutschland übertragen, so muß an dieser Stelle darauf hingewiesen werden, daß das Judentum so starr und so fremd, wie es sich manchem Leser der Thora darstellen mag, ja gar nicht mehr ist. Über die Jahrhunderte hinweg hatten jüdische Schriftgelehrte stets aufs neue versucht, die Einflüsse anderer Kulturen so in die jüdische Tradition zu integrieren, daß die Widersprüche aufgehoben wurden, das Gute und Nützliche in die eigene Weltsicht adaptiert wurde. Gerade im Zusammenhang mit dem Aristotelischen Weltbild muß der Name des wohl berühmtesten jüdischen Religionsphilosophen aller Zeiten genannt werden: Mosche ben Maimon, genannt Maimonides. 1135 in Cordoba geboren, gehörte er jener Ära an, die als das Goldene Zeitalter in Spanien in die Geschichtsschreibung einging. Maimonides war es, der auf ganz hervorragende Weise das aristotelische Denken mit jüdischem Offenbarungsglauben verband. Maimonides stand in einer Linie mit den jüdischen Denkern Abraham Ibn Daud und Jehuda Halevi. Mutig griff er den Antagonismus zwischen Judentum und Aristotelismus auf, zeigte in aller Schärfe und Deutlichkeit den Gegensatz, um ihn dann in einer von ihm geschaffenen Synthese zu überwinden. Dabei steht er in seinem Verständnis des Aristotelischen Systems ganz in der Tradition islamischer Philosophen.

In seinem religionsphilosophischen Hauptwerk, dem *Führer der Verirrten*, will Maimonides den scheinbaren Gegensatz zwischen Philosophie und Offenbarung auflösen und damit den Menschen, die zerrissen zwischen Philosophie und Religion sind, als Führer aus der Verirrung dienen. Philosophie und Religion sind für Maimonides nicht entgegengesetzte Mächte. Sosehr er die radikalen Unterschiede zwischen Aristoteles und der Thora erkennt, sosehr versteht er die Philosophie nicht als eine Macht, die der Religion fremd ist und ihr von außen feindlich gegenübersteht. Seit Saadia Gaon gab es im Judentum die Überzeugung, daß Philosophie und Offenbarung ein Verhältnis wesenhafter Identität hätten. Dabei hat Maimonides nicht etwa versucht, den Inhalt der Offenbarung mit den Erkenntnissen der Philosophie in

Deckung zu bringen, nein, er vertritt vielmehr die Überzeugung, die Philosophie sei überhaupt die entscheidende Möglichkeit, sich die Offenbarung anzueignen. Religiöser Glaube ist für ihn die einzige Form des Wissens. Und nur dem philosophischen Wissen ist es möglich, den Glauben zu ergreifen. Philosophisches Wissen führt zur religiösen Gewißheit. Die Philosophie ist also zentraler Bestandteil der Religion. Mit diesen hier natürlich nur oberflächlich angedeuteten Überlegungen wird Mosche ben Maimon zum »Begründer« einer rationalistischen Strömung im Judentum, deren heutige Vertreter vor allem der schon oben zitierte Emmanuel Lévinas und der in Israel lebende Religionsphilosoph Yeshayahu Leibowitz sind. Sie stehen im Gegensatz zum Chassidismus, sie leugnen die Mystik nicht, doch ist die Kabbala nicht ihr Ansatz, jüdisches Leben und Denken zu erfahren.

Wir aber wußten von all dem nichts. Wir besaßen dieses Rüstzeug nicht, blieben Halbgebildete auf eigenem Terrain. Es ist nicht lange her, als mir der Schaliach der Chabad-Bewegung in München in Anspielung auf mein Studium sagte: »Du kennst die Bücher der Gojim ganz hervorragend. Aber die Bücher deines Volkes kennst du nicht halb so gut.« Er hatte natürlich recht. Dies ist um so ärgerlicher, als gerade hier in Deutschland jeder einzelne Jude für seine nichtjüdischen Freunde, Bekannten und Kollegen als wandelndes Lexikon herhalten muß. Erklär' mal, wie ist das, warum macht ihr das, ist das nicht eigentlich blöd? Blöd ist, daß den meisten die Antworten fehlen, sie kennen sie einfach nicht. Blöd ist allerdings auch, daß man sich – gerade weil man ja säkular lebt – so gerne auf die orthodoxen Juden stürzt und sie ganz schrecklich findet, insbesondere ihre Politik in Israel. Doch selbst gegen die eigenen Reihen kann man nicht antreten – man hat einfach keine Ahnung.

Für die Zweite Generation bedeutete dies die Kapitulation vor der deutschen Gesellschaft. Der Jude ist also nichts als ein Nachkomme derer von Auschwitz, ist nichts als ein potentielles oder wirkliches Opfer. Folklorejuden, das sind die meisten von uns. Man geht auf jüdische Festivitäten, besucht jüdische Lesungen und Ausstellungen, freut sich, am Schabbat beispielsweise in München in ein jüdisches Restaurant zu gehen, wo man traditionell den wunderbaren Tscholent ißt, der aber mit nichtkoscherem Fleisch gemacht wird, weil dieses Restaurant aus Kostengründen darauf verzichtet, koscher zu kochen.

In seinem Erzählband *Wenn ich einmal reich und tot bin* hat der Schriftsteller Maxim Biller diesem Restaurant ein Denkmal gesetzt. Das »Maon« ist ein durchaus kurioses Lokal. Ein letzter Abglanz des Stetl, die Dauergäste sind Herrschaften aus dem Altersheim, an manchen Tagen kommen auch andere, um nach dem Essen im Nebenraum Karten zu spielen. Am Schabbesmittag allerdings treffen sich die jungen »Intellektuellen«: jüdische Schriftsteller, Journalisten, Filmproduzenten, Regisseure. Man sitzt zusammen, tratscht, ißt die traditionelle Küche, es ist Schabbes, ein bißchen familiäres Gefühl möcht' schon sein, aber das alles natürlich restlos säkularisiert: Keiner hält sich an die Gebote des Schabbats. Ein versprengter Haufen, der sich verzweifelt an etwas klammert, was er gar nicht mehr besitzt: ein Judentum von anno dazumal. Keiner zeigt irgendein Interesse, ein neues Judentum zu kreieren. Dazu reicht die Kraft einfach nicht mehr aus.

Wir hatten also den Ball der Deutschen aufgegriffen. Wir vernachlässigten unsere Herkunft und machten uns daran, den »Weg durch die Instanzen« zu gehen, das heißt, gesellschaftlich unseren Platz zu suchen und zu finden.

Die Schizophrenie blieb uns jedoch auch in dieser Lebensphase als treuer Wegbegleiter erhalten. Einerseits erfolgte der Einstieg in die deutsche Gesellschaft, man verließ das sichere Ambiente jüdischen Lebens, deutsche Freunde, Kommilitonen und Kollegen gehörten längst zum täglichen Leben, andererseits blieb ein merkwürdiges Unbehagen übrig. Man blieb in der Freizeit doch mehr unter sich, nahm allerdings einige der besten nichtjüdischen Freunde in diesen innersten Kreis mit hinein – entweder, weil man ihnen mittlerweile vertrauen konnte, oder aber, weil man sich nicht verrückt machen wollte. Hier und jetzt sind das meine Freunde, im Zweifelsfall brauche ich mich auf sie sowieso nicht zu verlassen, sie werden mich im Stich lassen, wenn's drauf ankommt. Was soll's. Da wir auch in diesem Punkt ambivalent und unentschieden waren, störte uns dieses merkwürdige Freundschaftsverhältnis nicht: Wir waren sicher, daß die nächste Verfolgung irgendwann schon kommen würde, zugleich aber auch überzeugt, es könne einfach nie wieder geschehen. Insofern müßten unsere deutschen Freunde niemals den Beweis antreten, daß sie wirklich unsere Freunde sind. Praktisch für beide Seiten!

Das Innen und das Außen blieben also bestehen. Das konnte so aussehen, daß zwei jüdische Rechtsanwälte eine Kanzleigemeinschaft gründeten. Oder daß jüdische Ärzte, die sich niedergelassen hatten, sich gegenseitig die Patienten überwiesen, der Internist dem jeweiligen Spezialisten und umgekehrt. Das konnte auch bedeuten, daß man das Geschäft des Vaters übernahm und mit anderen Freunden, mit denen man aufgewachsen war und die ebenfalls ins Geschäftsleben eingestiegen waren, beruflich Kontakt pflegte – und es konnte, wie in meinem Falle heißen, daß man sich ein neues Ghetto suchte, ein Ghetto, daß es mir ermöglichte, scheinbar nicht in Deutschland »anzukommen«. Immer noch nicht.

Das Theater war einst Gegenstand meiner Sehnsucht. Getragen von der Welle der 68er Generation, angeregt von Regisseuren wie Peter Stein und Peter Zadek, Claus Peymann und Klaus Michael Grüber, von Kurt Hübner und vielen, vielen anderen, war ich zu der Überzeugung gelangt, daß das Theater der Ort sei, an dem die Gesellschaft ihre Umwandlung, ihre Besserung erfahre. Die deutsche Gesellschaft mitgestalten, positiver, demokratischer werden lassen, verstehen, was sich unter Menschen abspielt, das Sein begreifen, das alles waren meine Beweggründe, die mich zum Theater trieben. Das Theater – diese griechische Erfindung. Diese Blasphemie gegen das jüdische Bilderverbot! Du sollst dir kein Bildnis machen! Aber genau das wollte ich: Ich wollte mir ein Bild machen können von dem, was im Menschen, im deutschen Menschen zumal, vor sich ging. Das selbstgewählte Ghetto war wunderbar: der wandernde Jude unter dem fahrenden Volk. Doppelter Outlaw, doppelt von der Gesellschaft geächtet. Das stimmte so im bürgerlichen Theater des späten 20. Jahrhunderts nicht mehr, aber dennoch – ein wenig etwas vom Bürgerschreck war dem Theatermenschen, dem »Künstler«, schon noch geblieben. Peter Steins Geldsammlung für den Vietcong, Handkes Publikumsbeschimpfung – das war schon was. Hier saßen meine Verbündeten, hier kämpften diese deutschen Menschen den gleichen Kampf wie ich: gegen Faschismus, gegen Nationalsozialismus, gegen die Restauration, die in der Bonner Republik natürlich weiter vorherrschten, obwohl nach außen hin stets so getan wurde, als ob die deutsche Demokratie wie Phönix aus der Asche wiedererstanden sei. Pustekuchen. Wer durch die deutschen Lande fuhr, der mußte erkennen, daß der ganz alltägliche braune Sumpf niemals ausgetrocknet war. »Off Limits« an deutschen Kneipen in Würzburg, weil man schwarze GIs nicht dulden wollte, der ganz normale, alltägliche Antisemitismus in Rosenheim genauso wie in Opladen, in Kassel ebenso wie in Hamburg, in Berlin oder sonstwo. Der Feind war und ist überall. Nichts hat sich geändert. Darum also kämpfen für eine bessere

Demokratie. Hier – wo sonst? In Israel? Nein, ich bin doch Mitteleuropäer, kein Levantiner!
Das Theater schien mir für diesen Kampf der geeignete Ort zu sein. Gleichzeitig hoffte ich natürlich, daß das Theater mir den Weg nach draußen ebnen würde. Ich träumte davon, ein großer, berühmter Regisseur zu werden, der in Paris und London, in New York und Mailand inszenieren würde, also im Ausland! Die Verlockung hieß nicht Schaubühne Berlin oder Hamburger Schauspielhaus, und wenn, dann sollten das nur Stationen werden auf dem Weg nach draußen. Immer liefen meine Gedanken in Richtung Kosmopolitismus, Internationalität. Zugleich bot mir das Theater Schutz vor der Welt draußen. Was meine jüdischen Freunde von einst über gemeinsames Arbeiten schufen, eine Oase inmitten der deutschen Wüste, das schuf ich mir mittels des Theaters. Einen Ort ohne Fenster, einen Platz, der überall gleich aussah, ob in München oder Bonn, in Berlin oder Frankfurt. Hier konnte ich unbehelligt meine Welt schaffen. Hier durfte ich sein, wer ich war. Die Fortsetzung der École Française mit anderen Mitteln. Vom inneren Ghetto über die hohen Zäune zum Raum ohne Fenster: Ich befand mich in Deutschland und zugleich nicht. Ausgerechnet Hellas schuf mir mit seiner Kunst eine Möglichkeit, als Jude den Germanen zu entfliehen. An dem Ort, an dem ich inhaltlich am weitesten weg war vom Judentum, am sichersten vor den Deutschen, an diesem »dramatischen« Ort jedoch holte mich meine Geschichte wieder ein.
Die Fassbinder-Affäre bedeutete den rigorosen Zu-

sammenbruch meiner Innen- und Außenwelt. Die Schutzmauern funktionierten nicht mehr, die Wälle brachen ein, der Damm wurde überflutet. Zu mächtig waren die inneren Spannungen, zu groß die Verdrängung, als daß sie länger hätte überleben können. Titus zerstörte den Tempel, Vespasian eroberte Massada, Hitler vernichtete das europäische Judentum. Fassbinder und der Theaterskandal in Frankfurt markierten das Ende meiner (Schein-)Welt. Nichts funktionierte mehr, das Ende aller Zeiten schien gekommen. Der Kampf zwischen Hellas und Jerusalem schien entschieden. Hellas – und Rom und Berlin – hatten mich erobert, besiegt. Doch die Mücke bleibt immer übrig, das Bewußtsein, daß man seinem Judentum nicht entlaufen kann, daß man es annehmen muß, sich ihm stellen muß. Neuen Sinn von innen geben.

Jude – das war der politisierte, inhaltsleer gewordene Begriff, den mir die Außenwelt aufdrückte. Indem ich mir dieses Faktums bewußt wurde und es annahm, bekam ich die Chance, einen Weg zu suchen, der dem Begriff Jude vielleicht einen neuen Inhalt verleiht. Den Göttern sei Dank! Der Götzendienst hatte ein Ende!

DEUTSCHLAND

Im Sommer 1993 halten Neonazis in Fulda eine öffentliche Demonstration ab. Kein Mensch hindert sie daran, die Polizei steht daneben, schaut zu – und tut nichts.
In einer Zeit, in der die Medien über das Sommerloch zu klagen pflegen, war dieses Ereignis ein Skandal, der weit über die übliche Sensationsgier der Presse hinausreichte. Ausgerechnet die CDU entrüstete sich lauthals über das unmögliche Verhalten der SPD, die im Bundesland Hessen, wozu Fulda gehört, regiert. Ministerpräsident Eichel entließ denn auch prompt eine untere Charge, um das mittlerweile üblich gewordene Ritual nach solchen, beinahe alltäglichen »Pannen« zu vollziehen. Man brauchte einen Sündenbock: da is'er. Danach folgten die gewohnten Ausreden, Entschuldigungen und Abwiegelungen, irgendwann verschwand die Affäre wieder aus den Schlagzeilen, und schon konnte sich die Republik wieder in das sommerliche Siestagedöse einer immer noch ziemlich satten Wohlstandsgesellschaft zurückfallen lassen.
Der eigentliche Skandal sollte erst noch folgen, doch da war das Geklapper und Getöse längst vorbei, niemand nahm mehr so richtig Notiz davon. Ministerpräsident Eichel, der gewiß alles ganz richtig machen wollte, entschuldigte sich einige Wochen nach dem Naziaufmarsch bei den Juden in Deutschland für diesen Vorfall.
Der wackere Sozialdemokrat kam überhaupt nicht auf die Idee, daß er sich vielleicht bei allen Deutschen zu entschuldigen hätte, daß dieses Versagen nicht so-

sehr die Juden trifft, sondern die nichtjüdischen Deutschen, ihre eigene Nation und ihren eigenen Staat.

Immer wieder geben die offiziellen Reaktionen auf den neonazistischen Terror Anlaß zu der Vermutung, deutsche Politiker seien sich immer noch nicht im klaren darüber, welchen Schaden sie ihrem Land zufügen, obwohl sie doch in ihrer Vereidigungsformel genau dies zu verhindern beschwören. Nach den Mordanschlägen in Solingen hatte Außenminister Kinkel nichts anderes vor der Kamera zu berichten, als daß dieser Anschlag dem deutschen Ansehen im Ausland großen Schaden zufüge und er sich jetzt bei den politischen und wirtschaftlichen Partnern wohl erklären müsse. Keine Spur von einem Gedanken, daß nicht das deutsche Ansehen beschädigt wurde, sondern die deutsche »Volksseele«, die so gern zu anderen Zwecken aus dem verstaubten Sprachschatz überholter Ideologien hervorgezaubert wird.

Meine »Ankunft« in Deutschland nach der Fassbinder-Affäre war hart und unsanft. Der Kokon, den ich mir selber gesponnen hatte, war aufgeplatzt, obwohl er ja stets auch durchlässig war. Mit einemmal mußte ich mir gegenüber Rechenschaft ablegen, was ich hier eigentlich tue. Ich mußte mir klarwerden, wo ich eigentlich lebte.

Viele Details kamen mir in den Sinn, die ich bereits als Kind wahrgenommen hatte, die mich bedroht und geängstigt hatten, die ich damals jedoch nicht zu deuten wußte und später nie wieder berührt hatte. Der Mief der Restauration hatte sich früh über meine

kindliche Wahrnehmung gelegt, und selbst wenn ich natürlich nicht wußte, was ich da eigentlich spürte – daß die Atmosphäre unheilschwanger, dumpf und grau war, das hatte ich mit den seismographischen Fähigkeiten eines Kindes wohl gemerkt.
Ich erinnere mich, daß ich davon überzeugt war, ein prekäres Kennzeichen des Alterns sei der Verlust eines Armes oder Beines, das Tragen einer gelben Armbinde mit drei schwarzen Punkten und ein ewig mürrisches, schlechtgelauntes Gemüt. Alle alten Menschen um mich herum waren so. Ich hatte keine Ahnung, daß es sich hierbei um Kriegsverletzte handelte, und natürlich waren nicht alle verkrüppelt. Doch die Gesunden hinterließen bei dem kleinen Kind nicht denselben Eindruck. Ich war einmal ganz erschrocken, als ich für meine Mutter zum Laden um die Ecke ging, um mir die Milch in der Blechkanne abfüllen zu lassen, und vor mir an der Kasse ein Behinderter stand. Der Oberschenkelstumpf ruhte auf einer Krücke, damit er die Hand frei hatte zum Bezahlen. Verschüchtert guckte ich an dem Mann hoch, fürchtete mich vor ihm und hoffte, er würde ja nicht bemerken, daß ich ihn anstarrte. Aber er fing meinen Blick auf, lächelte mit schmutzigen Zähnen und sprach irgend etwas, von dem ich bis heute nur noch das Wort »Tapferkeit« in Erinnerung habe. Ich weiß noch, wie erleichtert ich war, als ich wieder daheim, in der sicheren und geschützten Wohnung war.
Dieser gegenüber befand sich ein kleines Postamt. Und in der Eingangshalle gab es einen Mosaikboden

mit einem überdimensionalen, grimmigen, eckigen Adler. Für mich bedeutete es stets eine große Mutprobe, über diesen Fußboden zu laufen. Der Adler ängstigte mich, er schaute so böse, als wolle er mich gleich auffressen. Ich begriff das nicht. Ich hatte auch anderswo Adlerbilder gesehen, und nirgends flößten sie mir so viel Angst ein wie dieses aggressive Mosaik. Als ich viele Jahre später als Erwachsener wieder einmal in dieses Postamt ging, betrachtete ich mir den Greifvogel etwas genauer: Ja, er war wirklich furchterregend, doch das Interessanteste an ihm war, daß zwischen seinen Klauen neuere Mosaiksteine lagen, die allerdings auch schon gute 40 Jahre alt waren. An dieser Stelle hatte einmal ein Hakenkreuz geprangt, das war sofort zu erkennen. Natürlich wußte ich das nicht als Kind, aber das Aggressive dieses NS-Adlers hatte mich dennoch gepackt. Und ebenso erging es mir mit den Feldmannmützen der Postler, mit der schnarrenden Kommentarstimme der Fox-Tönenden-Wochenschau, die vor jedem Film im Kino ausgestrahlt wurde und in Stil und Machart an die alten Naziwochenschauen erinnerte, mit den Stahlhelmen der Bundeswehr und vielem anderen.
Ich wußte nicht, was ich da wahrnahm, ich ahnte noch nicht, daß ich mich mitten im »Feindesland« befand. Und da mir die Zusammenhänge nicht klar waren, vergaß ich diese Bilder mit ihrer Wirkung. Sie tauchten erst dann wieder in meinem Bewußtsein auf, als ich jene Fassbinder-Filme sah, die in den fünfziger Jahren angesiedelt waren: Da war alles plötzlich wieder da. In *Veronika Voss* war es fast noch

schlimmer als in den anderen Filmen, denn die Geschichte spielte teilweise ausgerechnet im Lehel, in jener Münchner Gegend, in der ich aufgewachsen war. Da war es, direkt auf der Leinwand: das Graue, das Beengende, Bedrückende meiner Kindheit, jetzt allerdings ästhetisch überhöht. Ausgeleuchtet im Stil der siebziger Jahre, auf Distanz, kritisch, aber doch bewundernd, heimelig, eine gruselige Heimeligkeit, die Fassbinder da zu seinem Traum erhob, den er zwar als Trauma schilderte, der jedoch ganz tief etwas von seiner Faszination erzählte, weil es schließlich seine eigenen Wurzeln waren, die Wurzeln einer ganzen neuen deutschen Generation.

Meine Schwierigkeit, in Deutschland »anzukommen«, lag ganz gewiß auch an der gräßlichen Erkenntnis, daß ich einen Teil der kollektiven deutschen Psyche, des kollektiven Unbewußten in mir bereits aufgenommen hatte. Die Diskrepanz in der eigenen Seele war verwirrend und schrie förmlich nach Verdrängung. Einerseits war da die kollektive Erfahrung meines Volkes vorhanden: die Verfolgung. Zugleich dieses Wissen um den glücklichen Zufall, nach 1945 geboren zu sein. Hinzu kam die Gewißheit, die uns eingepflanzt worden war, daß keine jüdische Generation jemals sicher vor Verfolgung sein könne. Die jüdische Geschichte beweise das. Es ist zugleich ein typisches Minoritätengefühl, das Juden nicht exklusiv für sich gepachtet haben.

Und andererseits war da ein diffuses »Zugehörigkeitsgefühl« gegenüber »dem Deutschen«, was auch immer jeder einzelne darunter für sich subsumieren möchte. Für mich bedeutete das Deutsche in erster Linie die deutsche Geistesgeschichte, jene merkwürdige Mischung aus Philosophie, Literatur, Musik und Geschichte, das das Phänotypische einer Nation ausmacht. Doch gerade die deutsche Geistesgeschichte des 19. Jahrhunderts führte direkt zum Nationalsozialismus. Und da beginnen bereits die Haken und Ösen. Wie kann ich nur die Sprachgewalt Friedrich Nietzsches bewundern und gleichzeitig vergessen, daß sein *Zarathustra* zumindest ein gedanklicher Vorläufer der Naziideologen war? Bereits die Tatsache, daß ich eben überhaupt nur im Deutschen in der Lage bin, die Sprachgewalt eines Textes en detail zu erfassen, macht mich so abhängig von dieser Kultur und belegt auch eindeutig, daß ich ein Teil dieser Kultur bin. Jener Kultur, die Auschwitz ermöglicht hat. Ein antagonistischer Widerspruch, der kaum aufzulösen ist, der nicht zuletzt dadurch so schwer zu ertragen ist, daß er sich in der eigenen Gedankenwelt manifestiert. Wir in Deutschland geborenen Juden der Zweiten Generation hatten es merkwürdigerweise, oder vielleicht gerade deshalb, wesentlich schwerer, in diesem Land zurechtzukommen, als unsere Eltern, weil wir bereits ein Teil dieses Landes geworden waren. Unsere Eltern lebten ja nicht nur als KZ-Überlebende hier, sie waren ja auch in der großen Mehrheit »Ausländer«. Deutsch war nicht ihre Muttersprache, die deutsche Kultur nicht die ihre, deutsches Denken schon gar nicht. Sie waren wirkliche Fremde. Das ist an sich schon schwierig und unerträglich genug, doch gleichzeitig, so verrückt dieser Gedanke

scheinen mag, war ihre Identität viel ungebrochener als unsere, selbst wenn die Welt, aus der sie stammten, längst nicht mehr existierte.
Was uns die geistige Orientierung in Deutschland zusätzlich erschwerte, war, daß wir nicht einmal auf die Leistungen des deutschen Judentums zurückgreifen konnten, da auch diese nicht unser wirkliches Erbe bedeuteten. Das Dritte Reich hatte auch hierin ganze Arbeit geleistet. Ebenso fremd wie Wolfram von Eschenbach, Goethe und Böll waren uns die Schöpfungen eines Süßkind von Trimberg, eines Mendelssohn und schließlich die herausragenden theologischen Entwürfe eines Franz Rosenzweig, Hermann Cohen oder Martin Buber. Sogar der Begründer der deutschen Neo-Orthodoxie im 19. Jahrhundert, Samson Raphael Hirsch, war nicht Bestandteil unseres jüdischen Backgrounds.
Das Vakuum, das dadurch entstand, wurde freilich schleichend ausgefüllt durch den Gebrauch der deutschen Sprache und die permanente Anwesenheit in einer Gesellschaft, die sich ebenfalls neu formieren mußte. Das allerdings war zugleich eine Chance. Der Versuch, etwas Neues im westlichen Teil Deutschlands auf die Beine zu stellen, die Demokratie in Deutschland endlich heimisch werden zu lassen, war der Rettungsanker, den wir allzugerne ergriffen und der uns auch all die antisemitischen Vorfälle in der Bundesrepublik erträglich machte. Daher fühlten wir uns nicht weiter bedroht durch all die nazistischen Elemente, die die gesamte Republik weiter unterwanderten. Ob in der Politik, der Justiz oder anderen

gesellschaftlichen Bereichen, diese Fossile schienen keine Chance mehr zu haben. Das ungeheure Tabu, das uns Juden in der alten BRD schützte, war unglaublich. Waren Juden über Jahrhunderte vogelfrei, ausgeliefert und rechtlos, so waren wir nun mit einemmal von einem unsichtbaren Schutzschild umgeben, der uns alle Möglichkeiten bot, die wir uns nur wünschen konnten. Die Tragödie dabei war nur, daß sich niemand so recht Gedanken machen wollte, daß auch dieser Zustand absurd und abnormal war, daß er sich auf Dauer nicht halten lassen und letztendlich nur das genaue Gegenteil provozieren würde. Doch gerade in den Anfangsjahren der Republik konnte niemand so viel Weitblick aufbringen. Nach der Katastrophe hätte sich kein Mensch träumen lassen, daß sich in Deutschland jemals wieder Rassismus breitmachen *darf*. Daß er möglich war, das wußten wir alle. Die Deutschen – das waren auch weiterhin unsichere Kantonisten, doch solange sie in der Obhut des Befreiers und Retters Amerika waren, konnte *uns* nichts passieren. Daß die Deutschen sich ihre Demokratie nicht selber erkämpft hatten, sondern ihnen diese Staatsform in den Schoß geworfen wurde (wenn man es böse formulieren will: ihnen aufgezwungen wurde), machte mich stets mißtrauisch gegenüber der Toleranzfähigkeit dieses Landes. Doch wer hätte an eine politische Konstellation denken können, die es ermöglicht, daß in Deutschland Menschen von Neonazis ermordet werden und die Alliierten *nicht* eingreifen?
Wie sehr die alte Bundesrepublik ein Zuhause, wenn

auch ein schwieriges, war, wurde uns allen erst klar, als Deutschland wiedervereinigt wurde. Niemand hatte jemals ernsthaft daran geglaubt, daß der Tag der Wiedervereinigung beider deutscher Staaten jemals zu eigenen Lebzeiten kommen könne. Das glaubten ja nicht einmal die westdeutschen Politiker ernsthaft, selbst wenn sie formale Lippenbekenntnisse zur Einheit der Nation von sich gaben. Wir Juden hatten ganz gewiß kein Interesse daran. Das hatte nichts mit einer mangelnden Loyalität diesem Staat gegenüber zu tun als vielmehr mit dumpfen Ängsten gegenüber einem großen und starken Deutschland, die in jedem von uns schlummerten. Die Bundesrepublik war ein Provisorium, das uns nur zusehr behagte, es war ebenso provisorisch wie unsere Existenz in diesem Staat: längst etabliert und manifest, aber eigentlich nichts Richtiges, irgendwie ein Zwischenstadium, eine weitere Zwischenwelt, die sich angenehm anfühlte, ein Status quo, in dem man sich trotz aller Bedenken und berechtigten Zweifel wohlfühlen konnte. Die feste Verankerung innerhalb des westlichen Bündnisses, die außenpolitische Bedeutungslosigkeit, die alliierten Truppen auf deutschem Boden, all das waren für uns die Garanten für eine demokratische Stabilität, an der wir keine Zweifel hatten.

Als ich den ganzen lieben Tag lang nur AFN hörte, da war das nicht nur der Sender, wo Wolfman Jack mir die heißesten Scheiben aus der Welt des Rock und Pop vorspielte, wo der DJ die Spielergebnisse der amerikanischen Football-Liga verlas. Wie jeder meiner Generation hörte auch ich nur den Sender der US-Army. Aber für mich war AFN die Freiheit, das Tor zur großen, weiten Welt, der Hoffnungsfunke, der den Deutschen den Weg raus aus der Nazivergangenheit wies, der Beweis, daß ein liberales, offenes Leben auch innerhalb Deutschlands stattfinden könne. Und gleichzeitig war es der leise Hinweis, daß die Freiheit des Juden, trotz Schonzeit, Tabu und Schutzschild, anderswo war.

Die Freiheit, die nicht erkämpft wurde – wer kann da schon ahnen, was sie wirklich wert ist? Meine Generation ganz gewiß nicht. Diese deutsche Generation, die als Kinder der Täter ebenfalls zwischen Erinnerung und Verdrängung groß wurde, die einen merkwürdigen Pazifismus predigt, der mehr mit Sichraushalten als mit einer echten inneren Überzeugung zu tun hat, auf sie war kein Verlaß. Ob RAF oder Ökologiebewegung, Nicaragua, Palästina oder Südafrika – all das Engagement war reine Augenwischerei. Die Schwarzen, wie man sie von ihrer politischen Couleur hier nennt, formten gemächlich und ruhig diese Republik weiter, ganz wie sie wollten. Ich kann den Aufschrei der Linken jetzt schon hören, kenne auch die Argumente, die mir jetzt entgegengeschleudert werden: daß die 68er Revolution ganz gewaltig zur Veränderung des politischen Klimas in der Bundesrepublik beigetragen habe. Vielleicht hat sie das wirklich, doch mittlerweile kann ich nur noch mit den Achseln zucken. Denn ihr sind in diesem Staat enge Grenzen gesetzt worden. Die gegenwärtige politische Lage beweist das, leider. Niemals befand sich

Deutschland nach 1945 in einer dermaßen rechtslastigen Bedrohung, niemals hatte der Rechtsextremismus solch einen Auftrieb wie heute. Was also hat die Flower-power-Generation denn erreicht und hervorgebracht? Außer Thomas Gottschalk leider recht wenig.

Als ich meine Theaterarbeit beendete, wollte ich mich zunächst intensiv mit dem Problem der deutsch-jüdischen Beziehung auseinandersetzen. Ich begann zu diesem Thema zu schreiben, Radio- und Fernsehsendungen zu machen und auf manche Symposien und Kongresse zu gehen. Dabei stellte ich fest, daß ich merkwürdigerweise einer der wenigen Juden war, der, aus der Generation der 78er stammend, wie Reinhard Mohr uns bezeichnete, sich öffentlich zu Wort meldete. Micha Brumlik, Henryk M. Broder, Lea Fleischmann, Michael Wolffsohn und wie die jüdischen Galionsfiguren der deutschen Medien alle heißen mögen, sie gehen allmählich auf die 50 zu. Wir aber, die wir bald 40 werden, scheinen stumm zu sein. Wir verschaffen uns nicht in dem gleichen Ausmaß wie unsere älteren »Geschwister« Gehör. Wir alle sind Teil der Zweiten Generation. Doch während unsere älteren Brüder und Schwestern häufig noch im Ausland geboren sind und erst in den frühen Lebensjahren nach Deutschland kamen – Broder ist in Polen geboren, Wolffsohn in Israel –, sind wir fast ausnahmslos hier zur Welt gekommen.

Das führte zu völlig anderen Ausprägungen, es veränderte ganz gewiß auch die Einstellung zu diesem Land. Können wir Jüngeren also heute in Abwandlung von Kennedys Spruch einfach ausrufen: Ich bin ein Bundesrepublikaner?

Ich denke, ja. Dennoch gilt auch für uns die Gebrochenheit unserer Identität. Denn obwohl ich in Deutschland geboren wurde, habe ich erst allmählich die Schritte vollzogen, die mich als hierher gehörig, zumindest von außen her, identifizierten. Meine Eltern hatten viele Jahre die deutsche Staatsangehörigkeit nicht angenommen. Somit war auch ich ein »Heimatloser Ausländer«, ein Terminus, der auf mich und viele andere jüdische Freunde gemünzt völlig absurd war. Die Hauptbegründung meiner Eltern für ihr Zögern, die deutsche Staatsangehörigkeit anzunehmen, war ihre Befürchtung, ich könnte dann vielleicht doch ins deutsche Militär eingezogen werden. Eine Vorstellung, die für sie unerträglich war. Ihr Sohn in einer deutschen Uniform! Es gab zwar einen Erlaß, demzufolge Kinder von religiös oder politisch Verfolgten in der Nazizeit nicht zur Bundeswehr mußten, doch waren sich meine Eltern nicht so sicher, ob dieser Erlaß noch gültig sein würde, wenn ich einmal das achtzehnte Lebensjahr vollendet hätte.

Ergo blieb ich knapp 23 Jahre ein »Heimatloser Ausländer«. Und als ich mich schließlich entschieden hatte, die deutsche Staatsbürgerschaft anzunehmen, da mußte ich in einem langen und umständlichen Verfahren erklären, warum ich dies nun wolle. Mußte etwas von meinem Zugehörigkeitsgefühl zum deutschen Kulturkreis erzählen, mußte auch erklären, daß ich mich dem Kulturkreis meiner Eltern

überhaupt nicht zugehörig fühle und so weiter. Zum Glück studierte ich Germanistik, das war ein Plus. Meine Anwältin, die meinen Einbürgerungsantrag bearbeitete, gab mir sogar noch den Tip, für den Fall, daß ich zu einer Sprachprüfung gehen müßte, ja nicht anzugeben, daß ich Fremdsprachen könne, höchstens Englisch, aber unter keinen Umständen Ungarisch oder gar Hebräisch! Vielleicht war dieser Rat ein Unsinn und hätte die Entscheidung der Behörden in keiner Weise beeinflußt, er war jedoch insofern interessant, als er wohlweislich, in Kenntnis deutscher Behörden und Beamten, alle Schwierigkeiten von vornherein auszuräumen versuchte. Also nach dem Motto: Will man deutscher Staatsbürger sein, dann dürfe man ja keine Fremdsprachen beherrschen. Da kam ein Vorurteil Adolf Hitlers auf verschlungenen Pfaden wieder an die Oberfläche. Er mißtraute jedem Dolmetscher, da ein Mensch, der mehr als eine Sprache könne, nicht mehr loyal sei.
Mit der Einbürgerung waren meine Probleme jedoch keineswegs beiseite geräumt. Denn mein Zwiespalt wurde unermeßlich, als ich am Schalter meinen deutschen Paß erhielt, ihn aufschlug und auf der ersten Seite die Zeile las: »Der Inhaber dieses Passes ist Deutscher«. Mein Großvater hätte sich in diesem Augenblick im Grab gedreht, wenn er nicht als Rauchwolke über Auschwitz zum Himmel aufgestiegen wäre. Ich schämte mich in diesem Moment vor meinen vergasten Vorfahren. Ich hatte in diesem Augenblick Verrat an ihnen ausgeübt. Dieses durchaus pathetische Gefühl hatte mich in diesem Moment

gepackt. Ich stand wie betäubt inmitten der Menschen, die sich von einem Schalter zum nächsten drängelten. Mich ergriff plötzlich das dringende Bedürfnis, zu der netten Beamtin zurückzulaufen und ihr zu sagen, daß das Ganze ein Mißverständnis gewesen sei und ich eigentlich lieber wieder meinen alten Paß hätte und daß »Heimatloser Ausländer« viel mehr mit meiner seelischen Situation übereinstimme. Aber da stand ich nun mit meinem neuen grünen Paß, hielt ihn mit spitzen Fingern fest und wähnte mich als Opfer einer sekundenschnellen Metamorphose, der ich nie mehr entrinnen könnte. Ich hatte mir mein eigenes Kainsmal aufgedrückt. Jeder würde nun im Ausland sehen, daß ich Deutscher bin. »Aber ich bin doch keiner« – müßte ich nun für alle Ewigkeit rufen. Und was würden die israelischen Zollbeamten am Flughafen von Tel Aviv denken? »Ah, noch so ein Nazikind, das bei uns sein schlechtes Gewissen loswerden will!«
Kaum hatte sich die erste Aufregung gelegt, erhielt ich wenige Tage nach meiner Einbürgerung dann den Befehl zur Musterung. Wüste Ängste und Assoziationen schüttelten mich in der Nacht zuvor. Immer wieder erwachte ich und malte mir im Halbdunkel meines Zimmers aus, was ich tun würde, wenn ich nun doch einrücken müßte. Ich sah mich schon bei Nacht und Nebel fliehen, mit einem einzigen Koffer, der von einem alten Strick zusammengehalten wurde. Ein dunkelhäutiger Spanier führte mich auf unwegsamen Pässen über die Pyrenäen. Es war die gleiche Route, die einstmals Walter Benjamin

gewählt hatte, um in die Freiheit zu entkommen. Benjamin beging Selbstmord. Auch ich wollte mich lieber umbringen, als ein deutscher Soldat zu werden. Da ich mich schon in aller Früh zur Musterungsprozedur irgendwo vor den Toren der Stadt einzufinden hatte, kroch ich zittrig vor Übernächtigung aus den Federn, schlich ins Bad und duschte ausgiebig. Ich dachte an Felix Krull. Wie hatte der sich vor der Musterung gedrückt? Ich konnte mich einfach nicht mehr erinnern. Ich zog mich an und suchte nach dem Umschlag mit den ärztlichen Attesten und der Bestätigung der Israelitischen Kultusgemeinde, die bezeugte, daß ich tatsächlich Jude und Kind von Shoa-Überlebenden war. Ich benötigte diese Unterlagen, damit die Musterungskommission mich freistellen konnte. Obwohl ich genau wußte, daß ich nicht eingezogen werden könnte, war ich unsicher. Der Erlaß beruhte schließlich nur auf einer Vereinbarung, war kein Gesetz. Ich bin groß, und mit meinen blauen Augen hätte ich ohne weiteres in Hitlers Leibstandarte gepaßt. Ich bin das, was man früher einen Muskeljuden nannte.

Meine Entscheidung, die deutsche Staatsangehörigkeit anzunehmen, hatte mehrere Gründe. Da gab es erst einmal den pragmatischen. Mit dem Status des »Heimatlosen Ausländers« mußte ich zwar nicht zum Bund, durfte allerdings auch nicht wählen gehen. Zudem mußte ich meinen Paß alle zwei Jahre bei den deutschen Behörden verlängern lassen. Doch irgendwann war mir dieser Zustand auf die Nerven gegangen. Für jede kleine Reise nach Österreich oder sonstwohin benötigte ich ein Visum, und an jeder Grenze starrten mich die deutschen Zollbeamten mißtrauisch an. Als ich Anfang zwanzig war, trieb gerade die Baader-Meinhof-Bande ihr Unwesen. Also mußte so ein junger Mann mit einem so deutsch klingenden Namen suspekt wirken, wenn der plötzlich seinen »Jeanspaß«, wie wir Juden ihn wegen seiner Farbe nannten, zückte.

Dann aber gab es durchaus auch einen idealistischen Grund für meinen Einbürgerungswunsch: Ich bekannte mich zu diesem Staat, in dem ich geboren war. Ich wollte diesen Status eines Menschen ohne Staatsbürgerschaft loswerden. Er war eine Folge des Zweiten Weltkrieges und hatte mit mir und meiner Realität nichts mehr zu tun. Er mochte ja für meine Eltern adäquat sein, aber für mich war er unsinnig. Das ist vielleicht der wichtigste Unterschied zu unseren älteren Brüdern und Schwestern. Für uns war die Bundesrepublik bereits eine natürliche Größe in unserem Leben. Wir kannten von Geburt an nichts anderes mehr. Wir waren keine Immigranten mehr.

Doch als ich im Warteraum der Kaserne auf den Beginn meiner Musterung wartete, bereute ich ganz schnell meinen Idealismus. An einer Wand hing einsam in einem schmucklosen Rahmen ein offizielles Porträt von Bundeskanzler Helmut Schmidt. Ich empfand stets große Sympathie für diesen Staatsmann, der so fließend Englisch sprach und mir damit seine Weltläufigkeit bewies. Jetzt aber war ich sauer auf ihn. Wie konnte er das zulassen, daß sein Konterfei in einer nüchternen Kaserne von der Wand prunkte? Wie ehedem das Bild des Führers. Ich betrachtete »Schmidt Schnauze«, als ob ich ihn noch nie gesehen hätte. Dabei fiel mir zum erstenmal sein Scheitel auf, der mit so viel Akkuratesse, wie mit dem Lineal gezogen zu sein schien. Jedes Haar entlang dieser Demarkationslinie lag nach links oder rechts ordentlich sortiert, eins neben dem anderen. Da war kein Durcheinander, keine Locke, die diese Präzision auch nur im geringsten störte. Nein, die Frisur unseres Bundeskanzlers schien mir jetzt die ideale Metapher für das deutsche Wesen: ordentlich, geradlinig, gehorsam, im Gleichschritt marsch ...

»Guten Morgen, meine Herren. Herzlich willkommen bei der Bundeswehr. Ab sofort unterstehen Sie der Wehrüberwachung!« Der Ton des Mannes, der soeben zur Tür hereingekommen war, klang markig und für die frühe Uhrzeit entsetzlich laut, ja brutal. Er trug Uniform. Ich machte mir beinahe in die Hose vor Aufregung. Nicht, daß mich Geschrei besonders erschreckte. Dazu war ich ja als Sohn einer jüdischen Mutter viel zu abgebrüht. Aber in dem Geschrei meiner Mutter lag stets auch ein großes Stück Verzweiflung. Davon war bei diesem Militaristen allerdings rein gar nichts zu spüren. Er war wohl eine Art Offizier. Sein Ton war scharf und metallen. Es ging ihm nicht darum, irgendeine Reaktion zu erhalten, vielmehr sollte seine Feststellung in uns alle eindringen und sich auf den Grund unserer Untertanenseelen eingraben.

»Ab sofort unterstehen Sie der Wehrüberwachung« – ich verstand nicht, welche Konsequenzen dies für mich hatte. Diesen Begriff hörte ich zum erstenmal. Niemand hatte mir vorher gesagt, daß ich der Wehrüberwachung unterstehen werde, nicht einmal Hans Lamm, der Präsident der Münchner Kultusgemeinde, den ich in seinem privaten Studierzimmer aufgesucht hatte, um mir von ihm das offizielle Schreiben der Gemeinde für die Musterungskommission unterschreiben zu lassen. Hans Lamm war eine Rarität. Ein echter deutscher Jude, ein Intellektueller, ein Philologe, in dessen Arbeitsraum ein wunderbares Chaos aus Büchern, Zeitungen und Manuskripten herrschte. Sogar der Fußboden war über und über mit Papieren bedeckt. Und inmitten dieses Durcheinanders, das meine Mutter in Raserei versetzt hätte, thronte auf einem Bücherstapel seine fette, weißlich-gelbe Katze, und irgendwo zwischen zwei Notizbergen lugte Lamms bebrillter Kopf hervor, dieser alte jüdische Schädel, der auf einem winzigen Körper festgewachsen war. Der alte Jecke hatte mir das Schreiben achtlos abgezeichnet; er mußte im Lauf der Jahre immer häufiger jüdischen Söhnen ihre Herkunft bestätigen, damit sie vom Dienst mit einer deutschen Waffe befreit werden konnten. Ich mochte diesen Mann, der als SPD-Mitglied Vorsitzender einer Gemeinde war, die aus ostjüdischen Handwerkern und Kaufleuten bestand, die alle Axel Springer schätzten, weil er so »judenfreundlich«, und die alle brav die CSU wählten, weil Franz Josef Strauß ein »Freund Israels« war.

Jetzt jedoch, in diesem Warteraum, unterstand ich der deutschen Wehrüberwachung, und das konnte nur heißen: Der Arier wacht, der Jud' kuscht. Doch galt diese Anordnung nicht auch für die circa 50 jungen Deutschen um mich herum? Hatten sie ebenso Angst wie ich? Ich konnte sie auf ihren Gesichtern nicht entdecken. Ich begann meine Schicksalsgenossen näher zu betrachten. Sie waren alle jünger als ich, natürlich, denn sie waren Deutsche von Geburt, sie wurden im richtigen Alter gemustert. Wie sollte ich je mit ihnen in einer Kompanie dienen? Jemals eine Stube teilen? Sollte ich etwa über ihre dummen Türkenwitze lachen? Mit ihnen in den dienstfreien Stunden Schafkopf oder Skat spielen? Womöglich gar noch Bier trinken? Stilecht, aus der Dose? Ich meinte, unter ihnen einige Studenten zu erkennen. Ich atmete auf. Wenigstens sie würden auf meiner Wellenlänge sein und den Kriegsdienst verweigern wollen. Ich sprach einen von ihnen an. Doch der wollte sich gleich für mehrere Jahre verpflichten, schließlich gäb's eh keine Jobs, und wenn man beim Bund was geworden sei, dann hätt' man draußen eine bessere Chance. Andere stimmten zu, bestätigten, sie würden sich ebenfalls für drei, vier und mehr Jahre an die Armee binden. Mir schauderte. Auf meinem Schoß lag ein Roman von Günter Grass, ich hatte ihn mitgenommen für die Wartezeit. Ich hielt mich jetzt fest an ihm, an diesem anderen Deutschland, an das ich doch so gerne glauben wollte, dem ich mich so zugehörig fühlte.

Nachdem der Offizier uns den Ablauf der Musterung erklärt hatte, ging es los. Ich überlegte mir, welche notwendigsten Dinge ich in meinen Fluchtkoffer

packen müßte. Denn sollte die Kommission mir nun doch den Bescheid geben, daß ich einrücken müßte, würde ich heute nacht die Grenze überschreiten ...
Als mich die Musterungskommission endlich entließ, mir noch versicherte, daß ich der Wehrüberwachung nicht weiter unterstellt sei, atmete ich tief durch. Ich war wie neugeboren. Jetzt endlich konnte ich mich auf mein neues Leben mit deutschem Paß richtig freuen. Deutschland, da bin ich. Hier hast du mich wieder!
Es gibt ja gar keinen Zweifel, daß ich mit diesem Land in einer Art verbunden, daß ich hier in einer Weise verwurzelt bin, wie ich es mir selber gar nicht gerne eingestehen möchte.
Nehmen wir nur mal des Deutschen liebsten Sport: Fußball. Ich war ein kleiner Junge, als Deutschland 1966 im Wembley-Stadion gegen die Engländer um die Fußballweltmeisterschaft kämpfte. Kurz vor Ende der regulären Spielzeit stand es 2:1 für die Engländer. Ich war einem Nervenzusammenbruch nahe, konnte die Tränen nur mühsam zurückhalten und fragte immerzu meine Eltern, die sich das Spiel ebenfalls ansahen, ob denn Deutschland nicht gewinnen könne. Meine Mutter beruhigte mich, meinte, die Deutschen würden sicher noch ein Tor schießen, ich bräuchte mir keine Sorgen zu machen. Als dann unmittelbar vor dem Abpfiff der Ausgleichstreffer fiel, brach ich in johlendes Triumphgeschrei aus, ich tobte durch das Wohnzimmer, weinte und lachte zugleich, und meine Eltern hatten alle Mühe, mich zu beruhigen. Als die Deutschen dann nach der Verlängerung

2:3 verloren hatten, war ich am Boden zerstört. Wie meine Eltern sich angesichts meiner Begeisterung für Deutschland wohl gefühlt haben mögen? Ich habe es nie gewagt, sie das zu fragen. Als Deutschland 1974 dann Fußballweltmeister wurde – damals spielte die DFB-Auswahl in München gegen die Niederlande –, da war meine Freude wiederum groß, doch war ein kleiner Wermutstropfen mittlerweile auch dabei: Die Holländer waren ein liberales Völkchen, und viele von ihnen hatten unter der Naziherrschaft versucht, den Juden zu helfen. Und dann 1990: der erneute Gewinn der Weltmeisterschaft. Diesmal war es nicht mehr nur das Erringen eines Fußballpokals, es war eine Demonstration der nationalen Größe. Im Herbst würde Deutschland wiedervereinigt werden: Deutschland, Deutschland über alles, das war die Devise jenes Jahres. Ich konnte mich überhaupt nicht mehr freuen. Die graduelle Abnahme meiner Begeisterungsfähigkeit für die »heimische« Mannschaft lief parallel mit der zunehmenden Bewußtwerdung der deutsch-jüdischen Problematik. Eigentlich wäre nichts natürlicher, als sich dort, wo man aufwächst, daheim zu fühlen. Doch die Geschichte läßt uns nicht los. Wir stecken mitten darin und seit der Wiedervereinigung stärker denn zuvor.

Die Schriftstellerin Cordelia Edvardson war vor einigen Jahren während einer Lesereise durch Deutschland von einer Zuhörerin gefragt worden, was sie denn zum Antisemitismus sage. Trocken, ein wenig sarkastisch, antwortete Frau Edvardson: »Der Antisemitismus ist nicht das Problem der Juden, sondern

der Antisemiten.« Sie hat, meiner Meinung nach, nur bedingt recht. Denn selbst wenn er mich natürlich nichts angeht, seine Auswirkungen verspüre ich letztendlich doch. Aber weder verspüre ich ein großes didaktisches Bedürfnis, mich mit Antisemiten auseinanderzusetzen, noch halte ich es für besonders erfolgversprechend, ihnen in moderner Version Shylocks berühmte Worte vorzubeten:
»Hat nicht ein Jude Augen? Hat nicht ein Jude Hände, Gliedmaßen, Werkzeuge, Sinne, Neigungen, Leidenschaften? Mit derselben Speise genährt, mit denselben Waffen verletzt, denselben Krankheiten unterworfen, mit denselben Mitteln geheilt, gewärmt und gekältet von eben dem Winter und Sommer als ein Christ? Wenn ihr uns stecht, bluten wir nicht? Wenn ihr uns kitzelt, lachen wir nicht? Wenn ihr uns vergiftet, sterben wir nicht?«
Was mit der Wiedervereinigung begann, ist ein »Normalisierungsprozeß«, der insbesondere die Zweite Generation voll trifft. Die Auseinandersetzung mit dem stets virulenten Antisemitismus in der Bundesrepublik hatte sich einerseits als lästig und nervend entpuppt. Ich kenne die dummen und falschen Argumente der Gegenseite bereits auswendig. Doch in gewisser Hinsicht hatte man sich an dieses Ritual »gewöhnt«. Es gehörte zum jüdischen Dasein in Deutschland. Gleichzeitig entpuppten sich solche Diskussionen als völlig sinnlos, denn der sogenannte deutsch-jüdische Dialog, wie man ihn so gerne nennt, dieses parfümierte Gesäusel auf »gutgemeinten« Veranstaltungen, ist zumeist verlogen. Der Arg-

wohn, der sich hinter den freundlichen Gesichtern verbirgt, der Ärger, daß ich durch meine bloße Existenz als Jude mein deutsches Gegenüber stets an seine düstere Vergangenheit erinnere, all das langweilt mich mittlerweile.

Der Antisemitismus ist in Deutschland wieder gesellschaftsfähig geworden. Er hat Eingang gefunden in normale Gespräche, man hat keinerlei Probleme mehr, seinen antijüdischen Gefühlen offen Ausdruck zu verleihen. Insofern kehren wir zu einem Zustand zurück, den Juden seit Jahrtausenden gekannt haben. Nur wir, die in Deutschland geborene Zweite Generation, eben nicht. Daß die Judenfeindlichkeit – ebenso wie die Ausländerfeindlichkeit, versteht sich – nicht mehr hinter vorgehaltener Hand geäußert wird, hat zumindest den Vorteil, daß man sofort weiß, wo der Gegner steht. Er bietet allerdings auch dieser Gesellschaft eine Riesenchance, sich mit den eigenen Übeln so auseinanderzusetzen, daß man sie bei den Wurzeln aus dem deutschen Urgrund herausreißt. Doch weit und breit ist niemand zu sehen, der sich dazu befähigt fühlt, geschweige denn willens ist, diesen Kampf gegen die deutsche Hydra aufzunehmen.

»Ignatz Bubis ist wirklich ein toller Mann, nicht so aggressiv wie Galinski, aber ist er nicht ein bißchen zu häufig in den Medien zu finden?« »Warum mischt sich der Jüdische Weltkongreß eigentlich immer in innerdeutsche Angelegenheiten ein?« »Man ist ja nicht zufällig Opfer, irgendwie provoziert man das doch auch ein bißchen. Sind die Juden also nicht

mitschuldig an ihrer eigenen Vernichtung in Auschwitz?« Insbesondere letztere Frage steht zur Zeit hoch im Kurs. Im Schatten des Historikerstreits, der den Versuch gemacht hatte, die Shoa zu relativieren und dessen Auswirkungen bis hinein in manche Politikerreden zu spüren sind, im Schatten dieser Auseinandersetzung *mußte* diese Frage auftauchen.
In einer verquasten pseudoreligiösen Diskussion hat der Fernsehjournalist Franz Alt die These von der jüdischen Schuld an Auschwitz verbrämt in seinem Bestseller *Jesus – der erste neue Mann* unters Volk gebracht. Als er sein Buch auf einer Lesereise vorstellte, erklärte er ausdrücklich, daß er nach eingehender textkritischer Bibelforschung zu dem Schluß gelangt sei, das Judentum sei eine starre und patriarchalische Gesetzesreligion, die von der christlichen Kirche adaptiert werden mußte, wodurch das Prinzip der Autoritätshörigkeit und Aggressivität übernommen wurde. Dies habe Auschwitz ermöglicht. Und erst die Überwindung des Judentums führe zu einer heilen Welt, da das jüdische Gottesbild im Gegensatz zur Gottesvorstellung Jesu entwicklungsfeindlich sei. Auf meine Nachfrage, inwieweit er der hebräischen Sprache mächtig sei, und ob er 1500 Jahre talmudische und rabbinische Literatur kenne, mußte der Fernsehjournalist natürlich passen. Franz Alt scheut sich nicht, seine dummen und falschen Thesen unters Volk zu bringen, und offenbar merkt auch sein Lektor nicht, welches Gift in dieser deutschen Küche schon wieder gebraut wird. Das Buch erschien übrigens in einem Verlag, der sich viel darauf zugute

hält, die israelische Literatur in Deutschland zu fördern.
Wieweit sich diese neue »Auschwitz-Theorie« bereits zum Allgemeingut entwickelt hat, belegt ein Ereignis, das von manchen als vereinzelte Falldarstellung verstanden werden kann, von mir jedoch als symptomatisch begriffen wird:
Nach »getaner« Arbeit im Fernsehstudio fuhr ich zu einem Abendessen, zu dem mich ein langjähriger Freund, ein junger Dirigent, eingeladen hatte. Mit dabei eine bekannte deutsche Bühnen- und Fernsehschauspielerin, ein hübsches, junges Fotomodell sowie ein ebenfalls bekannter Filmregisseur, der sich viel darauf einbildet, ein Feinschmecker und Weinkenner zu sein. Das Essen war bereits in vollem Gange, als ich relativ spät dazustieß. Gefragt, woran ich gerade gearbeitet habe, erzählte ich von einem Fernsehbeitrag über Gershom Scholem und die Kabbala. Wie ich denn zu diesem Thema komme, war die nächste Frage. Die Antwort beinhaltete eine Aussage über meine Herkunft und dem daraus resultierenden Interesse für Scholems Arbeit. Nun, es folgten die nächsten beiden Gänge, man servierte nur Wein vom Feinsten. Jener Herr, der Filmemacher und Weinconnaisseur, kostete die edlen Tröpfchen ganz comme il faut: also laut schlürfend, ein wenig im Munde spülend, bevor er den köstlichen Rebensaft seine Kehle hinuntergleiten ließ. Irgendwann – er hatte bereits etliche »Weinproben« hinter sich gebracht – erklärte mir der Herr Regisseur, daß meine Religion ja völlig falsch sei, da sie uns Juden in den Tod triebe; sie

bringe uns um. Ich begriff nicht, worauf er hinauswollte.
»Naja«, meinte er, »ihr werdet ja seit Jahrtausenden ermordet, das liegt ja an eurer Religion. Die produziert eure Vernichtung.«
Ich bemühte mich, trocken und sachlich festzustellen, daß es nicht unsere Religion sei, die uns umbringe, sondern die Christen, das müsse man wahrheitshalber doch einfach mal so festhalten. Er glaubte geschickt zu kontern, indem er, freundlich am nächsten Glase Wein nippend, erklärte, dies habe auch seinen guten Grund. Wir – also wir Juden – produzierten unseren eigenen Tod. Als ich das etwas genauer wissen wollte und ihn fragte, ob er also auch der Meinung sei, wir Juden hätten Auschwitz selber produziert, erwiderte er, ganz stolz, daß ich endlich »begriffen« hatte: »Ja, genau.«
Sicherheitshalber wollte ich mich noch einmal vergewissern: ob er also sagen wolle, daß die Juden selber schuld seien an ihrer eigenen Vergasung? Und er, im Brustton bacchantischen Stolzes: Ja, das müsse man doch einfach mal sagen dürfen.
Solche und ähnliche Situationen machen das Leben in Deutschland so unendlich schwer. Nicht die Neonazis sind gefährlich, sondern die Schriftsteller und Regisseure, die Lektoren und Redakteure, also jene Intellektuelle, die von sich glauben, sie hätten Auschwitz längst bewältigt und seien somit vor eigenem Antisemitismus gefeit. Das Herumdrucksen in der eigenen Sprache, im eigenen Denken: »Sie sind also jüdischer Herkunft?« fragte mich ein Redakteur, dem

das schlichte Wort »Jude« einfach nicht über die Lippen wollte. Oder die Reaktion eines Journalisten auf einen meiner Artikel, in denen ich vor einigen Jahren harsch mit der offiziellen Haltung des Zentralrats der Juden in Deutschland ins Gericht ging: »Sollen wir das wirklich drucken? Das könnte den Antisemiten in die Hände spielen!« Solche und ähnliche Dummheiten machen mich wütend. Noch unerträglicher sind jedoch die traurigen Hundeblicke, die so manche bekennende Christen bekommen, wenn sie erfahren, daß ich Jude bin. Jude bedeutet für sie immer noch in erster Linie: Opfer. Aber ich bin kein Opfer.

In der einschlägigen Literatur wird längst von einem Antisemitismus *wegen* Auschwitz gesprochen. Die Deutschen, so heißt es da, könnten uns Juden Auschwitz nicht verzeihen. Dieses perfide Paradoxon ist es, das uns täglich begegnet. Die erstaunliche Unsensibilität, die sich in der Fassbinder-Debatte von deutscher Seite aus manifestierte, sie ist allenthalben zu finden. Andere, zumeist jüdische, Journalisten und Autoren haben immer wieder darauf aufmerksam gemacht.

Mit der Wiedervereinigung jedoch sind wir in einen Normalisierungsprozeß geraten, der im Grunde nur etwas wieder ans Tageslicht hervorholt, das es so immer in Deutschland gegeben hat. Antisemitismus und natürlich auch Ausländerfeindlichkeit und Rassismus waren ja nie mit der sogenannten Stunde Null vorbei. Diese Erkenntnis ist mittlerweile sogar bis in deutsche Universitätshörsäle vorgedrungen. Das

Wegfallen eines unnatürlichen Tabus ist wie das Öffnen einer Schleuse: All das Angestaute bricht sich seinen Weg nun mit aller Gewalt. Die Überraschung von seiten der Politiker mag ja echt sein – wenn sie es denn wirklich ist, zeugt sie nur von der immensen Dummheit und der Unkenntnis des eigenen Volkes. Wir Juden wußten immer, daß es einen sehr hohen Prozentsatz an Rassisten in diesem Lande gibt. Die seit Jahrzehnten immer wieder durchgeführten Umfragen, sei es von dem Kölner Soziologen Alphons Silbermann, sei es von anderen wissenschaftlichen Instituten, belegen das. Sie wurden einfach nicht zur Kenntnis genommen, weil es dem eigenen Image, das man so gerne im Ausland verkaufen wollte, geschadet hätte. Infolgedessen müssen Politiker nahezu zwangsläufig von jenen Wählern als »Protestwähler« sprechen, die in großen Scharen zu den rechtsradikalen Parteien überlaufen. Dabei ist diese Form des Protestes ja kein demokratischer. Selbst wenn die rechtslastigen Parteien demokratisch gewählt werden dürfen, so sind manche ihrer Aussagen nur schwer mit den Grundwerten von Toleranz und Liberalität in Einklang zu bringen. Was sich hier also durchschlägt, ist eine Tendenz, die letztlich nur beweist, daß Demokratie in Deutschland nur durch eine stabile Wirtschaft am Leben gehalten wird. Die in Deutschland so beliebte Methode, von den eigenen Unzulänglichkeiten abzulenken, indem man mit dem Finger auf die anderen verweist, funktioniert leider nicht. Weder Monsieur Le Pen noch die Hooligans Großbritanniens, ja nicht einmal die italienische »Lega Nord« sind mit dem Rechtsextremismus deutschen Zuschnitts zu vergleichen. Die letzten großen Wahlen in England beweisen das. Sie fanden in einer Zeit wirtschaftlicher Rezession statt, die ein Ausmaß erreicht hatte, das in Deutschland zu einem Chaos allerschlimmster Form führen würde. Doch die Briten dachten gar nicht daran, extremistische Parteien zu wählen. Und die Europafeindlichkeit deutscher Rechtsextremisten geht gar nicht konform mit der Lega Nord, die sich ja gerade, um in Europa bestehen zu können, vom »faulen« Süden abtrennen will, um den Norden Italiens konkurrenzfähig zu machen.

»Deutschland den Deutschen, Ausländer raus!« Für uns Juden scheint sich ein Zwiespalt aufzutun. Wir haben ja die deutsche Staatsangehörigkeit – was also sind wir nun? Die Frage ist natürlich rhetorisch, aber sie ist insofern ernst gemeint, als sie die Loyalität gegenüber diesem Staat aufwirft, auf den man sich immer weniger verlassen kann.

Das Dilemma ist nicht neu: Die Frage nach der Zugehörigkeit zum »Gastland« ist ein altes Problem, das die jüdische Diaspora immer wieder neu beantwortet hat. Doch gerade in dieser Zeit, in einem Deutschland, das sein altes Gesicht wieder zu zeigen scheint, in dem ein Bundespräsidentschaftskandidat Äußerungen über Frauen, Ausländer und die Shoa machte, die ihn eigentlich von vornherein für solch ein wichtiges Amt indiskutabel hätten machen müssen, in diesem Deutschland wird das Dilemma beinahe unlösbar: Denn alle Modelle sind längst ausprobiert,

und die meisten sind – die Geschichte zeigt es – zum Scheitern verurteilt.
Als im Frühjahr 1993 die Zeitung *Die Woche* den neuen Vorsitzenden des Zentralrats der Juden, Ignatz Bubis, für das Amt des Bundespräsidenten vorschlug, glaubten sich viele Intellektuelle bestätigt, daß dieses neue Deutschland eben doch ein durch und durch liberales Land sei. Zustimmung kam von allen Seiten, lediglich die Hauptfigur, Bubis selbst, lehnte dankend ab. Er erkannte sogleich, daß dieser Vorschlag weniger mit seiner Person zu tun hatte und der ernsthaften Überzeugung, er könne für das deutsche Volk ein gutes Staatsoberhaupt abgeben, als vielmehr mit der hintergründigen Idee, ein jüdischer Bundespräsident würde dem Ausland beweisen, daß das Deutschland von Rostock und Mölln und Solingen ganz anders sei, als man dies gemeinhin in Washington oder Paris, in London oder Jerusalem annehme. Zudem erklärte Bubis, es sei nicht gut für die Juden in diesem Land, wenn er Präsident würde. Was den agilen Vorsitzenden aber nicht daran hinderte, immer wieder zu betonen, er sei ein »deutscher Staatsbürger jüdischen Glaubens«. Diese Haltung von seiten eines offiziellen Repräsentanten der jüdischen Gemeinde in Deutschland war zu diesem Zeitpunkt neu. Es beinhaltete ein Bekenntnis zu diesem Staat, es postulierte eine Zugehörigkeit, es behauptete eine Selbstverständlichkeit, kurzum: Es basierte auf der Überzeugung, daß die Integration der Juden in Deutschland längst stattgefunden habe, daß sie zur alltäglichen Normalität in diesem Lande gehöre.

Zum gleichen Zeitpunkt erschien ein kleines Büchlein, das sich der Biographie Bubis' widmete, unter demselben Titel.
Warum aber dann dieses Zögern? Warum dieses »es wäre nicht gut für die Juden«?
Ist Bubis' Reaktion nicht eher Ausdruck einer tiefen Skepsis, die er vor sich selber und der Öffentlichkeit aus politisch einsehbaren Gründen überspielt?
Bubis' Versuch, mit der Formel »deutscher Staatsbürger jüdischen Glaubens« den eigenen Zweifel aufzulösen, ist verständlich, aber doch eher ein Zeichen seiner Hilflosigkeit. Der 1893 gegründete »Centralverein deutscher Staatsbürger jüdischen Glaubens«, nicht zufällig ein eingeschworener Gegner des Zionismus, setzte sich in erster Linie für die *Verteidigung* der jüdischen Rechte in Deutschland ein.
In einer Erklärung aus dem Jahre 1900 heißt es:
»Sind unsere Vorfahren für ihren Glauben muthig und unverzagt in Verbannung und Tod gegangen, so soll man es uns dereinst wenigstens nachsagen, daß wir furchtlos und beharrlich für unsere Rechte gekämpft haben.«
Dies liest sich heute, vor dem Hintergrund der Krematorien, etwas makaber. Bubis aber scheint sich diese Maxime zum Lebensprinzip erkoren zu haben. Weil aber auch er ein Überlebender der Shoa ist, kann er dann schließlich doch nicht aus seiner Haut. Er möchte nicht in Deutschland begraben werden, erklärte er in einem Fernsehinterview, weil die Vorstellung, daß Skinheads sein Grab schänden, ihm unerträglich sei …

Der neue Wind, der Juden und Ausländern in diesem Land plötzlich wieder ins Gesicht bläst, hat eine Situation geschaffen, die fatal an die Diskussion um die jüdische Emanzipation von einst erinnert. Bereits die Tatsache, daß viele Juden in diesem Land heute erklären müssen, daß sie gleichberechtigte Staatsbürger sind, beweist, daß sie es offensichtlich nicht sind. Der Jude bleibt der Paria. Da helfen kein Geld und keine Universitätsabschlüsse, keine Staatsämter und keine Bundesverdienstkreuze, ja nicht einmal eine atheistische Haltung oder gar die Befürwortung eines palästinensischen Staates. Der neue nationale Mainstream in diesem Land hat die reale Situation der Juden vielleicht nicht verändert, doch zumindest sind die Konturen, die Abgrenzungen, die Anfeindungen wieder schärfer hervorgetreten. Ein erstes, wichtiges Indiz für die Richtung, die das neue Deutschland einschlagen wollte, war der Streit zwischen der Bundesregierung und dem Zentralrat der Juden über die Präambel des Einigungsvertrages. Der Zentralrat kritisierte, daß in dieser Schrift, die den Beginn des neuen vereinigten Deutschlands markierte, kein Hinweis auf die bleibende Verantwortung – nicht Schuld – für die deutschen Verbrechen des Nationalsozialismus vorkommt. Bundeskanzler Helmut Kohl hatte noch im Juni 1990 eine entsprechende Einfügung dem Zentralrat zugesichert. Aber wie warnte bereits Michael Stürmer im Juli in der *Frankfurter Allgemeinen Zeitung*: »In jeder Dämonisierung liegt die Gefahr der sich selbst erfüllenden Prophezeiung, in jeder Diskriminierung Deutschlands die Gefahr des Sonderwegs.« Und Eckhard Fuhr schreibt nur wenige Monate später, ebenfalls in der *FAZ*: »Auschwitz wird nicht jene Bannformel bleiben, bei der die Deutschen augenblicklich in eine angestrengte Selbstbetrachtung verfallen.« Die antisemitischen, rassistischen und ausländerfeindlichen Ereignisse, die sich seit der Wiedervereinigung in Deutschland ereignet haben, gehen mittlerweile in die Tausende. Tagtäglich werden in Deutschland Menschen überfallen, ermordet, zusammengeschlagen, nur weil sie nicht deutsch sind. Da nehmen sich Ereignisse wie die Idee, auf dem Gelände des ehemaligen Konzentrationslagers Ravensbrück einen Supermarkt zu errichten, oder der Beitrag in der »Report«-Sendung im November 1991, in dem der Versuch unternommen wurde nachzuweisen, daß eigentlich Israel dem vereinten Deutschland bezüglich der Shoa noch Geld schulde, als unwichtig und läppisch aus. Doch diese Ereignisse, und es gibt viel, viel mehr von ihnen, sind es, die das Klima in diesem Lande schleichend, aber konsequent zu verändern beginnen. So muß auch die Reaktion Helmut Kohls gesehen werden, als er im März 1992 den damals noch amtierenden österreichischen Bundespräsidenten Kurt Waldheim traf. Waldheim, der wegen seiner dubiosen NS-Vergangenheit international isoliert war, kam ausgerechnet mit Kohls Hilfe aus dieser Verbannung wieder heraus. Der Jüdische Weltkongreß protestierte in scharfer Form, Bundeskanzler Kohl wies diesen Protest zurück – so weit, so gut, mag man denken. Neu aber war die aggressive Reaktion des Bundeskanzlers gegenüber dem WJC, ebenso sein Versuch, in diesem Zusammenhang auf eine angebliche Konspiration des WJC im Herbst 1989 zusammen mit der DDR-Regierung zu verweisen. Beide hätten damals versucht, die deutsche Einheit zu verhindern. Der World Jewish Congress hatte allerdings schon zu jener Zeit diesen Vorwurf schriftlich dementiert. Diese und viele weitere Vorfälle auch auf der linken Seite des politischen Spektrums zeigen lediglich, daß Juden nach der Wiedervereinigung zur Quantité négligeable geworden sind. Galt die ja nun wirklich kleine Gruppe der Juden in der alten BRD als Aushängeschild für die deutsche Außenpolitik, als Beweis, daß man wahrhaft demokratisch sei, weil man ja so nett zu seinen Juden ist, so braucht das neue, das souveräne, das mächtige Deutschland (immer weniger Menschen sprechen und schreiben von der »Bundesrepublik« – also auch im Sprachgebrauch hat sich da einiges verändert) diese Rücksicht nicht mehr zu nehmen. Es wird so manchen in diesem Land schon recht sein.

Und schließlich: die applaudierenden Massen in Rostock und anderswo. Biedermann und Brandstifter in schöner Eintracht, der »Volkszorn« macht sich Luft. Was muß in einer Gesellschaft geschehen sein, damit ganz normale Bürger fröhlich zustimmend die Hatz auf Menschen beobachten können? Zustimmung und Schweigen in diesem Lande sind schon wieder groß. Die Lichterketten quer durch Deutschland waren schön und gaben dem Betrachter ein wohliges Gefühl, daß es durchaus auch eine andere Gesinnung in Deutschland gibt. Doch mit den Lichterketten im Herbst 1992 (deren erste in München übrigens primär von einem Italiener und einem Juden organisiert wurde) war der Massenprotest auch schon wieder verlöscht. Seitdem hat sich keine vergleichbare Demonstration mehr organisieren können, einige kleine Menschenrechtsgruppen sind weiterhin unermüdlich tätig, doch die breite Bevölkerung kümmert sich nicht mehr um das Morden und Totschlagen in den eigenen Städten. So ist es nun einmal. Das ist die Konsequenz einer abwiegelnden Politik und einer Rechtsprechung, die auch noch Verständnis für die Täter aufbringt. Da wird dann betroffen von der arbeitslosen Mutter gesprochen und dem Vater, der Alkoholiker ist und seinen Sohn schon als kleines Kind geschlagen hat, weswegen dieser jetzt mit 18 oder 19 Jahren zum Brandanschläger oder Skinhead geworden ist. Da wird von mangelhafter Ausbildung und sozialem Randstatus geschwafelt, und jeder empfindet sogleich Mitleid und Mitgefühl für den armen Neonazi, der in Wirklichkeit das wahre Opfer ist! Als ob der Konsens in dieser Gesellschaft längst zusammengebrochen sei, daß Gewalt einfach nicht sein darf! Egal, von wem ausgeübt und aus welchem Grund. Als vor einigen Jahren ein älterer jüdischer Bekannter einen Auffahrunfall verschuldet hatte, war er aus seinem Wagen ausgestiegen und vor zu dem Beschädigten gegangen. Dieser, ein junger Mann um die Dreißig, sprang wutentbrannt aus seinem Gefährt und begann auf den älteren Mann einzuschlagen. Darauf zeigte er ihn an. Es kam zu einer

Gerichtsverhandlung, die die Fragwürdigkeit der Entlastung aufgrund einer schwierigen Kindheit bestens belegt: Der Verteidiger des Schlägers berief sich natürlich auf die sozial schwierigen Umstände, die der junge Mann durchgemacht hätte, eine schwierige Kindheit habe er gehabt und so weiter. Der Richter war beeindruckt, allgemein war klar, daß der Täter mildernde Umstände erhalten würde. Irgendwann wurde es dem jüdischen Herrn zu blöd. Er sprang mitten in der Verhandlung auf und erklärte, auch er habe eine schwierige Kindheit gehabt: Er sei nämlich seit seinem fünften Lebensjahr im Vernichtungslager Auschwitz gewesen. Demzufolge hätte er ja jetzt wohl das Recht, diesen jungen Mann zu töten. Danach müßte er ebenfalls mildernde Umstände erhalten, schließlich sei seine Kindheit noch schwieriger gewesen als die des jetzt Angeklagten …

Die gleiche Form mildernder Umstände hat die deutsche Justiz seit Hoyerswerda immer wieder walten lassen. Täter, die versucht haben, Häuser und Menschen anzuzünden, wurden auf Bewährung wieder freigelassen, sie wurden wegen Brandstiftung und anfänglich nur selten wegen versuchten Totschlags verurteilt. Was bleibt da noch anderes übrig, als an die Parole von 1985 in Frankfurt zu denken: Die Schonzeit ist zu Ende. Wer auch immer diesen Satz gesagt haben mag, er hat, betrachtet man sich deutsche Politik genauer, wohl recht behalten.

Doch ein weiteres Problem gesellt sich dem Berg an Erschreckendem noch hinzu. Es ist der Umstand, daß man dem Staat und seinen Organen nicht mehr vertrauen kann. Die Ereignisse der letzten zwei, drei Jahre lassen den Betrachter leider nur zu einem einzigen Schluß kommen: Die Regierung, die Innenminister, die Polizei, die Justiz – sie alle bieten nach außen hin den Eindruck, sie würden mit den Rechtsextremisten kooperieren, wenn nicht gar sie unterstützen. In Rostock ließ sich dies auch belegen. In vielen anderen Fällen ist dies nicht möglich, und schon aus diesen Gründen wird eine solche Behauptung stets strafbar bleiben. Man muß sich also sprachlich mit dem Konjunktiv behelfen. Entscheidend bleibt doch aber, daß der Eindruck allgemein existiert, und das sicher nicht nur unter Juden, sondern auch unter vielen, vielen Deutschen, die sich große Sorgen um die Entwicklung dieses Landes machen. Das macht die Atmosphäre in Deutschland nicht vertrauenswürdiger. Wer möchte schon gern in eine Situation kommen, in der er die Polizei um Hilfe vor Skinheads rufen muß, die Polizei gar nicht kommt, oder aber viel zu spät und dann auch noch den Vorfall bagatellisiert. Dies allerdings wurde von manchen Asylbewerbern und Ausländern, die in solche Situationen geraten waren, berichtet. Wen wundert es da, daß Erinnerungen wach werden an eine Polizei, die auf den Straßen einfach wegschaute, als die SA-Horden ihre Überfälle ausübten, als die Synagogen brannten 1938. Heute brennen zwar keine Gotteshäuser mehr – es lohnt sich auch gar nicht, sie sind sowieso zumeist verwaist –, dafür aber Asylbewerberheime. Und daß diese Ausschreitungen von der Politik benutzt wurden, um eine neue Asylpolitik in

diesem Lande durchzusetzen, das ist mittlerweile ein Gemeinplatz.
Was bleibt Juden also anderes übrig, als auf die Vorgänge zu reagieren: wie Bubis, indem sie eine Gleichberechtigung einklagen, an die sie selber nicht mehr wirklich glauben, wie viele andere, die sich in ihre Schneckenhäuser verkriechen und hoffen, daß sich der Sturm schon legen werde, daß alles nur halb so schlimm sei.
Machen wir uns nichts vor: Dieses Verhalten belegt, daß die Diaspora in Deutschland erneut gescheitert ist. Selbst wenn noch 100 000 Juden aus der ehemaligen UdSSR nach Deutschland einwanderten, Juden haben sich in die Defensive begeben. Die Defensive, das Re-Agieren aber ist das herausragende Kennzeichen der gescheiterten Diaspora. Es erfüllt sich immer dann, wenn der Begriff »Jude« von den Juden selber nur noch in seiner politisch-sozialen Funktion angenommen wird. Gerade das aber war der Hauptvorwurf der Zionisten gegenüber der Diaspora: das Nichts-Tun, das Re-Agieren, sich das Heft aus der Hand nehmen zu lassen und somit nicht mehr an der Geschichte teilhaben zu können. Teilhaben an der Geschichte heißt, aus freien Stücken handeln zu können und nicht als potentielles Opfer reagieren zu müssen.
Die Zeit der Aufklärung, die den Juden die Bürgerrechte gewährte, entpuppte sich als ein Strohfeuer, das sich zum Weltenbrand entfachen sollte. Ähnlich scheint sich die Lage in Deutschland und in ganz Europa erneut zu entwickeln. Nach 1945 dachte nie-

mand mehr ernsthaft, daß auf dem Alten Kontinent Rassismus in der heute schon wieder gängigen und praktizierten Form möglich sein könnte. Davor schützt auch kein deutscher Paß.
Im Windschatten von Auschwitz ließ es sich bis 1989 in der Bundesrepublik trefflich leben. Die Nichtnormalität jüdischer Existenz in Deutschland ging eine merkwürdige Symbiose mit der Nichtnormalität der deutschen Teilung, ja der Teilung des gesamten Kontinents ein. Jetzt, wo die Geister von einst längst wieder erwacht sind, konnte es gar nicht ausbleiben, daß Juden erneut gezwungen werden, sich in irgendeiner Form dazu zu »verhalten«. Ignatz Bubis ist in Zeiten wie diesen wahrscheinlich der beste Mann an der Spitze des Zentralrats. Er kann nichts dafür, daß ihm nur die ausgetretenen Pfade der jahrtausendealten jüdischen Diaspora übrigbleiben. Alles andere, jeder neue Weg hieße: aktiv werden, und das wiederum bringt die Diaspora nicht mehr fertig.
Die jüdischen Gemeinden in Deutschland hatten nach 1945 geglaubt, daß sie an einer neuen geschichtlichen Situation anknüpfen könnten. Doch dieses entpuppt sich heute als Irrtum. Und diese Entwicklung kann kein jüdischer Bundespräsident aufhalten, nicht einmal ein jüdischer Bundeskanzler. In Deutschland wird beides niemals möglich sein. Denn so viel Selbstverständlichkeit hat es hier nie gegeben und wird es hier auch nie geben.

ISRAEL

Wir sind etwas Besonderes. Denn wir, die Zweite Generation, sind die erste Generation nach knapp 2000 Jahren, die ganz selbstverständlich in eine Welt hineingeboren wurde, in der der Staat Israel keine Utopie, sondern Realität ist. Diese Erkenntnis scheint lapidar und nicht besonders aufregend. Das ist ein Irrtum. Die Auswirkungen, die die Existenz des Staates Israel auf das jüdische Selbstbewußtsein und Selbstverständnis hat, sind weitreichend und folgenreich. Auch für uns Juden in der Bundesrepublik. Gerade für uns in Deutschland.

Neben der naheliegenden Frage an unsere Eltern, wieso sie nach dem Krieg ausgerechnet nach Deutschland kommen konnten, nagte an uns ein zweites, ungelöstes Problem: Wieso haben unsere Eltern sich nicht gegen Hitler gewehrt? Wieso sind sie nicht wenigstens geflohen? Das Bild der Lämmer, die sich zur Schlachtbank führen lassen, existierte also auch in unseren Köpfen. Es war ein antijüdisches Klischee, das nach dem Krieg vor allem von Nichtjuden entworfen wurde, um das Bild des feigen, geduckten Juden in einer neuen Variante aufrechtzuerhalten. Diese Vorstellung verkannte jedoch die Zustände und Möglichkeiten der Shoa total. Doch selbst in manchen zionistischen Kreisen wurde es für die eigenen ideologischen Zwecke aufgegriffen, um das Image des Israeli, des kämpfenden, tapferen Juden in noch hellerem Licht darzustellen und vor allem, um zu beweisen, daß nur der Zionismus die wirkliche Lösung der »Judenfrage« sei. Kein Geringerer als Primo Levi wies in seinen Büchern nach, daß die Möglichkeiten der Gegenwehr, der Flucht so gering waren, weil das Nazisystem in erster Linie auf die völlige Entmenschlichung des Menschen hinarbeitete. Ausgerechnet die Überlebenden von Auschwitz sehen sich daher mit wachsendem Zeitabstand den Vorwürfen Jüngerer ausgesetzt, warum sie sich nicht gewehrt haben. Sie – nicht die Nazis – geraten plötzlich zunehmend auf die Anklagebank der Geschichte. Levi verwahrt sich gegen diese Unkenntnis der Fakten. Doch jene Vorwürfe entfalten ihr Gift in den Seelen der Geretteten. Zur Scham gesellt sich nun noch die Schuld, überlebt zu haben. Levi hatte schon früh geahnt, daß eine Gesellschaft, die zeitlich in immer größeren Abständen zu Auschwitz lebt, die Umstände und die Unmöglichkeit des kollektiven Widerstandes nicht begreifen kann: »Das allgemein verbreitete Bewußtsein, daß man angesichts der Gewalttätigkeit nicht nachgeben darf, sondern ihr Widerstand leisten muß, ist von heute, ist erst nachher entstanden, nicht damals (...) Auch heute ist dieses Gut noch nicht das Eigentum aller, aber wer heute hören will, kann es.«

Als Kinder wußten wir von all dem nichts. Wir waren bereits mit dem Bild des stolzen Israeli aufgewachsen. Um so unverständlicher war es, daß unsere Eltern nichts getan hatten. Ich war zwölf oder dreizehn Jahre alt, als ich meine Eltern fragte, wieso sie vor Hitler nicht rechtzeitig geflohen sind. Mein Vater holte weit aus, erklärte mir ausführlich die politischen Umstände in Ungarn und der Tschechoslowakei, die spezielle Situation der Juden, die Probleme, die es zwischen den beiden Weltkriegen mit Pässen, mit Visa ganz allgemein und ganz besonders für Juden gab. Er sprach von den anderen Staaten, die gar nicht so bereit gewesen waren, Juden in ihr Land aufzunehmen. Nicht einmal die Schweiz, nicht einmal die USA waren da besonders großzügig und vorbildlich. Ja, wenn man die nötigen finanziellen Mittel zur Verfügung gehabt hätte, dann wäre das natürlich eine andere Sache gewesen. Doch im Gegensatz zur nationalsozialistischen Propaganda waren die meisten Juden, insbesondere in Osteuropa, arm. Wohin also gehen?

»Nach Israel!« rief ich und schaute meinen Vater fragend und triumphierend zugleich an. »Idiot!« fuhr er mich an. »Wann ist denn Israel gegründet worden? Glaubst du, es war 1938/39 so einfach, nach Palästina zu kommen?« Verdutzt guckte ich meinen Vater an. Natürlich wußte ich, daß der jüdische Staat erst 1948 gegründet worden war. Ich wußte alles über die Einreiseschwierigkeiten der Überlebenden, ich wußte alles über die Restriktionen der britischen Mandatsmacht, über die »Exodus«, über den Irgun, die Haggana, die Palmach. Klar, das gehörte zu den selbstverständlichen Grundkenntnissen eines jeden jüdischen Kindes nach 1948. Und doch hatte ich meinen Eltern die Frage stellen können, wieso sie 1939 nicht nach Israel – man beachte: Israel, nicht »Palästina« – geflohen sind. Was war da in meinem Bewußtsein geschehen, daß ich die Kenntnis der Geschichte so beiseite schieben konnte? War ich so naiv?

Bis zu diesem Zeitpunkt hatte ich mir nie darüber

Gedanken gemacht, was es wohl heißen mußte, gerade in der Nazizeit, aber auch schon früher, keinen jüdischen Staat zu haben. Keine Gewißheit, daß es in brenzligen Situationen, in Zeiten der Pogrome oder der Vernichtung, immer eine Rettung gibt.
Ich versuchte, mich in jenes Lebensgefühl von einst hineinzuversetzen. Es fiel mir überaus schwer. Beklemmungen spürte ich, Bilder und Vorstellungen von Ausgeliefertsein, auf das Wohlwollen der anderen Völker angewiesen sein. Opfer sein, Opfer sein! Kein Wunder, daß sich mit Juden stets das Bild des geduckten Untertanen verknüpfte. Eines Menschen, der schlau und verschlagen seinen Vorteil suchte. In diesem Zerrbild steckt sicherlich ein Gran Wahrheit: Wie anders hätten Juden in all den Jahrhunderten der Verfolgung überleben sollen? Sich wehren? Lauthals protestieren? Vor Gericht gehen? Diese Möglichkeiten bestanden doch nicht in den vorbürgerlichen Gesellschaften. Vogelfrei waren Juden, Geduldete bestenfalls. Mit der Gründung des Staates Israel hatte sich die Situation jedoch gründlich geändert. Ein jiddisches Lied hat sich in einer Strophe dieses ungewöhnlichen Qualitätssprunges ironisch angenommen. Da heißt es:

»Frühere Juden,
die mußten sich sehr plagen,
und ein jeder durfte sie schlagen,
sind ausgeliefert gewesen in der ganzen Welt,
es hat uns an Sorgen gewiß nicht gefehlt.
Nur heut' ist schon alles verkehrt,

der Jud' hat ein Land und 'nen Wert.
Nichts ist mehr so, wie's mal war,
nichts ist mehr so, wie's mal geschah,
heute wagt schon keiner mehr nit'
anzufallen den Jid',
wer uns beißt, kriegt von uns in die Zähn',
der Jud' ist heut' auf der Welt
schon bekannt wie ein Held.
Nichts ist mehr so, wie's mal war,
Ehrfurcht haben sie
jetzt für uns're Armee.
Nichts ist mehr so, wie's mal geschah.«

Ich dankte Gott für diese »Gnade der späten Geburt«. Die absolute Sicherheit zu haben, mir könne nichts geschehen, weil ich immer wüßte, wohin. Diese Gewißheit führt mittlerweile zu einer absurden Verdrehtheit in Gesprächen mit nichtjüdischen Freunden: Jedesmal, wenn wir uns über die politische Entwicklung Deutschlands unterhalten, schauen mich meine Freunde neidvoll an und seufzen: »Du hast es gut, du weißt, wo du im Zweifelsfall hingehen kannst, aber wir? Wohin sollen wir?« Hinter solchen gutgemeinten und sicher auch neidvollen Sprüchen steckt nichts als bodenlose Dummheit. Ich werde dafür beneidet, daß ich »ins Exil« gehen *kann*. Diese guten, liberalen Deutschen machen sich überhaupt keine Gedanken darüber, daß sie in ihrem eigenen Land, in ihrem Staat dafür zu sorgen haben, daß niemand, nicht ich und auch nicht sie, in eine Situation geraten, in der man dieses Land verlassen muß!

Schöne Demokratie! Schönes staatsbürgerliches Bewußtsein!
Natürlich stimmt ihr Gedanke trotzdem: Ich habe ein Land, das mich jederzeit und bedingungslos aufnimmt. Das ist tröstlich und beruhigend. Es macht einem das Leben dennoch nicht einfacher. Denn zeit unseres Lebens stehen wir Juden in Deutschland zwischen zwei Fronten: zwischen dem jüdischen Staat, den es nun endlich gibt, nach dem wir uns 2000 Jahre in tränenreichen Gebeten gesehnt haben, und einem Land, in dem wir geboren wurden. Der angeblichen »Heimat«. Diese Erfahrung ist ebenfalls neu. Die Alternative, die Israel heute den Juden auf der ganzen Welt gibt, führt oftmals zu einem mehr oder weniger verdrängten Schuldgefühl, mit dem die frühen israelischen Regierungen auch gespielt haben. Die Vorwürfe aus Jerusalem und Tel Aviv gegenüber den Juden in aller Welt, ganz besonders aber gegenüber Juden in Deutschland, sollten der Stärkung der eigenen Bevölkerung dienen und noch mehr Juden ins Land holen.
In der Pessach-Liturgie des Seder-Abends und am Ende von Jom Kippur beten Juden in aller Welt den Satz, der alle Hoffnungen und Wünsche, alle Träume, Sehnsüchte und Ängste beinhaltet: »Nächstes Jahr in Jerusalem!« Gemeint ist natürlich die Sehnsucht nach der Ankunft des Messias, der dann alle Juden in Israel versammeln wird: die Zeit des Friedens ist dann gekommen. Die Schwerter werden zu Pflugscharen umgeschmiedet, der Wolf liegt friedlich neben dem Lamm. In der heutigen Zeit hat dieser Satz neue

Sprengkraft erhalten. Vor allem säkulare Zionisten halten Juden in der Diaspora für scheinheilig, wenn sie »Beschana habaa be Jeruschalajim« beten. Yehuda Amichai, der große israelische Lyriker, der in Würzburg geboren wurde und seit mehr als 50 Jahren in Jerusalem lebt, sagte einmal ganz lakonisch: Wenn Juden sich so sehr nach Jerusalem sehnen, dann sollen sie gefälligst zu EL AL gehen, sich ein Ticket kaufen, und in ein paar Stunden sind sie am Ort ihrer Träume.

Doch was tun, wenn dieser Idealismus fehlt? Oder fehlt er vielleicht, weil er zu unbequem ist? Ich habe innerlich immer geschwankt zwischen Israel und Deutschland. Immer wieder hatte ich Anläufe gemacht, in Jerusalem zu leben, immer wieder hatten Zufälle – gibt es sowas überhaupt? – mich zurück nach Deutschland geführt.

In seinem aufsehenerregenden Essay *Das Exil der Juden – eine neurotische Lösung?* geht der israelische Schriftsteller Abraham B. Jehoschua auf die Frage nach der Golah ein. Er hält sie für neurotisch, fordert ihre Aufhebung und will, daß Juden, wie alle anderen Nationen auch, sich endlich in ihrem Staat versammeln, um ihren ungesunden, unnormalen Zustand in der Diaspora endlich zu beenden. Jehoschuas Ausgangspunkt ist die für ihn eindeutige These, daß die Shoa der letzte entscheidende Beweis für das Scheitern unserer Existenz in der Diaspora ist. Er analysiert die Golah, vertritt die Ansicht, daß sie den Juden nicht auferlegt worden sei, sondern sie sich diese selbst eingehandelt hätten, um

schließlich den heutigen Ist-Zustand so zu paraphrasieren:
»Ich bin der Meinung, daß wir es hier mit einem eindeutig neurotischen Verhalten zu tun haben: die Nation haßt die *Golah* und träumt von Eretz Israel, die Nation widersetzt sich dem Exil auf allen Stufen ihrer echten geistigen Aktivität, aber dennoch ist jedes Tun, historisch gesehen, mit der Frage befaßt, wie man es im Exil aushalten und diese gehaßte Existenzform weiter aufrechterhalten kann.«
Jehoschua geht sogar so weit zu fordern, daß Israel den Kontakt mit all jenen jüdischen Gemeinden, die nicht bereit sind, innerhalb einer gewissen Zeit nach Israel auszuwandern, den Kontakt abbrechen soll. Natürlich ist dies auf der realpolitischen Ebene nicht durchführbar und ganz sicher von einer israelischen Regierung, egal, ob links oder rechts, auch nicht gewünscht. Die politischen Verknüpfungen zwischen Diaspora und dem Staate Israel sind eng und vor allem notwendig, um, insbesondere in den USA, israelische Interessen, soweit möglich, durchzusetzen. Ich hatte Jehoschuas Essay vor mehreren Jahren gelesen und fühlte mich provoziert. Eine innere Stimme hämmerte dauernd auf mich ein: Er hat recht, der Mann hat recht, du weißt es, du bist nur zu feige, diesen Schritt zu vollziehen. In Jehoschuas Überlegungen steckt viel Zündstoff, greift er doch den heikelsten Punkt der jüdischen Diasporaexistenz an. Als ich Jehoschua 1989 endlich kennenlernte, gerieten wir bald in eine heftige Diskussion um dieses Thema. In einem Hotelzimmer saßen sich der sefardische

Israeli, dessen Familie bereits seit fünf Generationen in Eretz Jisrael lebte, und der Diaspora-Jude aus Deutschland, dessen Familie aus Ungarn und der Tschechoslowakei stammt, gegenüber. Jehoschua hatte sich schon bald sein Jackett ausgezogen, die Ärmel hochgekrempelt und begab sich mit mir, der Zielscheibe seiner Vorwürfe, in den Ring. Der Kampf konnte beginnen. Vehement und aggressiv ging er auf mich los: »Wir dürfen uns doch nichts vormachen, der Galut war ein einziger großer Fehler des Judentums. Irgend etwas stimmt nicht in unserem Selbstverständnis. Kannst du dir einen Deutschen vorstellen, der ›nächstes Jahr in Nicaragua‹ betet?« Seit Jahrtausenden wären Juden quer durch die Welt gewandert, nur nach Israel seien sie nicht gegangen, selbst wenn sie die Möglichkeit dazu gehabt hätten. Denn immer hätten die Juden den Nichtjuden gebraucht, um ihr Auserwähltsein zu spüren, ihre Identität zu bestätigen – »da ist doch etwas defekt!« Ungeniert sprach er von »Genmanipulation«, die er, wenn auch nur auf geistiger Ebene, zur Änderung dieses Zustandes hier für angebracht hielte.

Jehoschua forderte mich auf, mich doch in der Welt umzusehen: »Wie schaut es denn aus? Der Traum Chomeinis ist, die ganze Welt möge islamisch werden, der Traum des Papstes, jeder möge an Jesus Christus glauben. Fragt man jedoch den Oberrabbiner von Israel, dann wäre er sicher entsetzt von der Idee, die ganze Welt könnte jüdisch sein. Dann wären wir ja nicht mehr das auserwählte Volk!« Ich fragte ihn, ob er denn nicht glaube, daß gerade ein fehlender

Panjudaismus die Stärke jüdischen Denkens sein könnte. Doch das akzeptierte er nicht. Ebensowenig interessierte ihn die Verkündigung, nach der Ankunft des Messias werde jedes Volk Gott im jüdischen Sinne erkennen. Ausdrücklich wandte er sich gegen die Orthodoxie, da sie immer für alles eine Erklärung habe, selbst für Auschwitz. Das religiöse Verbot, einen jüdischen Staat vor der Ankunft des Messias zu gründen, hatte in seinen Augen die jüdische Neurose noch gefördert. Ihm dagegen gehe es um ein äußerst säkulares Hier und Jetzt. Metaphysik sei seine Sache nicht. Konsequent machte Jehoschua die großen jüdischen Führer der Vergangenheit mitverantwortlich für die Shoa als Gipfelpunkt einer Jahrtausende währenden Verfolgung. Kurzerhand versammelte er sie um sich herum: »Nehmen wir doch einfach mal Moses, Jesaia, Rabbi Jochanan ben Sakkai, den Baal Schem Tow, Mendelssohn und so weiter, setzen wir sie einfach dahin und zeigen ihnen: Bitte, das ist Auschwitz, das ist das Ergebnis der Diaspora!« Jehoschua hatte keinen Zweifel, wie die großen Führer der Geschichte reagieren würden: »Moses wäre doch ins Heilige Land eingewandert und hätte sich dort begraben lassen, Sakkai hätte die religiösen Vorschriften so geändert, daß man nicht nur zehn, sondern tausend Männer zum Gebet brauchte, kurz, man hätte das territoriale Element in der jüdischen Identität viel stärker betont und es den Nachkommen somit erschwert, einfach woanders hinzugehen.« Die Betonung des territorialen Elementes stieß mir auf. Ich konnte und wollte diese Form des Nationalismus, der Blut-und-Boden-Ideologie nicht akzeptieren. Ich hielt ihm vor, daß er den Galut überhaupt nicht nachvollziehen könne. Ihm fehle ganz einfach die Erfahrung. Die Zugehörigkeit zu einem Land, zu einem Fleckchen Erde, möge für ihn ja eine absolute Selbstverständlichkeit sein, aber indem er die Erfahrung des Exils nicht gemacht habe, gehe ihm natürlich ein »jüdisches« Lebensgefühl ab, das das Judentum über Jahrtausende geprägt hatte. Auch warf ich ihm Geschichtsklitterung vor. Israel war ja durchaus nicht immer so leicht zu erreichen, wie er das behauptete. Was blieb dem Judentum also übrig, als seine Identitätsproblematik in der Diaspora völlig anders zu lösen? Der nationale Gedanke, in Israel selbstverständlich Ausgangspunkt jeglicher Diskussion, konnte so nicht zum Überleben beitragen. Die Religion als Basis der Gemeinsamkeit bei gleichzeitiger bürgerlicher Treue und Zugehörigkeit zum Gastland schien lange die ideale Lösung eines immer schon bewußten Dilemmas. Jehoschua schaute mich belustigt an, grinste und fegte alle meine berechtigten, historisch gültigen Gegenargumente einfach vom Tisch: Der Beweis für das Scheitern dieses Konzeptes sei die Shoa. Und dann setzte er noch einen drauf: »Den Juden in der Diaspora, vor allem euch Juden in Deutschland, ist die Shoa völlig gleichgültig, sonst würdet ihr nicht hier leben.« Und dann machte er die Juden im Ausland gleich noch mitverantwortlich für eine neue Endlösung, die auf Israel zukommen könnte, da sie nicht in Eretz Jisrael leben wollten und der jüdische

Staat somit schon rein demographisch schwach bliebe.
Was ich auch sagte, ich drang nicht durch, die Kraft meiner Argumente wurde jedoch mehr durch meinen eigenen Zweifel als durch Jehoschuas Thesen geschwächt.
In seinem Essay beschreibt Jehoschua aus seiner Sicht, was in der jüdischen Geschichte der Grund sei, daß sich Juden, so wie ich einer bin, nicht auf den Weg nach Israel machten. Dabei spitzt der Schriftsteller die Problematik der Diasporaexistenz natürlich aus einer sehr zionistischen Sicht zu:
»Das jüdische Volk wurde nicht in seinem eigenen Land geboren. Die elementare, primäre Bindung zwischen einem Volk und seinem Heimatland ist für uns nicht die natürliche. Unser Nation-Sein entstand in der Golah, und die Golah als der Schmelztiegel unserer Geburt hat Auswirkungen bis in die kleinsten Zellen unseres Wesens. Man bedenke darüber hinaus, daß die Thora diesem Volk nicht in Eretz Israel übergeben wurde, sondern in der Wüste. Nochmals: Die Thora – das Wertesystem, in dem unsere Identität und der Sinn unseres Lebens festgelegt wird, wurde uns nicht in Eretz Israel gegeben. Die spezielle Bindung zwischen dem Volk und seinem Gott hat ihren Ursprung in der Wüste, im Niemandsland, in der Region zwischen der Golah und Eretz Israel. (…) In der Wüste befinden wir uns in einem Zwischenstadium zwischen Tod und Leben. Die Wüste ist auch ein Ort des Todes, und an diesem Ort erfährt eine junge Nation geistige Belebung. Die Wüste ist überdies ein

steriler Ort, unberührt und rein, an dem sich die Nation für die Ankunft im Land vorbereitet. Und Gott verlangt peinlichst genaue Vorbereitungen, denn der Einzug ins Land ist von höchster Bedeutung. (...) Strenge Bedingungen sind im Zusammenhang mit der Verheißung des Landes festgelegt, denn durch die Machtausübung allein kann ein Verbleiben im Land nicht gewährleistet werden. Das ist nur möglich, wenn die Nation auf die Stimme Gottes hört und seine Gebote beachtet. Geschieht dies nicht, so werden die schwersten Bestrafungen über sie kommen, von denen die schlimmste die Vertreibung aus dem Land ins Exil ist. (...) Schon dem frühen Bewußtsein des Volkes hat sich eingeprägt, daß das Exil nicht durch äußere Kräfte verursacht wird, sondern durch seine eigenen geistigen Übertretungen (...) Die Nation hat deshalb Angst, das Land zu betreten. Das Wort ›Furcht‹ bildet den Schlüssel für das Verständnis der Beziehung des Volkes zu Eretz Israel. Die Nation fürchtet, nicht fähig zu sein, den schwierigen Bedingungen gewachsen zu sein, die Gott unserer Existenz in diesem Land auferlegt hat.«
Als der jüdische Staat mit der Zerstörung des Tempels 70 nach Christus endgültig untergegangen war, hatte Rabbi Jochanan ben Sakkai mit Genehmigung Roms eine Akademie in Jabneh gegründet, um das Judentum auf eine Zeit des Exils vorzubereiten. Er begann, die mündlich überlieferten Texte niederzuschreiben und einen Gottesdienst außerhalb des Tempels zu organisieren. Dazu Jehoschua: »Sein Schritt diente der Vorbereitung einer reinen Exilexi-

stenz, in der sogar die Golah-Zentrum-Polarität aufhören würde zu bestehen. Die neue Thora ist tatsächlich in gewisser Weise eine Rückkehr zu der Situation in der Wüste; das heißt, das Volk, das es zweimal nicht geschafft hatte, in Unabhängigkeit zu leben und jetzt sein Land erneut verlor, bereitet sich wieder auf die Rückkehr vor. Diesmal allerdings sind die Vorbereitungen ernsthaft und in gewissem Sinne sogar endlos: völlige Erlösung, das Ende der Geschichte, das Ende der Tage.«

Die radikale These Jehoschuas besticht, und ich gebe gerne zu, daß ich ihr in vielen Teilen folgen kann. Aber ach, zwei Seelen wohnen in meiner Brust! Noch im Frühjahr 1993 hatte ich in einem Artikel die Gegenposition eingenommen. Angesichts des wachsenden Rechtsradikalismus in Deutschland wollte ich den Gedanken der Aufklärung, des Liberalismus einfach nicht aufgeben. Ich schrieb damals:

»Was soll in unserer vielfach und kompliziert verknüpften Welt der entsetzliche Heimatbegriff noch taugen? Und warum muß ich als Jude meine Heimat geographisch definieren? Andererseits, was kann ich von *diesem* Land schon erwarten, wenn deutsche Politiker immer noch unschuldig und unreflektiert von ›unseren jüdischen Mit-Bürgern‹ sprechen. Regierung und Opposition haben ihre Lektion in Sachen Demokratie immer noch nicht gelernt. Die Idee des ›Bürgers‹, des *citoyen*, ist die Basis gleichberechtigten und friedlichen Miteinanders unterschiedlichster Kulturen. Solange aber Juden und andere ›Minderheiten‹ – wie aber kann es in einer demokratischen

Gesellschaft Minderheiten geben? – Mit-Bürger bleiben (inklusive des Possessivpronomens ›unsere‹), solange in Deutschland nach wie vor eine Blutpolitik in Sachen Einbürgerung betrieben wird, solange Zehntausende von Kindern türkischer ›Gastarbeiter‹, die in diesem Land ebenso geboren sind wie ich, nicht automatisch als deutsche Staatsbürger akzeptiert werden, solange kann dieses Land nicht von einer offenen und pluralistischen und, vor allem, von einer wirklich demokratischen Gesellschaft sprechen.

Nationales Denken hier, nationales Denken aber auch in Israel, überschattet die Möglichkeiten, die sich Juden derzeit bieten. Denn jetzt wäre der Augenblick da, die inneren Ghettomauern endgültig einzureißen. Jetzt käme es darauf an, sich des wirklichen, sinaitischen Auftrags zu besinnen. Die Nation-Werdung des jüdischen Volkes vollzog sich nicht im Lande Israel, sondern in der Wüste, auf exterritorialem Gebiet also. Einem höheren ethischen Prinzip verpflichtet, mußte das jüdische Volk 40 Jahre durch den Sinai wandern, bis eine neue, eine freie Generation herangewachsen war, die nicht mehr als Sklaven in Ägypten gelebt hatte, die aber auch nicht an die Bequemlichkeit der ägyptischen Fleischtöpfe gewohnt war. Zunächst frei von Land und Besitz, sollte die jüdische Nation ihr ethisches Ideal verwirklichen. Im Lande Israel, gewiß. Doch mit der ›Verstaatlichung‹ der Hebräer begann bereits ihr Untergang. Und erst die Reanimation des geistigen Prinzips in der Diaspora garantierte das Fortbestehen dieses Volkes. Das ›Jüdische‹, das in Zeiten der Sinnkrisen

der christlich-abendländischen Zivilisation leicht zur Metapher für eine schwer zu durchschauende Moderne, das Antinationale, das Kosmopolitische wird, sollte Juden in Deutschland zur Erinnerung dienen, sich in diesen Zeiten supranational zu verstehen und sich einem radikalen Humanismus zu verpflichten, der sich jenseits von Ghettomauern und Glaubensfragen am Auftrag vom Sinai orientiert. Dieser kennt keine von Menschen gezogenen Grenzen. Er ist im wahrsten Sinne des Wortes universal.
Vor allem Zionisten werden mir nun gerne vorhalten, ich sei ein Phantast und ein Träumer, der die Geschichte seines Volkes wohl immer noch nicht begriffen habe: meine humanistischen Anwandlungen würden von der nichtjüdischen Umwelt immer nur mit Verfolgung und Vernichtung beantwortet.
Ich weiß das und mache mir auch keinerlei Illusionen, gerade hier und jetzt nicht. Ich vertraue dem anheimelnden Kerzenschein auf Massendemonstrationen ebensowenig wie den floskelhaften Lippenbekenntnissen des Herrn Bundeskanzlers, daß die Ausschreitungen ›eine große Schande für Deutschland‹ seien. Doch wenn ich mich gerade heute als ›Untermieter‹, als ›Gast‹ dieses Staates verstünde, dann wäre diese Haltung in seiner politischen Dimension nicht nur äußerst gefährlich, sondern ich würde damit jegliches Fundament der Demokratie untergraben. Die Gemeinschaft der Bürger dieses Staates – das ist die einzige Form der Zuordnung, die heute noch Bestand haben dürfte.«
Diese Haltung wirkt aufgeklärt und vernünftig. Es ist

eine Haltung, die man in Deutschland, gerade unter den Intellektuellen, gerne hört und sieht, trotz diverser »Bocksgesänge« und anderer neonationalistischer Anfälle einiger Altachtundsechziger. Die Zustimmung, die ich von vielen Seiten erhielt, war schön und ermutigend, doch wirklich freuen konnte ich mich darüber nicht. Meine Gedanken, die ich ganz im Stile eines 2000 Jahre alten jüdischen Geistes der Humanität geschrieben habe (so läßt sich die deutsche Presse gerne aus, wenn sie Israel mit ihrer Palästinenserpolitik beschuldigte, »unjüdisch« zu handeln), diese Gedanken hatten bereits eine Hintertüre für sich eingebaut. Denn ganz am Schluß des Artikels schrieb ich weiter:

»Und wenn eines Tages die braune Götterdämmerung doch noch über Deutschland hereinbricht, dann werde ich woanders hinziehen und meinen Kampf von neuem aufnehmen. Was soll's? Die Ironie der Geschichte will es, daß diesmal Juden einen Ort haben, wohin sie jederzeit gehen können.«

Jehoschua würde in schallendes Gelächter ausbrechen. Siehst du, würde er sagen, was nutzen schöne Worte, wenn sie die Sicherung jüdischen Lebens nicht garantieren können? Und vor allem: wenn man dadurch – durch diese grandiose, idealistische, supranationale Haltung – stets in der altgewohnten Abhängigkeit anderer Völker bleibt, die sich einen feuchten Kehricht um deine hehren Gedanken und Gefühle scheren, sondern ausschließlich an den eigenen Interessen orientiert sind. Und dabei stören Juden immer. Das hat die Geschichte längst bewiesen!

Doch andererseits würde ich ihm wieder nur entgegenhalten, daß es in Israel eine Form des Nationalismus gibt, die ich einfach nicht ertragen kann. Ich habe so meine Probleme mit einem Nationalismus, der militant und ungerecht, aggressiv und menschenfeindlich ist. Das kann ich nicht akzeptieren, nicht in Deutschland, nicht in Israel, nirgendwo. Na, dann komm' doch her und kämpfe mit uns für eine bessere Gesellschaft, würde Jehoschua erwidern. Es ist die Quadratur des Kreises: Die Diskussion, die ich mit Jehoschua führe, ist eine Diskussion, die ich mit mir selbst führe, Tag für Tag. Diese Ambivalenz zu ertragen, fällt schwer. Doch ist sie Teil einer deutsch-jüdischen Realität, die nun einfach nicht auszulöschen ist. Unsere Eltern hatten uns stets die gleiche Botschaft mit auf den Weg gegeben: Es kommt alles wieder, auf die Gojim kann man sich einfach nicht verlassen. Dennoch sind sie in Deutschland geblieben. Und den Druck, den sicher auch sie in ihrem Inneren verspürt hatten, wahrscheinlich noch schmerzhafter und gequälter, als wir Nachgeborenen uns das vorstellen können, dieser Druck wurde von außen noch verstärkt. In den fünfziger und sogar noch sechziger Jahren war es tatsächlich so, daß Juden, die sich noch in Deutschland aufhielten, von ihren Glaubensbrüdern weltweit geächtet wurden. Im August 1950 kam es sogar zu einem Ultimatum von seiten der Jewish Agency. Sämtliche Juden hätten innerhalb von sechs Wochen Deutschland zu verlassen. Wer sich danach noch in Deutschland aufhielte, würde nicht mehr als Jude akzeptiert und könnte bei einer späteren Einwanderung nach Israel nicht mehr mit entsprechenden Vergünstigungen rechnen. Noch 1972 hatte Hans Lamm in einem Artikel den Vorwurf aus dem Ausland gegen die Juden in Deutschland aufgreifen müssen: »Unsere Gemeinde ist nicht besser, aber auch nicht schlechter als andere Gemeinden. Wir sind sicherlich besser als unsere Reputation in Israel und sonstwo.«

Der World Jewish Congress weigerte sich ursprünglich, in seinen Reihen eine Delegation von Juden aus Deutschland aufzunehmen. Diese Ächtung wurde zwar mit der Zeit allmählich gelockert, ja sogar aufgehoben, doch erst mit der Tagung des WJC im wiedervereinten Berlin 1990 wurde die Existenz der Juden in Deutschland nicht nur pragmatisch akzeptiert, sondern sozusagen sanktioniert.

Diese späte »Anerkennung« änderte jedoch nichts daran, daß sich Juden in Deutschland immer schuldig fühlen. Um dieses Schuldgefühl einigermaßen zu kompensieren, mußten sie in der BRD geradezu linientreu zionistisch werden: Wohl kaum eine jüdische Gemeinschaft in der Welt hatte Israel so gnadenlos treu die Stange gehalten wie die in Deutschland. Selbst in den USA gab es stets Gruppierungen, die die israelische Politik kritisierten, die dagegen protestierten, daß amerikanische Juden zu einer Art verlängertem Arm der israelischen Regierung umfunktioniert wurden. Und in jüngster Zeit gibt es bereits erste theoretische Ansätze, in denen sich namhafte jüdische Theologen und Wissenschaftler mit der Frage nach der Zukunft der jüdischen Gemeinden in den

USA auseinandersetzen und eine Abkehr vom Zentralismus fordern, also eine Loslösung der Fixierung der amerikanischen Gemeinden auf Israel. Ein neuer Weg, ein amerikanischer Weg, müsse gesucht werden, um das US-Judentum sinnvoll ins nächste Jahrtausend zu führen. Davon kann in Deutschland keine Rede sein.

Die Hörigkeit, die hundertprozentige Unterstützung des Staates Israel, die Vermeidung jeglicher Kritik resultiert aber auch aus der Angst, daß ebensolche Kritik sofort von deutscher Seite instrumentalisiert wird, um den eigenen Antisemitismus und Antizionismus zu stärken, nach dem Motto: Selbst die Juden sind gegen Israel, also warum sollen wir das nicht auch dürfen!

Israel war eine innere Option, weil man sich mit der Bundesrepublik einfach nicht identifizieren mochte und konnte. Während amerikanische Juden sich ohne weiteres als Bürger ihres Staates, als Teil der amerikanischen Nation verstehen und somit Israel als wichtigen Pfeiler ihrer jüdischen Identität begreifen, aber nicht unbedingt als Ort, an dem sie leben *müßten*, ist das in Deutschland nur schwer möglich. Die Folge war, daß sich jahrzehntelang jüdische Funktionäre in der Bundesrepublik als Anwälte des jüdischen Staates verstanden.

Doch die Vasallentreue der Juden in Deutschland zu Israel, die an die Bündnistreue so mancher kommunistischer Parteien im Westen gegenüber Moskau erinnert, die dem Kreml noch hörig waren, als das eigenen Volk längst daranging, den Kommunismus

in der UdSSR abzuschaffen, diese Vasallentreue brachte den Juden hierzulande nichts ein.
Das englischsprachige israelische Magazin *The Jerusalem Report* brachte 1991 eine Titelgeschichte über Juden in Deutschland mit der Headline: »What are they doing there?« Und bis heute hat sich die »internationale Werteskala« der Juden erhalten: Ganz oben steht natürlich der Israeli, der mit der Waffe in der Hand und seinem eigenen Leben das Heilige Land verteidigt, ganz unten steht der Jude aus Deutschland, der im Land der Mörder lebt und sein Volk, seine toten Brüder und Schwestern, letztlich sich selbst verrät.
Nach den Brandanschlägen von Rostock und Mölln im Jahre 1992 hatte die israelische Erziehungsministerin Shulamit Aloni einen Appell an die 40 000 Juden in Deutschland gerichtet, was sie denn eigentlich noch da zu suchen hätten. Parallel erschien in der israelischen Tageszeitung *Jedioth Achronoth* am Ende eines Kommentars zu den neonazistischen Umtrieben ein Aufruf an die deutschen Juden, sie sollten doch endlich in ihre »alte Heimat zurückkehren«.
Erst in jüngster Zeit wagt die jüdische Gemeinde allmählich, aus dem Windschatten von Israel herauszutreten. Wir, die Zweite Generation, haben diesen Schritt allmählich, unter Schmerzen und vielen Blessuren, vollzogen. Erste Versuche waren in den siebziger Jahren unternommen worden, als so manche linken Juden sich mit der deutschen Linken verbündeten und sich mit den Palästinensern solidarisierten. Die Reaktionen dieser linken Renegaten und der

jüdischen Gemeinden waren entsprechend hysterisch. Viele junge Juden liefen plötzlich mit Palästinensertüchern herum, wiederholten die antizionistischen Parolen ihrer deutschen »Genossen« und versetzten ihren Eltern, die aus den KZ gekommen waren, beinahe den Todesstoß. Es war eine Auseinandersetzung, die aus der Vergangenheit resultierte: Die deutsche Linke, die sich verzweifelt von den faschistischen Eltern abzusetzen versuchte und gerade deshalb oftmals die antisemitische Propaganda von einst in einer neuen »sozialistischen« Version wiederholte, auf der einen Seite, junge Juden, die aus dem Schatten des Opferdaseins herauswollten und sich als freie, selbständige und offene Weltbürger verstehen wollten, auf der anderen. Der Versuch einer Befreiung von der Geschichte stieß ins Leere. Dies wurde evident, als sich die antisemitischen Unterströmungen in der deutschen Linken manifestierten, als jüdische Journalisten den Zusammenhang zwischen Antizionismus der deutschen Linken mit dem Antisemitismus ihrer NS-Eltern nachwiesen. Die Gemeinsamkeiten waren in dem Augenblick vorbei, als das Existenzrecht Israels in Zweifel gezogen wurde. Viele Veranstaltungen linker Organisationen in den siebziger und achtziger Jahren beschäftigten sich ausführlich mit dem Palästinenserproblem. Um der sogenannten demokratischen Ausgewogenheit willen wurden Juden gerne zu solchen Veranstaltungen eingeladen, damit sie sich äußern könnten.

Vor einigen Jahren lud mich eine Friedensinitiative ein, im Rahmen einer Veranstaltung über die Intifada

zu sprechen. Ich lehnte dankend ab, mußte mir jedoch den Vorwurf gefallen lassen, daß ich kein Demokrat sei, weil ich mich ganz offensichtlich dem Problem nicht stellen wolle und vor allem ein Gespräch mit einem palästinensischen Partner verweigere. Auf meinen Hinweis, daß ich kein Israeli sei und ich auch nicht einsähe, warum ich den Nahostkonflikt vor einem deutschen Publikum lösen solle, wurde nur mit geballter Aggression reagiert: Es fielen einige antisemitische Äußerungen, doch das verwunderte mich nicht.
Eine der eklatantesten Erfahrungen mit dieser doppelten und fehlgeleiteten Loyalität mußte der schon öfters erwähnte Micha Brumlik während des Golfkriegs 1991 machen. Brumlik, damals Abgeordneter der Grünen im Frankfurter Römer, erlebte sein blaues Wunder, als seine Partei sich in einer Abstimmung dagegen entschied, dem Staat Israel »Patriot«-Abwehrraketen zu schicken. Erst als Brumlik drohte, die Partei zu verlassen, fiel das Wahlergebnis für eine Entsendung dieser Abwehrwaffen aus. Doch Brumliks Vertrauen in die Grünen war zerstört. Nach einiger Zeit trat er aus der Partei aus.
Mittlerweile hat sich aber auch der Zentralrat der Juden in Deutschland mit Israel angelegt. Die Auswanderungswelle sowjetischer Juden Ende der achtziger Jahre, die Tausende von Menschen nach Deutschland brachte, führte zu einem offen ausgetragenen Konflikt zwischen dem Zentralrat und Israel. Israel forderte die Bundesregierung auf, keine sowjetischen Juden ins Land zu lassen, da es schließlich den

Judenstaat gebe, der sie bereitwillig aufnehme. Außerdem sah Israel es nicht besonders gerne, daß noch mehr Juden in das Land der Täter einwandern wollten. Der Zentralrat mußte da ganz anders entscheiden. Man rief Juden aus der Sowjetunion nicht dazu auf, nach Deutschland zu kommen, aber die jüdischen Gemeinden konnten den russischen Juden ihre Unterstützung natürlich nicht versagen, wenn sie unbedingt nach Deutschland wollten. Gegenüber der Bundesregierung argumentierte der Zentralrat aufgrund der NS-Vergangenheit völlig gegensätzlich: Gerade weil Deutschland so viel Schuld auf sich geladen hatte, sollte es jetzt, wo Juden aus Vertrauen in die Demokratie des neuen deutschen Staates in die Bundesrepublik einwandern und Schutz finden wollten, ihnen den Schutz auch gewähren. Das sei gerade nach der Tragödie der Shoa eine moralische Verpflichtung.

Während in der jüdischen Welt die Verwunderung und auch der Ärger wuchsen, wieso Juden ausgerechnet nach Deutschland wollten, war auf deutscher Seite immer schon ähnliches zu beobachten. So mancher Deutsche fragte mich und viele andere Juden, wie wir hier nur leben könnten. Allerdings hatte der jüdische Psychoanalytiker Sammy Speier dafür die ideale Antwort parat: Als er nach einem Vortrag von einer besorgten deutschen Zuhörerin gefragt wurde: »Wie halten Sie es hier nur aus?«, fragte er ganz lakonisch mit der typisch jüdischen Form einer Antwort, einer Gegenfrage nämlich, zurück: »Und Sie, wie halten Sie es denn hier aus?«

Das löst natürlich nicht unser Problem hierzulande, und selbst ein intelligenter und psychologisch so geschulter Mann wie Sammy Speier wird auch nur schwer mit dem geistigen Spagat fertig, den wir alle täglich üben. Doch es ist wahrscheinlich die einzig konsequente Antwort gegenüber solch »gutgemeinten« Fragen.
Die wundersame Beziehung zu Israel, die in der einen oder anderen Form jeder Jude in sich trägt, beginnt bereits in der Kindheit. Die Einführung in die Thora war für uns wie eine Einführung in die Grimmschen Märchen oder in die Welt von 1001 Nacht. Mit dem Unterschied, daß die Welt der Thora »wahr« ist: Die Offenbarung ist ein Wunder, das um so größer ist, als der Wahrheitsgehalt dieses wunderbaren »Märchens« von unseren Eltern und Religionslehrern garantiert ist. Die Landschaft des biblischen Israel wurde uns Kindern bald ebenso vertraut wie die Prärie und die Schluchten der amerikanischen Wildnis bei Karl May. Zusammen mit unserem Urvater Abraham wanderten wir durch Kanaan, zogen mit ihm nach Ägypten, liefen mit Moses durch die Wüste und folgten unserem König David durch die Täler und Oasen Judäas und Samarias. Rasch wußten wir, wie dieses Land aussieht, wie es sich anfühlt, wie es riecht, wir kannten seine Farben, seine Hitze. Und über allem schwebt obendrein der Geist Gottes. Dort ist er sogar sichtbar, hörbar. Und noch ehe wir die nähere Umgebung unserer Geburtsstadt kannten, noch ehe wir wußten, daß der Fluß, an dem wir im Sommer zum Baden gingen, Spree, Main oder Isar

heißt, wußten wir längst alles über den Jordan und den Nil, über das Rote und das Tote Meer.

In seinem Roman *Stichwort: Liebe* erzählt der israelische Schriftsteller David Grossman die Geschichte des kleinen Momik, der irgendwo im Israel der fünfziger Jahre lebt. Im Keller seiner Wohnung züchtet er die Nazibestie. Er will wissen, was das für ein Tier ist, von dem die Erwachsenen geheimnisvoll erzählen. Und er hat Angst vor jenem Lande »Dort«, von dem die Alten ebenfalls ständig reden. Im Lande Dort spielten sich all die geheimnisvollen und grausamen Dinge ab, die die Nazibestie gegen die Juden unternommen hat.

Das Land Dort – dieser bei Grossman metaphysische, abstrakte Raum ist mein reales Land Hier. Das Land Dort – das war umgekehrt für mich immer Israel. Ebenfalls ein metaphysischer Raum, etwas Idealistisch-Unwirkliches, ehe ich es zum erstenmal mit eigenen Augen gesehen hatte. Doch die zahlreichen Reisen, die ich nach Israel unternahm, waren nicht geeignet, mir dieses Land wirklich nahezubringen. Man reiste nach Israel wie an irgendeinen anderen Ort als Tourist – und doch auch wieder nicht. Man wohnte im Hotel, ab und zu bei Verwandten, fuhr durchs Land und besuchte die Orte, die einem von Kindesbeinen an vertraut waren. Aha, so sehen die judäischen Berge aus, ach, und dort ist ja die Höhle Machpela, wo Abraham begraben liegt. Für viele Juden ist die Reise nach Israel eine »sentimental journey«. Man fährt »heim« ins Gelobte Land, freut sich über die Errungenschaften und Leistungen des eigenen Volkes, ist stolz auf »unsere Jungs« – gemeint sind die Soldaten – und fährt, braungebrannt, erholt und wieder vollgepumpt mit echt jüdischem Nationalstolz zurück nach Deutschland. Denkt sich noch im Flugzeug, daß es doch eigentlich viel besser wäre, in Israel zu leben als in diesem vermaledeiten Teutonien. Verläßt das Flugzeug, kommt nach Hause – und steckt am nächsten Morgen wieder in der altgewohnten Arbeit. Das sehnsüchtige Gefühl nach Kibbutz, Orangen, Klagemauer und dem Strand von Tel Aviv hält noch ein paar Tage an, und dann bröckelt es allmählich wieder ab, bis zu dem Augenblick, wo man wieder brav sein »Nächstes Jahr in Jerusalem« aufsagt. Für viele Juden in diesem Land müßte der Satz längst umgeschrieben werden in ein flapsiges: »Nächstes Jahr im Hilton Tel Aviv!« Das entspricht der Wahrheit sehr viel mehr als die zionistisch-religiöse Sentimentalität.

Die Realität Israels ist hart und bitter. Und wir alle wissen das. Die politische Situation, die wirtschaftliche Lage, die sengende Hitze, das sind nur einige wenige Schwierigkeiten, die den Neueinwanderer erwarten. Das wilde Sammelsurium an Juden aus mehr als 120 Ländern, der kulturelle »Gap« zwischen Höhlenjuden aus dem Atlas und Juden aus Manhattan, zwischen dem jüdischen Grandseigneur aus Bagdad und dem jiddischen Bettler aus dem polnischen Stetl ist gewaltig und nur langfristig zu überwinden. Und das wichtigste: Israel ist schon lange nicht mehr der südlichste Zipfel Europas. Die Vorstellung, die so vielen Juden und Nichtjuden im

Kopfe herumspukt, dieses Bild des osteuropäischen Kibbutzniks, des deutschen Emigranten, der daheim in Leipzig im Gewandhausorchester die Bratsche gestrichen hat und nun auf der Dizengoff Eis verkauft, diese romantische Täuschung gibt es schon längst nicht mehr. Den überwiegenden Teil der Bevölkerung bilden Sefardim, Juden aus den arabischen Ländern, und auch die bereits in Israel geborenen Kinder ehemaliger europäischer und amerikanischer Juden sind längst mit den Klängen und Gerüchen des Orients vertraut. Die geistige und kulturelle Kluft zwischen Diaspora und Israel wird immer größer. Israel liegt in der Levante, da gibt es nichts daran zu rütteln. Und damit wird es uns europäischen Juden immer fremder.

Dennoch gibt es ganz unbestreitbar diese Sehnsucht nach Zion. In der Jugend dachte jeder mal mehr, mal weniger daran, nach Israel auszuwandern. Wir gehörten zur ZJD, der Zionistischen Jugend Deutschlands, lernten Hebräisch, sangen die Lagerfeuerlieder der Kibbutz-Bewegung und fühlten uns mitten im gemütlichen Deutschland schon ganz heftig israelisch. Die wenigsten von uns wanderten tatsächlich aus. Und von diesen blieben nicht viele, sie zogen weiter nach New York oder Los Angeles, nach Toronto oder Montreal.

Um aber mit der realen Situation in Deutschland einigermaßen zurechtzukommen, um die innere Spannung, nun einmal im Lande der Mörder zu leben, zu ertragen, mußten wir uns Israel weiter als das wunderbare Land »Utopia« vorstellen. Ein jüdisches

Utopia, das genauso weit weg war, wie zu den Zeiten, als es den jüdischen Staat noch nicht gab. Warfen wir unseren Eltern vor, daß sie nicht nach Israel ausgewandert waren, so sind wir längst in der gleichen Situation und gebrauchen die gleichen Ausreden wie sie. Mit zwei Unterschieden: Wir sind keine Opfer der Shoa, und wir wurden bereits in Deutschland geboren. Zumindest teilweise sind wir in der Bundesrepublik zu Hause. Wie sehr dies der Wahrheit entspricht, wird mir jedesmal wieder deutlich, wenn ich in Israel mit gleichaltrigen Bekannten zusammenkomme. Sie alle haben mindestens drei Jahre Armee hinter sich, meistens haben sie einen oder mehrere Kriege mitgemacht. Sie interessieren sich überhaupt nicht für das Ozonloch oder die Atomkraft. Ihre Probleme und Sorgen sind handgreiflich, tachles. Was ist dein Problem? FCKW? Laß mich in Ruh' mit dem Quatsch, letzte Woche wurde mein bester Freund auf Patrouille von einer Bombe zerfetzt!

Als ich 1987 eingeladen war, am Institut für Germanistik der Hebräischen Universität Jerusalem einen Vortrag über die Fassbinder-Affäre zu halten, war ich ganz aufgeregt, bereitete mich präzise vor, um auf alle Fragen und Eventualitäten gefaßt zu sein. Ich war überzeugt, daß es zu einer heftigen und leidenschaftlichen Diskussion kommen würde, schließlich hatte der Skandal die gesamte deutsche Republik erfaßt. Doch im Hörsaal herrschte lediglich freundlich-höfliches Interesse. Die israelischen Studenten sprachen gut Deutsch, hatten also keinerlei Probleme zu verstehen, was ich da sagte, aber ich sprach wie durch eine Glaswand zu ihnen. Sie interessierten sich für dieses Ereignis etwa so sehr wie für die napoleonischen Kriege. Sie konnten meine Aufregung nicht begreifen. Ich spürte, daß sie die Äußerungen und Zitate deutscher Intellektueller nicht im richtigen Kontext erfassen konnten, und selbst wenn, ja mein Gott, das ist Deutschland, das ist Tausende von Kilometern entfernt. Ich wurde unruhig, war ganz enttäuscht, denn ich hatte gehofft, hier unter »meinesgleichen« Verständnis, Konsens zu finden. Schließlich meldete sich ein Zuhörer, ein junger Mann, und fragte mich nach einigen Aussagen Günther Rühles, die ich in meinem Vortrag gar nicht erwähnt hatte. Na endlich, da war ja der Gesprächspartner, den ich mir so sehnlichst in diesem Seminar gewünscht hatte. Ich antwortete ihm prompt, er reagierte mit neuem Detailwissen, kannte den Leserbrief von Peter Zadek, in dem er gefordert hatte, gerade weil das Stück antisemitisch sei, müsse es gespielt werden, er wußte auch alles über die Diskussion der siebziger Jahre um das Fassbinder-Stück. Flugs waren wir miteinander in eine rasante Debatte geraten, die anderen Israelis hörten aufmerksam zu, konnten uns beiden aber bald nicht mehr folgen, da sie Konnotationen, Zusammenhänge und Hintergründe nicht mehr verstanden. Ich war ganz erleichtert und froh. Bewunderte das tadellose Deutsch dieses jungen Mannes. Schließlich war die Diskussion beendet, die Studenten bedankten sich, gingen auseinander. Ich wollte sofort zu dem jungen Israeli hinstürzen, da war er bereits am Pult und stellte sich vor: »Ich heiße Thomas und komme aus Deutschland.« Thomas war Gastdozent am Institut, hatte in Hamburg promoviert und war ein hundertprozentiger Goj! Das vertraute Gespräch, das familiäre, das hatte sich in dieser intellektuellen Debatte mitten in Jerusalem mit einem Deutschen eingestellt, der über den gleichen kulturellen Background verfügte wie ich!

Der wesentliche Unterschied zwischen Israelis meiner Generation und mir ist, daß ihnen das Gefühl, Jude zu sein, in der Galut zu leben, so gänzlich fehlt. Und wenn ich ihnen von meinen Schwierigkeiten mit Deutschland und den Deutschen berichte, schauen sie mich ganz verständnislos an und meinen: Sei nicht so larmoyant, wenn's dir nicht paßt, dann pack doch deine Koffer und komm her. Punkt. Aus. Basta. Irgendwie bin ich jedesmal enttäuscht: O je, diese neuen Juden können nicht mehr seufzen, schluchzen und jammern, wie das Juden über Jahrtausende konnten. Sie kennen die Qualen der Diaspora nicht mehr. Oj, Gewalt!

Warum also nicht Israel? Warum ertrage ich diese Spannung in Deutschland? Warum lasse ich mich auch von gutgemeinten Leserbriefen ärgern, die mich auffordern, doch endlich dahin zu gehen, wo ich angeblich herkomme oder hingehöre? Und die mir dann noch den wohlgemeinten Rat geben, ich sollte lieber dafür sorgen, daß die faschistischen Israelis mit den Palästinensern menschlicher umgingen, als daß ich mich darüber errege, daß Deutsche

wieder einmal Menschen und Häuser anzünden, nur weil sie nicht arisch sind?
Es gibt vielerlei Gründe. Bequemlichkeit, Gewohnheit – sind vielleicht die ehrlichsten. Die Tatsache, in diesem Land geboren zu sein, sich hier ja eben nicht nur unwohl, sondern durchaus auch wohl zu fühlen, kommt dazu. Das Gewachsene eines ganzen Lebens: die Familie, die Freunde, die Arbeit, die Sprache, nicht zu vergessen, die Sprache. All das sind schon Gründe hierzubleiben. Doch die Perfidie der Frage, warum man eigentlich hierbleibt, ist doch die, daß diese Frage im Grunde überflüssig sein sollte. Ich lebe in Deutschland, weil ich in Deutschland lebe.
Doch seit 1945 wurden immer wieder Ausflüchte gesucht, um sich selber zu beruhigen. Unsere Eltern erfanden ganz wunderbare Lügengespinste. Sie erklärten, sie lebten hier, weil sie nicht wollten, daß Hitler es doch geschafft hätte, Deutschland judenrein zu machen. Manch andere sprechen von ihrer moralischen Aufgabe, als ewige Mahnung und Erinnerung in Deutschland zu bleiben, und wieder andere sprechen dann salbungsvoll von Versöhnung. All das ist purer Humbug, Selbsttäuschung, Lüge! Wir leben hier, weil es uns gutgeht, weil wir etabliert sind und weil wir keine Lust haben, unser Leben in Israel zu riskieren. Wir sind genauso materialistisch und bequem wie alle anderen Deutschen, die heute, nach der Wiedervereinigung und den veränderten weltpolitischen Entwicklungen, keine Lust haben, ihren Kopf hinzuhalten und deswegen gegen eine Beteiligung der Bundeswehr an irgendwelchen UNO- oder

NATO-Einsätzen sind, das allerdings unter dem ebenso fadenscheinigen Vorwand, deutsche Soldaten hätten in diesem Jahrhundert doch ohnehin schon soviel Leid gebracht.
Mit der Übernahme der Regierungsgeschäfte durch die Likud-Regierung unter Menachem Begin Ende der siebziger Jahre änderte sich die Situation der Juden in Deutschland drastisch. Jetzt kam das »brutale« Gesicht des jüdischen Staates zum Vorschein. Die Siedlungspolitik, der harte Umgang als Besatzungsmacht mit den Palästinensern, der neue nationalreligiöse Wahn, der zu einem Verlust liberal-sozialdemokratischer Grundwerte im Lande führte, all das ermöglichte es uns viel leichter, uns als kosmopolitische Juden zu sehen und die Option Israel in den Wind zu schlagen: In »so« ein Land können und wollen wir nicht mehr gehen. Wie läppisch gerade für uns diese Haltung war, ist klar: Da lebten wir im Lande des barbarischsten Volkes des 20. Jahrhunderts und meinten, nicht im angeblich so gräßlich faschistischen Israel leben zu können. Doch der Frust, die Enttäuschung, den die Likud-Regierung unter uns ausgelöst hatte, war größer, als die meisten dies zugeben würden. Das Signal gab der Libanon-Feldzug 1982. Die Reaktionen darauf, die hierzulande unter Juden, vor allem uns jüngeren, vorherrschten, rührten von einer lebensgefährlichen Naivität her. Schlimmer, wieder einmal übernahmen wir christliche, gojische Klischees, machten sie zu den unseren und merkten dies nicht einmal. Unser tiefer Schock über die plötzliche Brutalität des jüdischen Staates

war ebenso verlogen und falsch wie die Reaktionen vor allem älterer Juden, die der Hölle der KZ entkommen waren und nun grundsätzlich jeden Schritt der israelischen Regierungen guthießen, weil er immer nur dem Zweck des »Überlebens« diene. Unsere Reaktion, vor allem unter linken und liberalen Juden, war deswegen so dummdreist, weil sie nur daher rühren konnte, daß auch wir uns ein Bild vom »hehren Israeli« gemacht hatten, vom guten und edlen Juden, vom besseren Menschen. Die deutsche Presse hatte dieses Bild bis in die siebziger Jahre hinein propagiert, das schlechte Gewissen für Auschwitz stand dabei Pate. Galten Juden bis 1945 als Untermenschen, so erklärte man sie jetzt zu edlen Kriegern und humanen Helden. Über Jahrzehnte wurde jeder israelische Soldat in den deutschen Medien so etwas wie ein jüdischer Winnetou. Mit Sabra und Schatila 1982, und erst recht 1987 mit Beginn der Intifada, konnten die Deutschen endlich aufatmen. Jetzt auf einmal waren die Israelis die bösen Buben, sie waren der Teufel in Person. Plötzlich wurden sie mit den Nazis verglichen, man sprach von »Konzentrationslagern« in den besetzten Gebieten, man wählte allzugerne die Terminologie aus der Zeit des NS-Regimes, um endlich die eigene Schuld loszuwerden: Seht, die Juden sind genauso wie die Nazis, sie haben nichts gelernt aus Auschwitz. Die Opfer mußten also besser sein als die Täter! Henryk M. Broder nannte das einmal sarkastisch »die moralische Dusche von Auschwitz«, der sich jeder Jude hätte unterziehen sollen.
Aus Scham und Schande übernahmen wir diese

Klischees – und waren schlagartig in einer unerträglichen Situation. Wie konnten wir den Deutschen noch mit hocherhobenem Haupte gegenüberstehen; bislang waren die Grenzlinien zwischen Gut und Böse so leicht zu ziehen: Hier sind wir, die Opfer, also die Guten, dort seid ihr, die Täter, die Bösen. Das sollte auf einmal nicht mehr gehen? Schwer zu ertragen in diesem Land. Doch wir verstrickten uns nur noch mehr in die »deutsche« Falle. Wieso mußten wir uns überhaupt mit den Israelis identifizieren? Waren wir etwa dafür verantwortlich, was in Israel oder den besetzten Gebieten geschah? Die meisten von uns hatten längst die deutsche Staatsbürgerschaft, wählten in Deutschland und nicht in Israel. Wenn man so will, ist jeder von uns für Helmut Kohl verantwortlich, aber gewiß nicht für Jitzchak Schamir! Doch das zählte nicht. Der Bruch in der eigenen Identität wurde immer dann besonders deutlich, wenn sich Interessenkonflikte zwischen Deutschland und Israel ergaben, oder wenn der allgemeine öffentliche Tenor der deutschen Medien sich gegen Israel wandte. Selbst wenn die Kritik zuweilen berechtigt war, die Gefahr, daß sich dahinter ein antisemitischer Hintergrund verbirgt, führt unter Juden in Deutschland zu den unmöglichsten Verrenkungen.

Eines Abends, wenige Wochen nach Ausbruch der Intifada, sitze ich mit einigen jüdischen Freunden in einem Café. Wir sprechen natürlich über die Entwicklungen in Gaza und in der Westbank, und einer schimpft wie ein Rohrspatz auf die israelische Politik der Gewalt. »Diese Idioten, das dürfen sie nicht machen. Wie kann man so nur mit Menschen umgehen. Das ist Unrecht, bitterböses Unrecht. Das dürfen wir doch nicht!« Als wenige Augenblicke später zwei deutsche, nichtjüdische Bekannte sich zu uns gesellen und ganz ähnliche Meinungen vertreten, bricht ein heftiger Streit aus. Insbesondere jener jüdische Ankläger wird schlagartig zum Verteidiger des Zionismus, bezichtigt die deutschen Freunde, überhaupt keine Ahnung zu haben, weil sie ja noch nie unten waren, die Situation überhaupt nicht beurteilen könnten ...

Die Schizophrenie jüdischen Lebens in Deutschland wird an diesem Beispiel evident. Wir alle unterliegen immer wieder dieser enormen Ambivalenz: diesem Versuch, objektiv und gerecht zu sein und dabei immer wieder in die Haut der Eltern zu schlüpfen und das Täter-Opfer-Spiel zu spielen.

Gleichzeitig ist jedoch das antijüdische und antiisraelische Ressentiment in der deutschen Öffentlichkeit nach wie vor stark: Die deutsche Kritik an der Siedlungspolitik zeigt, daß hier weniger aus Sachkenntnis denn aus Vorurteilen kritisiert wird. Denn niemandem ist bewußt, daß die Diskussion um die besetzten Gebiete eigentlich lange vor der Staatsgründung begonnen hat. Es geht um weit mehr als nur um das Bedürfnis der Israelis, ein »Groß-Israel« zu bilden, wie man in Deutschland dies gerne, angelehnt an die Naziterminologie von »Groß-Deutschland«, nannte. Es geht auch um mehr als nur um die Frage der strategischen Sicherheit, die dabei gewiß eine große Rolle spielt. Das Für und Wider in der israelischen Diskussion um die besetzten Gebiete ist letztendlich ein Kulturkampf, in dem sich das Selbstverständnis des Zionismus neu definieren muß. Der Antagonismus war bereits von den Gründervätern der zionistischen Bewegung gelegt worden. Einerseits das dringende Bedürfnis, das jüdische Volk aus dem Streß der »Auserwähltheit« zu befreien, damit es endlich ein Volk wie jedes andere werden könne, andererseits die Festlegung auf Eretz Jisrael als das Land der Vorväter, wo der neue jüdische Staat gegründet werden soll.

Die frühen Zionisten begingen zwei eklatante Gedankenfehler. Die Parole vom »Land ohne Volk für das Volk ohne Land« erwies sich als Trugschluß: Wenn es auch kein »Volk« gab, das in Palästina herrschte, so lebten da doch Menschen, die Untertanen des Osmanischen Reiches waren. Mithin war Palästina nicht »leer«. Der andere Trugschluß war der von der »Gleichheit« und der Überzeugung, ein Anrecht auf Eretz Jisrael zu haben, nur weil dort vor Tausenden von Jahren einmal ein jüdischer Staat existiert hatte. Mit der Forderung der Zionisten aber hatte sich in dieser säkularen Nationalbewegung, die ein typisches Produkt des 19. Jahrhunderts in Europa war, der göttliche Auftrag eingeschlichen: denn der Anspruch auf Israel berief sich ja auf Gottes Wort – was aber hatten die Zionisten mit Gott zu tun? Diese merkwürdige Verquickung von Säkularismus und Religion führte zu einem innerjüdischen Konflikt, der zu Beginn des 20. Jahrhunderts begann und bis

heute ausgetragen wird: Worum geht es also bei den besetzten Gebieten?
Vor einigen Jahren kommentierte der palästinensische Journalist Othman Halak die zunehmenden Wahlerfolge der orthodoxen Parteien in Israel mit den ironischen Worten: »Als ein palästinensischer Beobachter der Knesset-Wahlen möchte ich Israel erst einmal im Nahen Osten willkommen heißen!« Schon seit der Staatsgründung war der Einfluß des religiösen Lagers enorm, nicht zuletzt dank des israelischen Wahlsystems, das eine reine Form des Verhältniswahlrechts war. Es gab keine Wahlkreise und keine Fünfprozenthürde, wie etwa in der Bundesrepublik. Die dadurch entstandene Vielzahl an Parteien und Koalitionsregierungen führte häufig dazu, daß die Religiösen als Zünglein an der Waage fungierten und sich ihre Unterstützung mit der Erfüllung übermäßiger Forderungen bezahlen ließen. Die Verquickung von Staat und Religion wird daraus evident, und selbst eine gewollte Trennung dieser Instanzen ließe sich in Israel nur schwer durchführen. Denn die Thora besagt ja, daß die Juden Gottes auserwähltes Volk seien: In dieser Definition sind Volk und Glaube untrennbar miteinander verbunden. Der Zionismus bedeutete einst eine Revolution ohnegleichen in der jüdischen Geschichte. Denn er allein war in der Lage, jüdische Identität ohne Verpflichtung gegenüber der Halacha zu garantieren. Die Errichtung des modernen Judenstaates war nicht nur eine Befreiung von der Unterdrückung anderer Völker, sondern zugleich ein fron-

taler Angriff auf die Orthodoxie. Denn die Halacha verbietet die Erschaffung eines jüdischen Staates vor der Ankunft des Messias. Medinat Jisrael, der Staat Israel, war per se eine Blasphemie. Orthodoxe Parteien, wie die 1912 gegründete aschkenasische Agudat Jisrael, kämpften erbittert gegen die Zionisten. Doch mit der Entstehung des Jischuws und der Balfour-Deklaration 1917 wurde der jüdische Staat zum theologischen Dilemma. Den Orthodoxen stellte sich die Frage, wie den Areligiösen der Erfolg zuteil werden konnte, daß die Briten eine jüdische Heimstätte in Palästina akzeptierten: doch wohl nur durch die Göttliche Gnade, die diese Zustimmung als Vorboten der messianischen Erlösung sandte. Bei den Orthodoxen wurden vereinzelt Stimmen laut, die eine Unterstützung der säkularen Brüder verlangten. Doch mit der Shoa erhärtete sich die Meinung, die Zionisten seien nicht die Retter, sondern gerade ihre gotteslästerlichen Pläne seien schuld an Hitler gewesen. Zionisten beschuldigten dagegen Agudat Jisrael der Mitschuld am Tod von Hunderttausenden, weil sie ihnen die Flucht nach Palästina zu einer Zeit, als dies noch möglich war, verweigerte. Die antizionistische Orthodoxie durchlitt damals eine tiefgreifende Krise, die verstärkt wurde durch die Flucht zweier ihrer größten Führer vor den Nazis ausgerechnet nach Palästina. Nach 1945 war es also an der Zeit, sich an dem zionistischen Unternehmen trotz theologischer Einwände zu beteiligen. Die politische Notwendigkeit, den Überlebenden der Konzentrationslager eine neue

Heimat zu geben, konnte nicht angegriffen werden. Man einigte sich auf eine vage Formel, wie diese Phase der Entstehung eines jüdischen Staates bezeichnet werden sollte: Man nannte sie »Die Ankunft der Erlösung«.

Verhandlungen mit der Jewish Agency zeigten Agudat Jisrael jedoch, daß es ausgeschlossen war, einen Staat auf der Basis der Gesetze der Thora zu gründen. Am 19. Juni 1947 akzeptierte David Ben Gurion im sogenannten »Status-quo-Brief« lediglich religiöse Minimalforderungen, die in dem zu schaffenden Judenstaat zu beachten wären.

Nach der Staatsgründung 1948 schälten sich in Israel alsbald zwei gegensätzliche religiöse Haltungen heraus. Da war die religiös-zionistische Meinung, die die Errichtung des Staates als Symbol für einen grundlegenden Wandel der historischen Realität verstand und somit dessen religiöse Besonderheit. Dagegen stand die Ansicht, die »Einsammlung der Exilierten« hervorzuheben und Israel nicht als neue religiös-historische Entität zu sehen, sondern lediglich als ein Instrument auf dem langen geschichtlichen Weg der noch weit entfernten Erlösung.

Der Versuch des Religionsphilosophen Yeshayahu Leibowitz, den in den 50er Jahren immer aggressiver werdenden Streit um die messianische Dimension des säkularen Staates zu stoppen, war so simpel wie logisch: Israel sei nicht der »Jüdische Staat«, sondern ein »Staat der Juden«. Er sei nichts anderes als der verständliche Wunsch der Juden, nicht mehr unter nichtjüdischer Herrschaft leben zu müssen. Er besit-

ze keinerlei religiösen Wert, müsse sich also auch nicht an Halacha und Tradition halten.
Die extreme Gegenposition, wie sie auch heute noch die »Neturei Karta« formuliert, vertrat damals etwa der Ultraorthodoxe Moshe Scheinfeld. Er griff erneut die Anschauung auf, der Zionismus sei schuld an der Shoa, die eine Strafe für den Abfall der Juden von ihrer traditionellen Lebensweise gewesen sei. Zudem habe der Zionismus das Leid der Opfer der KZ ausgebeutet. Als Beweis für die Sündhaftigkeit der zionistischen Idee führte Scheinfeld an, daß Kapos entweder assimilierte oder zionistische Juden, jedoch nie Orthodoxe gewesen seien. Der Staat Israel könnte also nicht die »Ankunft der Erlösung« bedeuten, sondern er sei die extremste Manifestation des Exils – eines Exils unter Juden. Die Tatsache, daß er keine heiligen jüdischen Stätten besäße, sei ein weiterer Beweis für die fehlende religiöse Bedeutung dieser zionistischen Schöpfung.
Der Sechs-Tage-Krieg bildete den bedeutungsvollen Wendepunkt in der religiösen Annäherung an den Staat Israel. Mit der Eroberung Jerusalems und der Westbank gerieten die heiligen Stätten nach 2000 Jahren wieder in jüdische Hand: der Tempelberg mit der Westmauer des einstigen Tempels, die Gräber der Patriarchen in Hebron und das Grab Rachels. Jetzt waren Medinat Jisrael und Eretz Jisrael identisch. Jetzt kamen die messianischen Lehren eines Abraham Jitzchak Hakohen Kook, des ersten aschkenasischen Oberrabbiners Palästinas von 1921 – 1935, ebenso zum Tragen wie die seines Sohnes Rabbi Zwi

Jehuda Kook. Letzterer wurde der spirituelle Mentor der »Gusch Emunim«-Bewegung, des »Blocks der Getreuen«. Gusch Emunim stellt eine große Zahl der heutigen Siedler in der Westbank, die von ihnen, nach biblischem Vorbild, Judäa und Samaria genannt wird. Sie weigern sich, »die befreiten Gebiete« jemals wieder zu verlassen. Der ältere Raw Kook hatte der zionistischen Idee mit seinen messianischen Vorstellungen große Unterstützung geliefert: Kook betonte die mystische Einheit des Landes und des Volkes. Denn nur in Israel wäre eine vollständige Einheit zwischen dem Volk und der Thora, seiner Lehre, möglich. Sein Sohn sah in der Eroberung Judäas und Samarias, in der sich der überwiegende Teil der jüdischen biblischen Geschichte abgespielt hatte, den nächsten Schritt auf dem Wege zur Erlösung. Nach dem Sechs-Tage-Krieg schien die Zeit gekommen, »in der das jüdische Volk sich mitten im Erlösungsprozeß« befinde. Damit sprach der jüngere Raw Kook dem Staate Israel ein gewisses Quantum an Heiligkeit zu.

Mit diesem Schritt wurde die israelische Politik entscheidend theologisiert. Denn nicht nur, daß die Rückgabe der besetzten Gebiete eine territoriale Sicherheitsfrage war, nein, nun wurde sie zu einer Frage des Verrats an dem göttlichen Auftrag des jüdischen Volkes. Daß Eretz Jisrael Eigentum des jüdischen Volkes sei, das war für Raw Kook ein Recht jenseits der Historie. In einem 1974 veröffentlichten und »Erklärung an die Welt« benannten Artikel heißt es:

»Alle Völker der Erde sollen erkennen, daß dieses Land vollständig uns gehört und daß es auch in seinen einzelnen Teilen unveräußerlich ist.«
Damit wurde die Besiedlung der besetzten Gebiete zur religiösen Pflicht erhoben. Doch geblieben ist das Problem, daß die Realität, also die Tatsache, daß Israel nach wie vor ein säkularer Staat ist, mit der Vorstellung, das jüdische Volk befände sich mitten im Erlösungsprozeß, so gar nicht übereinstimmt. Je länger diese Kluft andauert, desto größer werden die Spannungen. Daher müssen Versuche unternommen werden, um die messianische Zeit schneller kommen zu lassen. Eine radikale jüdische Splittergruppe versuchte bereits mehrmals, den Felsendom und die Al-Aksa Moschee auf dem Tempelberg zu sprengen, denn es heißt, daß der Messias nach seiner Ankunft den dritten jüdischen Tempel auf dem Tempelberg errichten werde. Aus ähnlichen Gründen streben die religiösen Parteien immer massiver danach, eine Theokratie in Israel durchzusetzen. »Aufgeklärte« Orthodoxe wie Yeshayahu Leibowitz versuchen ihnen Paroli zu bieten. Er, zum Beispiel, bezieht sich ebenfalls auf die Thora, weist aber nach, daß der religiöse Besitzanspruch des jüdischen Volkes auf das verheißene Land nur unter der Bedingung des thoragerechten Lebens und der Achtung der Fremden im Land gegeben ist.
In der Palette religiöser Gruppierungen nehmen die Chabad-Lubawitsch-Chassidim eine ganz besondere Stellung ein. Schon um die Jahrhundertwende wirkte Chabad sehr intensiv außerhalb der geographischen

wie traditionellen Landschaften. Eine Folge dieser Wirkung war, daß sie auch sefardische Juden aus den islamischen Ländern erfaßte. Dieser Prozeß wurde unter dem jetzigen Rebben Menachem Mendel Schneerson, der in Brooklyn/New York lebt und über 90 Jahre alt ist, noch verstärkt, so daß die Aktivitäten von Chabad heute die ganze jüdische Welt umfassen. Daher hat die Stimme des Rebben großen Einfluß, auch in Israel. In der gesellschaftlichen Struktur von Chabad ist die Beziehung zum Rebben fast der einzige vereinende Faktor der Gemeinde – der Rebbe ist überall, sein Bild hängt in jedem Hause, seine Auftritte werden über ein eigenes privates Fernseh- und Radionetz direkt in die ganze Welt ausgestrahlt, er kontrolliert alles und bekommt alles mitgeteilt. Dieser Menachem Mendel Schneerson, der noch nie in Israel war, weil er erst die Ankunft des Messias erwartet, hat großen Anteil an der zunehmenden Theologisierung der israelischen Politik. Eigentlich antizionistisch, kann Schneerson den Staat Israel dadurch akzeptieren, daß er seit 1967 mit dem Heiligen Land identisch ist. Er tritt vehement für eine Verteidigung der Territorien ein, er betont, daß eine Rückgabe der besetzten Gebiete eine strenge Verletzung der Halacha wäre. Daß er dabei keinerlei Rücksicht auf Interessen der Palästinenser nimmt, erklärt sich aus der Überzeugung, daß von Gott verheißenes Land nicht zurückgegeben werden kann. Denn nur was man besitzt, kann man zurückgeben. Das Heilige Land ist den Juden aber von Gott lediglich zur Verwaltung zugeteilt worden. Ein Beispiel für die Macht

des Rebben sind die Koalitionsverhandlungen in Israel im März 1990 nach dem Auseinanderbrechen der großen Koalition zwischen Likud und Arbeiterpartei. Schimon Peres, damals Führer der Arbeiterpartei, wollte mit Agudat Jisrael eine kleine Koalition eingehen. Für eine Mehrheit in der Knesset benötigte er dazu insgesamt 61 Stimmen. Agudat Jisrael verfügte über fünf Sitze im Parlament. Nachdem Agudat Peres bereits eine Koalitionszusage gemacht hatte, bekam einer der fünf Abgeordneten, ein Chabadnik, Gewissensprobleme. Nach Rücksprache mit dem Rebben zog er seine Zustimmung zur Koalition mit Peres und seiner Ma'arach zurück. Darauf folgten die anderen vier seinem Beispiel. Die Koalition kam nicht zustande, statt dessen bekam der Likud unter Jitzchak Schamir den Zuschlag.
Die messianische Erlösungsidee spielt ebenfalls eine zentrale Rolle im Denken der Lubawitscher. Schneerson erweckte bei seinen Anhängern das Bewußtsein, daß der Messias quasi hinter der Wand stünde und es lediglich eines religiös-politischen Kraftaktes bedürfe, um sein Kommen zu beschleunigen. So wiederholen die Chabadniks häufig den englischen Satz: »We want Moschiach now!« und fügen das hebräische Wort »mamasch«, »wirklich«, hinzu. Mamasch, das auf hebräisch aus den Buchstaben M – M – Sch besteht, ist zugleich ein Akronym des Namens des Rebben: M-enachem M-endel Sch-neerson. Viele seiner Anhänger sind überzeugt, daß er selber der Messias ist.
Seit einigen Jahren gibt es neben der Agudat Jisrael,

die von Schneerson unterstützt wird, zwei weitere, wichtige religiöse Parteien: »Schas«, eine ehemalige Abspaltung von Agudat Jisrael, in der heute die orthodoxen sefardischen Juden unter ihrem Führer Rabbi Ovadia Josef organisiert sind, sowie »Degel Ha Thora«, ebenfalls eine Abspaltung von Agudat Jisrael, unter der Führung des 97jährigen litauischen Rabbis Eliezer Schach. Raw Schach ist der große Gegenspieler des Lubawitscher Rebben, da er jegliche Messiasideologie ablehnt. Hier wiederholt sich der alte Zwist von einst zwischen Chassidim und litauischen Mitnagdim. Sowohl Schach als auch Rabbi Ovadia Josef sind für eine Rückgabe der Gebiete, falls damit ein Frieden erreicht werden kann. So erklärt Raw Schach:

»Israel ist heilig, aber Israels Blut ist heiliger. Die Aufgabe von Teilen von Eretz Jisrael schmerzt uns zwar, aber der Messias wird uns bei seiner Rückkehr entschädigen.« Sogar, so Schach weiter, wenn der Staat Israel eines Tages unterginge, das jüdische Volk und die Thora würden auch diesen Schicksalsschlag überleben.

In der heutigen Koalition mit der Arbeiterpartei Jitzchak Rabins unterstützt die sefardische Schas-Partei dessen Land-für-Frieden-Politik. Und mit dem Gaza-Jericho-Abkommen scheint es, daß Israel auf die »messianische Option« verzichtet und sich im innerisraelischen Kulturkampf doch für einen laizistischen Weg entscheidet.

Doch an diesen komplexen Zusammenhängen ist in Deutschland niemand wirklich interessiert. Man möchte so gerne seine Vorurteile behalten. In der Fernsehberichterstattung, in den Printmedien wimmelt es demzufolge an inhaltlichen Fehlern in Sachen Nahost – daß dabei auch die palästinensische Seite oftmals karikiert und verquer dargestellt wird, sei hier am Rande erwähnt. So befinde ich mich häufig in einer Zwittersituation wie mein jüdischer Bekannter aus dem Café: Ich bin ein Gegner der Siedlungspolitik, gleichzeitig nehme ich Israel immer wieder in Schutz, weil ich die größeren Zusammenhänge, die im Nahen Osten eine entscheidende Rolle spielen, besser kenne als die meisten Deutschen.

Doch wird diese merkwürdige Position immer dann besonders anstrengend, wenn ich in eine Situation gerate, in der ich die Diskussion der deutschen Öffentlichkeit über Israel keineswegs mehr ertragen kann. Nie war mein innerer Konflikt so groß wie im Jahre 1991 während des Golfkrieges. Während in Israel mein Volk darauf wartete, durch deutsches Giftgas ein zweites Mal ermordet zu werden, lief ich mitten in Deutschland, chronisch übernächtigt zwar, aber in Sicherheit, herum. Ich telefonierte täglich mit Israel, und manchmal hörte ich abends, mitten im Gespräch, am anderen Ende der Leitung die Sirenen aufheulen, und dann sagten meine Freunde nur: Wir müssen aufhören, laß uns später reden, wenn es uns dann noch gibt. Ich legte den Hörer auf und verfolgte weiter auf dem Bildschirm, wie die Scud-Raketen über Tel Aviv niedergingen. In diesen Augenblicken hätte ich mich vor Scham am liebsten verkrochen: Ich verfluchte meine Eltern und mich, daß wir nach

Deutschland gekommen und geblieben waren. Mein Cousin versuchte mich aus seinem versiegelten Zimmer heraus zu beruhigen. Ich solle in Deutschland bleiben, auf keinen Fall nach Israel kommen, es gäbe sowieso nichts zu tun. Es sei wichtiger, daß ich dort in Deutschland bliebe, damit das Judentum weitergetragen werde, falls Israel untergehe. Wie bitte? Jetzt diente plötzlich die Diaspora als Garant für das Überleben des jüdischen Volkes? Dies war die absolute Antithese zur zionistischen Grundidee. Und mein Cousin Jossi, ein Sabra und überzeugter Zionist, der mich jahrelang aufgefordert hatte, nach Israel zu kommen, meinte plötzlich das Gegenteil? Unter der Haut des Zionisten war schlagartig die Seele des Juden hervorgekommen. Denn der Golfkrieg hatte die zur Untätigkeit verdammten Israelis zurückgeworfen auf die kollektiven Erfahrungen des jüdischen Volkes, wie Dan Diner dies in seinem Buch *Der Krieg der Erinnerungen* beschreibt:
»Diese Passivität in der familialen Isolation – mit der Außenwelt war man lediglich durch Radio oder Fernsehen verbunden – stimulierte eine Phantasie, die sich aus den Quellen kollektiver Erinnerungen speiste. Menschen, die den Holocaust selbst erlebt, und andere, die von ihm aus Berichten erfahren hatten, fühlten sich in die Situation völliger Hilflosigkeit und Angst zurückversetzt. Ein Schrecken wurde Wirklichkeit, der weit über die reale Bedrohung hinausging. Viele Bürger empfanden sich aufs neue mit einer lähmenden Ohnmacht konfrontiert, die eher gern verleugnete jüdische Anteile des israelischen

Selbstverständnisses aktualisierte. Gerade der Krieg des Hinterlandes legte die Erfahrungen, gnadenlos ausgeliefert zu sein, wieder frei. Die Israelis kamen also mit ihren jüdischen Anteilen von Passivität und Verfolgung in Berührung.«

Um dieses beklemmende Gefühl, das auch mich in jenen Tagen erfaßt hatte, wenigstens einigermaßen zu kompensieren, bemühte ich mich, soviel wie möglich über dieses überaus deprimierende Thema zu arbeiten. Dabei konnte ich meine Wut über die innerdeutsche Debatte, die sich während des Golfkrieges abspielte, kaum bändigen. Wieder einmal zeigte es sich, daß die weltpolitische Lage den Deutschen erneut als reiner Hintergrund für eine gründliche Nabelschau diente. Doch das war ja kein Wunder, zu viele Fehler waren in den Wochen des Golfkrieges begangen worden. Das anfängliche Schweigen der Regierung, die Waffenexporte, die Frage nach dem Bündnisfall in der NATO, die unglückselige Friedensbewegung und die hastige Scheckbuchpolitik gegenüber Israel und den Alliierten waren Grund genug, um sich mit der eigenen Position auseinanderzusetzen. Die weltweiten Vorwürfe bargen jedoch die Gefahr, daß Deutschland sich als Opfer einer neuen Verschwörung sehen könnte. Dies wurde immer wieder geäußert. Wie schon 1990 anläßlich der Wiedervereinigung, so war auch jetzt Deutschland eine einzige große Talk-Show geworden. In sämtlichen Fernsehkanälen debattierten Expertenrunden über den Golf und die deutsche Position. Dabei setzten sich folgende Meinungen durch:

– Warum beschimpft man (will heißen: Israel) immer nur uns, die anderen haben doch auch Waffen geliefert.
– Anläßlich der Wiedervereinigung hatte die ganze Welt vor uns als Großmacht Angst, jetzt, wo wir uns so zurückhalten, ist das auch niemandem recht.
– Man bezeichnet uns als irritiert und unsicher. Gott sei Dank sind wir das aufgrund unserer Geschichte, das beweist nur, wie sehr wir für den Frieden sind.

Die Diskussion war von den Schatten der eigenen Vergangenheit vernebelt. Die Berichterstattung aus Israel nicht minder.
Die wohl interessanteste Entwicklung vollzog der ARD-Korrespondent Friedrich Schreiber, der seit Ausbruch der Intifada ein äußerst negatives Israelbild entworfen hatte. Jetzt, seitdem er mit Israelis gemeinsam in abgeklebten Räumen die Scud-Angriffe über sich ergehen lassen mußte, hatte sich seine Stimmung gewandelt. Die israelische Bevölkerung bezeichnete er als gelassen und großartig, als heldenhafte Opfer. Ähnliches berichteten die Zeitungen. *Die Zeit* meinte: »Welches andere Volk bliebe angesichts der fast allnächtlichen Raketenangriffe ähnlich nüchtern?«
Man war also sofort bereit, sich mit Juden zu identifizieren, sofern sie nur Opfer waren. Gleichzeitig wurde mit überheblichem Unterton der israelischen Regierung zugebilligt, daß sie mittlerweile »vernünf-

tig« geworden sei: Man lobte sie als »besonnen«, war sich aber dennoch nicht sicher, ob sie dies auch bleiben würde. Die *Süddeutsche Zeitung* schrieb denn auch als Überschrift: »Vergeltungsgelüste – gebremst von der Vernunft«. Man rechnete also, daß die rachsüchtige Seele Shylocks, das alttestamentarische Auge um Auge, bald doch durchbrechen würde. Die Frage war nur noch, ob Israel mit atomaren Waffen zurückschlagen und damit Auslöser eines Weltkrieges werde. »Wie werden sie reagieren? Werden sie das nukleare Tabu brechen, das seit Hiroshima und Nagasaki unter den Völkern der Erde wirksam war? Die Versuchung dazu könnte groß sein«, schrieb exemplarisch *Die Zeit*. Alle Zeitungen betonten die besondere Verantwortung Deutschlands für Israel und das eigene Versagen. So schrieb die konservative *Welt*: »Wir tragen aus der Geschichte besondere Verantwortung für Israel, der wir nicht entrinnen können.« Und ähnlich meinte der *Stern* in einem Editorial: »Alle Bundesregierungen – egal welcher Couleur – und die schweigende Mehrheit des Bundestages haben es zu verantworten, daß Israel nicht mehr schlafen kann in den letzten Nächten.« Besonders scharf reagierte die *Süddeutsche Zeitung*: »Daß die Deutschen mehr Schuld auf sich geladen haben als jedes andere Volk, macht sie allein noch nicht zum auserwählten Volk, das sich nun in moralischer Reinheit vom Krieg fernhalten, das jeden Krieg verdammen und sich gegenüber den Sündern als moralisch überlegen aufführen kann.«

Doch die Stimmung änderte sich. Allenthalben wurde die Kritik gegenüber Israel lauter. Noch immer meinten einzelne, daß eine Lösung des Palästinenserproblems den Golfkrieg hätte verhindern können. Die *taz* meinte dazu recht dummdreist: »Man stelle sich vor, Israel würde sich noch heute bedingungslos aus den besetzten Gebieten zurückziehen (...) Das wäre die schwerste und langfristig die wirklich entscheidendste Niederlage für Saddam Hussein.« Auch die enormen Waffenlieferungen an Israel, die zwar wegen der besonderen Verantwortung befürwortet, aber dennoch als quantitativ zu hoch angesehen wurden, förderten den Ärger über Israel. Die *FAZ*, die Israel zunächst unterstützte, schrieb in einem Kommentar: »Mit seiner Erklärung, Deutschland sei bereit, Israel ›Patriot‹-Luftabwehrwaffen (...) zu liefern, stößt Bundesaußenminister Genscher einen Grundsatz um, an den sich seit 25 Jahren alle Bundesregierungen zu halten versucht haben: keine Waffenlieferungen in Spannungsgebiete (...)

Nun wird er aufgehoben – nicht aufgrund sorgfältiger Überlegungen, sondern unter dem Druck einer Situation, in diesem Falle des israelischen Zornes über die deutsche Nahost-Politik (...)« Deutschland wurde langsam, aber sicher zum Opfer der israelischen Haltung stilisiert.

Unterdessen waren die Scud-Angriffe Routine geworden. Das ZDF berichtete über einen neuerlichen Angriff auf Israel lediglich mit einem Satz, um danach ausführlich Bilder von verendenden Vögeln in der Ölpest zu zeigen. Die Sorge um die Natur war in

Deutschland stets größer als um die Menschen, sie ist eine der Hauptmotivationen für die Friedensbewegung. In einem großen Artikel setzte sich *Der Spiegel* mit der Friedensbewegung auseinander. Dabei wurde auch deren Hysterie angegriffen: »Wie in Bonn findet auch in der Friedensbewegung kaum politische Diskussion statt. Im Vordergrund steht bei vielen die Sorge um die Auswirkungen des Krieges auf Klimahaushalt und Kinderpsyche. In manchen Geschäften sind Konservendosen und Gasmasken ausverkauft ... In so manchem Aufruf ist wenig von den mißhandelten Menschen in Kuwait oder von der getöteten Zivilbevölkerung im Irak die Rede.« Der Antiamerikanismus und -israelismus wurde durch den gewachsenen Pazifismus aufgrund der Nazivergangenheit erklärt. Zugleich kam in Ostdeutschland zumindest politische Orientierungslosigkeit hinzu. Lange Jahre hatte das SED-Regime einen propalästinensischen Kurs gesteuert, nun fielen die Bekenntnisse für Israel natürlich schwer. Die Frage nach der Lösung des Golfkriegs wurde wiederum mit dem deutschen Image verbunden: Friedensbewegung und die oppositionelle SPD forderten unter allen Umständen einen Waffenstillstand, ohne sich über die Folgen für Israel Gedanken zu machen, wie die *Frankfurter Rundschau* in mehreren Artikeln aufzeigte. Die Regierung beschimpfte diese Haltung, da sie das deutsche Ansehen, nicht etwa die Sicherheit Israels, gefährdete. Allenthalben wurde nach einer internationalen Nahostkonferenz gerufen. Mit einer dann anstehenden Lösung des Palästinenserkonflikts glaubte man, die Situation im Nahen Osten gelöst zu haben. Die Deutschen wollten natürlich dabei sein. Die *Süddeutsche Zeitung* zitierte dazu einen Parlamentsabgeordneten: »Nur wer jetzt zu Israel steht, der kann nach dem Krieg auf einer Friedenskonferenz für den Nahen Osten mit Gewicht mitreden.« Der ehemalige Bundeskanzler Helmut Schmidt betonte in einem Essay mit dem Titel »Jammern allein hilft nicht« in der *Zeit*: »Das letzte, was eine deutsche Bundesregierung riskieren darf, ist ein prinzipieller deutscher Konflikt mit den Interessen Israels. Diese Einsicht öffentlich zu vertreten und unsere Abstinenz gegenüber dem Golfkrieg zu begründen ist uns im eigenen Interesse geboten. Sie wird keineswegs jedermann einleuchten, weder im Inland noch im Ausland. Wir werden lernen müssen, das zu ertragen.«

Doch solange der Krieg fortdauerte, blieb Deutschland auf Schlingerkurs. Die Verschärfung der Waffenexportgesetze wurde »diskutiert«, die Skepsis gegenüber Israel wuchs, und die Hysterie vor der ökologischen Katastrophe und den unmittelbaren Folgen für Deutschland spiegelte sich in einer Schlagzeile der *Bild-Zeitung* wider: »Saddam Hussein: Jetzt verpestet er die ganze Welt.«

Trotz dieser typisch deutschen Hysterie, trotz jener Einsamkeit, die ich als Jude in jenen Wochen in Deutschland deutlicher spürte als je zuvor, hatte ich immer noch nicht meine Koffer gepackt und war immer noch nicht auf und davon gezogen!

Selbst heute, in einem Deutschland, das zunehmend

ausländerfeindlich wird, in dem Brandanschläge, Attentate, Morde an allen, die nicht deutsch sind, ganz gewöhnlicher Alltag geworden sind, habe ich dieses Land, das allmählich in seine Vergangenheit zurückzukippen scheint, noch nicht endgültig verlassen.
Aber es gibt ja nirgends auf der Welt eine Lösung für mich. In Israel bin ich sicher. Doch was ich in dem einen Land habe, entbehre ich im anderen. Das wird immer so bleiben. Das Uneindeutige, die Ambivalenz scheint sich als der eigentliche Normalzustand in meinem Leben herauszukristallisieren. In Zwischenwelten leben, das ist mein Zuhause. Israel bleibt eine Herausforderung und Verlockung zugleich, der ich gerne folge. Doch auch Israel ist nur ein Teil meiner Zwischenwelten. In Franz Werfels *Eine blaßblaue Frauenschrift* sagt die jüdische Frau zu ihrem ehemaligen österreichisch-arischen Liebhaber, daß sie nach Südamerika auswandere. Er reagiert hilflos. »Das ist ja entsetzlich weit ...« Und sie darauf nur kurz und lakonisch: »Weit von wo?«
Man ist immer und überall im Exil. Damit muß ich mich allmählich abfinden. In Deutschland leben: das bedeutet die Sehnsucht nach den genetischen Fleischtöpfen. In Israel leben: das ist immer die Sehnsucht nach den sprachlichen Fleischtöpfen.
Aus Ägypten ausgezogen, mußte erst eine Generation vergehen, ehe das Volk Israel in das Land Kanaan einziehen durfte. Wo auch immer ich lebe: Ich gehöre auf jeden Fall zur Wüstengeneration. Ich bleibe ein Wanderer und ganz sicherlich ein Jude. Alles andere sind nur austauschbare Adjektiva.

HÖRE ISRAEL

Als Ende der achtziger Jahre im Zuge der großen Auswanderungswelle aus der ehemaligen UdSSR eine Flut sowjetischer Juden auch in die Bundesrepublik und die DDR kam, war die Freude in den jüdischen Gemeinden groß. Seit mehreren Jahrzehnten hielt sich die Zahl der offiziell registrierten Juden in Deutschland bei etwa 30 000. Jetzt, so hoffte man, würde die jüdische Gemeinschaft einen rasanten Zuwachs erfahren, der die Zukunft jüdischen Lebens in Deutschland absichern und garantieren würde. Jüdisches Leben würde eine neue Blüte erfahren, vielleicht könnte sogar ein zweites Wunder eintreten wie schon vor dem Zweiten Weltkrieg, und deutsche Juden könnten erneut einen wesentlichen Beitrag zu Religion und Kultur leisten.
Hinter dieser allgemein formulierten Hoffnung, die sich vor allem in den großen Gemeinden von Berlin, Frankfurt und München wiederfinden ließ, verbarg sich das tiefere Wissen, daß das Judentum in der Bundesrepublik an einem toten Punkt angelangt war, daß die Kraft zu einer spirituellen, geistigen und moralischen Erneuerung fehlte. Die freudige Erwartung der Neueinwanderer war jedoch nichts als Pessimismus und Skepsis, das Wissen um die Trostlosigkeit des Gemeindelebens.
Die russischen Juden konnten den Anspruch, den man an sie stellte, selbstverständlich nicht erfüllen. Wie auch? Unter dem kommunistischen Regime war die Praktizierung des Glaubens verboten, der Antisemitismus, den es offiziell natürlich nicht gab, de facto aber weiter virulent blieb, tat ein übriges, so daß

Juden ihre Kinder atheistisch erzogen. Man wußte nur noch wenig vom Glauben der Väter. Die sowjetischen Juden verstanden kaum noch Jiddisch, Hebräisch war ihnen gänzlich unbekannt, und das Bewußtsein, Jude zu sein, hatte mehr mit dem Gefühl der Benachteiligung in der sozialistischen Gesellschaft zu tun als mit dem ethischen Wertekanon einer jahrtausendealten Religion. Erst in den siebziger Jahren, mit der sogenannten Refuseniks-Bewegung, bekam der Begriff Jude eine neue Bedeutung. Jetzt symbolisierte er den Widerstand gegen ein diktatorisches Regime, er versinnbildlichte die Sehnsucht, nach Israel auszuwandern – und es darf zumindest gefragt werden, inwiefern wirklich zionistische Beweggründe dafür eine Rolle spielten oder lediglich der sehr verständliche und berechtigte Wunsch, ein Land verlassen zu können, in dem man nicht als freier Mensch existieren konnte.

Von diesen Juden war also zunächst nichts zu erwarten. Deren Sorgen und Nöte waren äußerst profan: Sie mußten Deutsch lernen, eine Arbeit, eine Wohnung finden und sich in einem für sie fremden Land integrieren. Die jüdischen Gemeinden waren für sie ein erstes Auffangbecken, wo man Kontakte knüpfen konnte, wo man hoffte, Hilfe und Unterstützung zu finden. Die Kluft, die zwischen diesen Sowjetjuden und den ehemaligen Ostjuden herrschte, war größer, als man erwarten konnte. Die Deformationen, die der Kommunismus an der menschlichen Psyche vorgenommen hatte, wirkten tief und führten zu großer Verständnislosigkeit auf beiden Seiten. Auch die

»einheimischen« Juden verhielten sich nicht immer solidarisch. Wie schon zwischen den beiden Weltkriegen, lehnten viele »deutsche« Juden nun die neuen »Ostjuden« ab.

Die russischen Juden sind säkular, Intellektuelle oder Arbeiter, die sich nur wenig mit transzendenten Dingen befaßt hatten. Dies galt zumindest für die große Mehrzahl der Asylsuchenden. Die Gemeinden störte das nicht. Man versuchte sofort, die neuen Gemeindemitglieder im eigenen Sinn erneut zu ideologisieren und zu beeinflussen. Dabei kam es häufig zu peinlichen und traurigen Momenten.

Eines Abends veranstaltete eine Gemeinde ein Treffen, bei dem die russischen Juden ihre Fragen und Sorgen, ihre Nöte und Probleme vorbringen sollten. Der Gemeindevorstand sowie drei orthodoxe Rabbiner fanden sich ein, um Rede und Antwort zu stehen. Doch »die Russen« – wie sie manchmal beinahe abschätzig genannt werden – kamen gar nicht richtig zu Wort. Statt dessen übertrumpften sich die orthodoxen Rabbiner in ihrer unendlichen Weisheit, zitierten hier einen Bibelvers, dort eine Passage aus dem Talmud und erklärten den Anwesenden, wie wichtig es sei, den Schabbat zu halten, Kaschrut zu essen und überhaupt ein wirklich jüdisches Leben gemäß der Halacha zu führen. Die Frustration auf seiten der russischen Juden war dementsprechend groß. Sie fühlten sich verschaukelt. Wovon redeten diese bärtigen Männer eigentlich? Wie sollten sie an koscheres Essen denken, das wesentlich teurer ist als normales, wenn das Geld kaum für normale Mahlzeiten reichte? Wie konnten sie an Schabbat denken, wenn sie vielleicht gerade jetzt irgendeinen Hilfsjob bekommen hatten, der sie jedoch zwang, ausgerechnet am Samstag zu arbeiten?

Die Unfähigkeit der Gemeinden und das Desinteresse der großen Mehrheit der sowjetischen Juden an Glaubensfragen führte letztendlich dazu, daß die Bindung an die jüdischen Organisationen in erster Linie opportunistische Beweggründe hatte. Wenn sich die Neueinwanderer erst einmal in der Bundesrepublik integriert haben, werden viele von ihnen den Kontakt zu den Gemeinden wieder auflösen oder verlieren.

Übrig bleiben wird eine jüdische Gemeinschaft, die sich in ihrer Hoffnung betrogen sah, eine Wiederauferstehung – oder wollen wir es etwas profaner ausdrücken: eine echte und beständige Wiederbelebung – zu erfahren.

Wird es also eine Zukunft für Juden in diesem Lande geben? Hat die jüdische Gemeinschaft in Deutschland eine Chance? Es ist erstaunlich, daß diese Frage im großen und ganzen unabhängig vom deutschen Umfeld beantwortet werden kann. Es ist offensichtlich, daß sich in diesem neuen Deutschland, das sich zunehmend nationalistischer gebärdet, die Entfremdung, die Ablehnung und die Distanz zum allgemeinen Lebensgefühl von seiten der Juden vergrößern wird. Mit vielen Dingen werden Juden nicht mehr konform gehen können, viele Ereignisse, Äußerungen und Denkweisen, die allmählich wieder populär werden, werden auch bei der Dritten Generation

Assoziationen hervorrufen, die eine totale Identifikation mit dem Geburtsland so gut wie unmöglich machen werden. Das kann und wird Deutschland aber zunehmend egal sein.

Wenn Deutschland seine Juden in Ruhe läßt, wenn dieser Staat sich gegenüber seinen Bürgern, die zu irgendeiner Minderheit gehören, demokratisch und tolerant verhält, dann wird es auch weiterhin Juden in Deutschland geben.

Wenn dieses Deutschland aber den Antisemitismus weiter zuläßt, ihn nicht mit allen erdenklichen Mitteln bekämpft oder, im schlimmsten Falle, ihn sogar unter Tausenden von Vorwänden und Ausreden tolerieren wird, dann werden Juden, schweren Herzens zwar, aber doch, ihre Koffer packen und Deutschland verlassen. Womit die jüdische Zukunft in Deutschland ein neues, diesmal wohl definitives Ende gefunden haben dürfte.

Viel wichtiger ist deswegen die Frage, was die Juden selbst in diesem Land dazu tun, um das Judentum auch in Zukunft am Leben zu erhalten.

Es ist nun einmal eine Tatsache, an der kein Jude vorbei kann: Nur die spirituelle Praxis kann das Judentum aufrechterhalten. In einer Welt, in der Spiritualität aber keinen Platz mehr hat, in der Menschen, die gläubig sind, ausgelacht werden, es sei denn, sie haben sich einer dieser neumodischen, postmodernen Sekten angeschlossen, die einem weismachen wollen, daß man dank ihrer Methoden die kosmische Energie des eigenen Ichs erleben wird, in solch einer Welt »fromm« zu sein und dies obendrein gegenüber dem Spott und dem Argwohn mitunter sogar der eigenen jüdischen Freunde zu verteidigen, ist sicherlich schwierig. Viele Juden ziehen statt dessen einen bequemeren Weg vor, der noch dazu dadurch legitimiert zu sein scheint, daß er beinahe überall in der jüdischen Diaspora praktiziert wird: Es ist dies der Weg des Säkularismus, des Laizismus. Was auch immer jeder einzelne darunter für sich verstehen mag, dieser Weg erscheint paradox: Kann es überhaupt einen »säkularen Juden« oder einen »laizistischen Juden« geben? Wozu nennt sich so ein Mensch überhaupt noch »Jude«?

Die Grenzen sind fließend und ungenau, doch man muß darauf achten, daß ein säkularer Jude, wie schon erwähnt, sich gewiß nicht als Atheist verstehen wird, selbst wenn er den Gottesdienst für sich ablehnt, niemals in eine Synagoge geht, noch sonst etwas mit religiöser Praxis im Sinn hat. Wie hatte doch jener chassidische Weise gesagt: »Ein Jude kann für Gott oder gegen Gott sein. Aber niemals ohne ihn.«

In diesem Sinne kämpfen also die meisten Juden am Ende dieses Jahrhunderts mit einem Erbe, das sie nicht antreten wollen, aber antreten müssen, da dieses Erbe nun einmal auf ihren Schultern lastet. Viele von uns haben sich entsprechend häufig von einem Extrem ins andere bewegt. Wie schon beschrieben, hatte ich ja auch versucht, mich aus dem Judentum zu verabschieden, mich zu assimilieren und zu integrieren. Genialer Höhepunkt dieser Bemühungen war der überaus überzeugende Beweis meiner Unabhängigkeit, als ich an einem Seder-Abend, also der

Pessach-Feier, an der man im Kreis der Familie bei einer langen Zeremonie den Auszug aus Ägypten feiert und kein gesäuertes Brot essen darf, in einer Kneipe sitze und genüßlich in ein Schinkensandwich beiße! Tiefster Ausdruck meiner Unabhängigkeit? Nebbich. Nichts als ein hilfloser Versuch, mich aus den Klauen des Judentums zu befreien, aus der Verpflichtung gegenüber einem Gott, der schon der Gott meines Vaters und all meiner Vorväter war, wie man mir dies immer und immer wieder beigebracht hatte. Und die Phase meiner extrem-orthodoxen Lebensführung war ebenso aberwitzig, daß sogar meine Eltern allmählich die Nerven verloren, wenn sie zusahen, wie ich mich bemühte, jede Mitzwa peinlich genau einzuhalten.

Irgendwann siegen daher Pragmatismus und Bequemlichkeit bei fast allen von uns. Wir bezeichnen uns dann als »traditionell«, wir gehen an den Hohen Feiertagen noch in die Synagoge, zünden am Schabbat die Kerzen an und belassen es dabei. Mit anderen Worten: Wir führen den Gemischtwarenladen unserer Eltern auch heute einfach fort.

Das säkulare Judentum, wie es sich aber zunehmend außerhalb der Synagogen entwickelt, ist jedoch etwas anderes als der allgemeine Säkularisationsprozeß in unserer modernen Gesellschaft. Oftmals erscheint er als ein verzweifelter Versuch, an etwas Verlorengegangenem festzuhalten. Man beruft sich auf eine jüdische Ethnizität, die in Wirklichkeit in Deutschland nur zur peinlichst genauen Unterscheidung zwischen Tätern und Opfern dient – auch heute noch. Für

die meisten dieser Juden spielt ihr Judentum im täglichen Leben keine besondere Rolle mehr.
Es sind vor allem diese laizistischen Juden, die gerne erklären, daß sie ihr Judesein aus moralischen Gründen nicht aufgeben, da sie ja immerhin zu einer »Schicksalsgemeinschaft« gehören, aus der man eben auch nicht ausbrechen könne. Dies ist nichts als die Reduzierung des Judentums auf die Nürnberger Rassengesetze! Ein Scheinargument für einen Status quo, der einen zu keinerlei Verantwortung oder Verpflichtung zwingt.
Diese Konzentration auf das, was in den USA als »Jewishness« bezeichnet wird, wirkt wie ein Ausweichen vor dem, was das eigentliche Problem darstellt: »Judaism«.
Zugleich geht dieses Bekenntnis zur jüdischen Ethnizität oder zur Schicksalsgemeinschaft häufig Hand in Hand mit einer Form des Zionismus, die als säkularer Religionsersatz ein ganz wunderbares Alibi liefert, sich nur ja nicht mit der Religion, mit den Fragen des Glaubens auseinanderzusetzen. Die Unterstützung des Staates Israel, sei es mit finanziellen, ideellen oder praktischen Mitteln, wird zum Beweis der Zugehörigkeit und vor allem des persönlichen Einsatzes für das Judentum. Doch wird gerne übersehen, daß es sich dabei um einen, oftmals sicher wertvollen, Einsatz für das eigene Volk handelt, aber nicht für den Judaismus.
Gerade der Staat Israel hat uns Galut-Juden keine andere Wahl mehr gelassen, als uns immer wieder aufs neue der Synagoge als Zentrum jüdischen

Lebens nähern zu müssen, wenn wir es ernst meinen mit der Zukunft des Judentums, um so mehr, als unsere Väter, die bislang die Garanten eines dubiosen Minimalritus waren, allmählich wegsterben. Diese Einsicht ist gewiß unpopulär, und ich bin überzeugt, daß sie vielen als veraltet, überholt oder gar reaktionär erscheinen mag. Aber die Unmöglichkeit einer säkularen jüdischen Identität in der Diaspora ist auf lange Sicht evident, und wenn man genau diese Lebensform sucht und leben will, wogegen ja überhaupt nichts einzuwenden ist, so ist diese Existenzform in der einzigen Konsequenz nur noch in Israel möglich. Denn die Transformation der jüdischen in eine israelische Existenz, die Transformation des jüdischen Volkes zur jüdischen Nation, bilden die Rahmenbedingungen, die heute eine areligiöse jüdische Identität garantieren, die nicht auf mehrere Generationen hinaus zum Aussterben und zum Untergang verurteilt sein will.

Nun wird mir gewiß das berühmte Beispiel vorgehalten werden, daß der Enkel des völlig atheistisch lebenden jüdischen Großvaters das Judentum wiederentdeckt und plötzlich zum frommen Juden wird. Ja, diese Beispiele gibt es, und es wäre müßig, sie gegen all diejenigen Enkelkinder aufzurechnen, die als ordentlich getaufte Christen zur Welt gekommen sind und als solche auch wieder sterben. Vor allem: Was nützt dieses Beispiel? Will der nichtreligiöse Jude sich also auf sein Glück verlassen, daß der Enkel schon den Weg »zurück« finden wird? Warum dann nicht gleich den Weg beibehalten? Und wenn dieser

Weg ihm wirklich egal ist, dann braucht er sich auch nicht um das »jüdische« Schicksal seines Enkelkindes zu kümmern. Wenn es ihm aber nicht egal ist: Warum geht er dann nicht nach Israel, lebt dort ganz unbehelligt sein laizistisches Leben in der Gewißheit, daß sein Enkel trotzdem ein Israeli sein wird?
Worum geht es also? Doch immer wieder nur um die Frage, wie wir alle uns vor der Verantwortung gegenüber unserem Glauben, gegenüber unserem Gott drücken können.
Denn das eigentliche Problem, dem wir uns partout nicht stellen wollen, ist die Halacha, das Religionsgesetz, bestehend aus den 613 Mitzwot, den Ge- und Verboten, die das tägliche Leben des frommen Juden bis ins kleinste Detail bestimmen. Es ist hart, das »Joch der Mitzwot«, keine Frage, es ist unbequem, es verlangt viele Opfer. Doch es ist seit Jahrtausenden das Korsett der jüdischen Identität gewesen, das allein dafür gesorgt hat, daß es heute überhaupt noch Juden gibt. Das moderne Judentum der Diaspora kann gar nicht umhin, sich mit der Halacha zu konfrontieren und sich zu fragen, wie es damit in Zukunft umgehen will.
Die Halacha ist stets das konstitutive Element des Judentums gewesen. Dieses Normensystem dient keinem anderen Zweck als der praktischen Realisierung der Thora im Leben jedes einzelnen. Gerade im Judentum, das so großen Wert auf die Tat, auf die Aktion legt, in dem also religiöser Glaube und religiöse Praxis eng miteinander verwoben sind, ist die Halacha, die praktische Ausübung der göttlichen

Gesetze, ein Muß. Glaube oder gar Religion sind Größen, die im Judentum keine entscheidende Bedeutung gespielt haben. Ein Bekenntnis zum Glauben oder zu Gott oder zu irgendwelchen ethischen Überzeugungen hat so lange keinen Wert, solange diesen gewichtigen Bekenntnissen nicht Taten folgen, sprich: die Einhaltung der Gesetze. In der jüdischen Geschichte gab es immer wieder Konversionen, manchmal sogar ganzer Volksgruppen und Stämme. Doch diese neuen Juden hatten nur dann eine Chance, in die jüdische Welt aufgenommen zu werden, wenn sie sich der religiösen Praxis jüdischen Lebens und Denkens verschrieben, wenn sie die Mitzwot beachteten.

Die Grundvoraussetzung zur Befolgung der Gebote ist jedoch die Überzeugung, daß es sich bei der Thora um die Offenbarung des göttlichen Willens handelt. Dies wurde jahrtausendelang nie in Zweifel gezogen, und erst mit Beginn des Reformjudentums begann sich diese Vorstellung allmählich zu wandeln.

Wenn aber die Thora das geoffenbarte Wort Gottes ist, dann sind seine Gebote und Gesetze zu befolgen. Es gibt aus dieser Logik zunächst einmal kein Entrinnen. Yeshayahu Leibowitz erklärt die Verquickung von Glaube und Halacha treffend, wenn er erklärt:

»Halacha ist auf Glauben begründet, gleichzeitig konstituiert sie jedoch diesen Glauben. Mit anderen Worten: Das Judentum als lebendige Religion kreiert den Glauben, auf welchen es begründet ist. Das ist ein logisches Paradox, aber kein religiöses. Die Halacha ist keine Hülle, die die jüdische Religion oder den

Glauben umschließt. Es ist die alleinige Form, in welcher sie konkretisiert werden kann, die kollektive Manifestation des Judentums.«

Die Halacha ist der kategorische Imperativ Gottes. Und er verlangt keinerlei spirituelle Ausnahmesituation. Die religiöse Praxis sieht nicht die Augenblicke der Ekstase oder göttlicher Verzückung vor. Nein, ein ganz pragmatisches Hier und Jetzt, ein ganz normales Tag-für-Tag-Dasein, das ist es, was die Halacha fordert und gibt: Die Augenblicke mystischer Wahrnehmung des Göttlichen, wie etwa der Chassidismus dies durch seine praktische Form kabbalistischer Lebensführung erreichen will, funktioniert ebenfalls nur auf der Basis der Mitzwot. Die Chassidim haben diesen Gesetzeskanon stets anerkannt. Auch bei den mystischen Bewegungen bildete die Halacha quasi das Fundament, von dem man abhob, um die höheren Sphären zu erreichen. Eine Geschichte über Rabbi Nachman von Bratzlaw erzählt, daß er auf einer seiner Reisen zu der Einsicht gelangt sei, man könnte Gotteserkenntnis und Gottesfürchtigkeit auch ohne Einhaltung der Gebote erreichen. Doch zugleich war ihm klar, daß dies nur wenigen auserwählten Persönlichkeiten vergönnt sei, daß deswegen auch diesen Auserwählten, wie er selbst einer war, die Einhaltung der Gesetze oberstes Gebot bliebe.

Nun existieren unter den Mitzwot viele Verordnungen, die einen »Sinn« machen, und andere, wie zum Beispiel das Verbot, bestimmte Stoffe zu tragen, die aus Wolle und Flachs gemischt sind, die dem heutigen Menschen »keinen Sinn« machen. Gerade diese Gebote sind es, die den säkularen Juden dazu bewegen, die Halacha als Ganzes abzulehnen, da sie in der heutigen Zeit »unsinnig« geworden sei. Dabei wird in solchen innerjüdischen Diskussionen gerne mit Begriffen und Argumenten durch die Gegend geworfen, von denen die meisten nichts verstehen. Keiner der Diskutierenden würde es wagen, in ähnlicher Form über Probleme der Atomphysik oder der Mikrobiologie zu sprechen: Auch da sind einige Grundkenntnisse aufgrund allgemeiner Zeitungslektüre vorhanden, doch ist man deswegen bereits ein Kenner der Materie? Die Tatsache, daß man Jude ist, scheint aber jedem Juden das Recht zu geben, über Glauben und Religion zu sprechen, selbst wenn keine Kenntnisse vorhanden sind. Das macht, naturgemäß, eine seriöse Auseinandersetzung mit den zugegeben schwierigen Problemen eines modernen jüdischen Lebens fast unmöglich.

Viele der Mitzwot sind in der Tat bedeutungslos oder sinnlos – wenn der Mensch als das Maß aller Dinge betrachtet wird. Dienen die Gesetze jedoch der Befriedigung menschlicher Bedürfnisse? Maimonides, der große Rationalist der jüdischen Religionsphilosophie, widerspricht dem energisch. Ganz im Gegenteil, sie dienen, seiner Überzeugung nach, einem Monotheismus, der in sich so streng ist, daß jede Form des Götzendienstes unmöglich ist. Das Einhalten der Halacha dient keinem anderen Zweck, als Gott zu dienen. Ob das dem Menschen Sinn macht oder nicht, spielt dabei keine Rolle. Und ebenso: Der Mensch hat sich von dieser Gottesfürchtigkeit auch nichts zu erwarten. In der religiösen Tradition wird von einem reinen Gottesdienst gesprochen, einem Dienst an Gott um »Seiner willen« und nicht vom Standpunkt der Frage: Was kann die Religion mir, dem Menschen, bringen?

In diesem Sinne versteht das Judentum auch die Frage nach dem Sinn des Lebens. Nicht wir haben dem Leben (oder Gott) Fragen zu stellen, sondern das Leben, Gott, stellt Fragen an uns. Viktor E. Frankl, der Begründer der Logotherapie, beschreibt die Erkenntnis zu dieser Form des Zugangs zum Leben ausgerechnet in seinen Erfahrungen, die er in den Konzentrationslagern gemacht hat:

»Man mußte also den Lagerinsassen, sofern sich hie und da einmal die Gelegenheit dazu bot, das ›Warum‹ ihres Lebens, ihr Lebensziel, bewußt machen, um so zu erreichen, daß sie auch dem furchtbaren ›Wie‹ des gegenwärtigen Daseins, den Schrecken des Lagerlebens, innerlich gewachsen waren und standhalten konnten. Umgekehrt: wehe dem, der kein Lebensziel mehr vor sich sah, der keinen Lebensinhalt mehr hatte, in seinem Leben keinen Zweck erblickte, dem der Sinn des Daseins entschwand – und damit jedweder Sinn eines Durchhaltens (...) Was hier not tut, ist eine Wendung in der ganzen Fragestellung nach dem Sinn des Lebens: Wir müssen lernen und die verzweifelnden Menschen lehren, daß es eigentlich nie und nimmer darauf ankommt, was wir vom Leben noch zu erwarten haben, vielmehr lediglich darauf: was das Leben von uns erwartet! Zünftig philosophisch gesprochen könnte man sagen, daß es hier also um eine Art kopernikanische Wende geht, so zwar, daß wir nicht mehr einfach nach dem Sinn des Lebens fragen, sondern daß wir uns selbst als die Befragten erleben, als diejenigen, an die das Leben täglich und stündlich Fragen stellt – Fragen, die wir zu beantworten haben, indem wir nicht durch ein Grübeln und Reden, sondern nur durch ein Handeln, ein richtiges Verhalten, die rechte Antwort geben. Leben heißt letztendlich eben nichts anderes als: Verantwortung tragen für die rechte Beantwortung der Lebensfragen, für die Erfüllung der Aufgaben, die jedem einzelnen das Leben stellt, für die Erfüllung der Forderung der Stunde.«

Das berühmteste Beispiel dieser Lebenshaltung ist die Geschichte der Akeda, der Opferung Jitzchaks durch Abraham. Dieses frühe Beispiel, gleich zu Beginn der fünf Bücher Mose, ist die Basis, auf der die Halacha ausgeführt werden soll. Der unbedingte Gehorsam gegenüber dem göttlichen Gesetz, das dem Menschen unsinnig und unverständlich erscheinen mag, ist die einzige Garantie, daß man sich keiner Form der Götzendienerei ergibt. Insofern hat die Halacha auch sehr viel mehr mit der Pflicht des Menschen als mit seinen emotionalen und seelischen Bedürfnissen zu tun. Gerechtigkeit ist denn auch im Gegensatz zu viel gefühsbetonteren Vorstellungen der zentrale Gedanke, der das Judentum bestimmt. Denn nur Gerechtigkeit gegenüber Gott, gegenüber seinen Mitmenschen, ist ein Verhalten, das von jedem eingefordert werden und somit zu einer besseren

Welt führen kann. Sie ist eben auch die Grundvoraussetzung für die Liebe. Aber Gefühle kann man nur schwer befehlen.

»Der Weg, der zu Gott führt, führt also ipso facto – und nicht obendrein – zum Menschen; und der Weg, der zum Menschen führt, bringt uns zur rituellen Disziplin, zur Selbsterziehung. Ihre Größe liegt in ihrer täglichen Regelmäßigkeit (...) Das Gesetz ist Anstrengung. Die tagtägliche Treue zur rituellen Geste verlangt einen Mut, der ruhiger, edler und größer ist als der des Kriegers. Wir kennen die prophetische Beschwörung Israels durch Bileam: ›Siehe, das Volk wird aufstehen wie ein Leopard und wird sich erheben wie ein Löwe.‹ Der Talmudist zögert nicht, dieses königliche Erwachen mit der souveränen Kraft eines Volkes zu vergleichen, das fähig ist, das tägliche Ritual zu vollziehen. Erschauern des Leoparden, der aufsteht, aber nicht unter einem Joch. Das Gesetz ist für den Juden niemals ein Joch. Es enthält seine eigene Freude, von der sich ein religiöses Leben sowie die ganze jüdische Mystik nährt«, erklärt Emmanuel Lévinas.

Das erste Dokument, das den jüdischen Glauben formuliert hat, ist das sogenannte Schema-Gebet, das »Höre Israel«. Es ist das Glaubensbekenntnis schlechthin, jeder fromme Jude muß es zweimal am Tag beten, und es enthält alle wesentlichen Grundgedanken jüdischer Religionspraxis, so daß es sich lohnt, dieses Gebet, das aus einem Bekenntnissatz und drei Thora-Passagen besteht, zu betrachten:

»Höre, Israel, der Ewige unser Gott, der Ewige ist einzig!

Gesegnet sei der Name der Herrlichkeit seines Reiches immer und ewig.

Du sollst den Ewigen, deinen Gott, lieben mit deinem ganzen Herzen und mit deiner ganzen Seele und mit deinem ganzen Vermögen. Es seien diese Worte, die ich dir heute gebiete, in deinem Herzen. Schärfe sie deinen Kindern ein und sprich von ihnen, wenn du in deinem Hause sitzest und wenn du auf dem Wege gehst, wenn du dich niederlegst und wenn du aufstehst. Binde sie zum Zeichen an deine Hand und sie seien zum Stirnschmuck zwischen deinen Augen (gemeint sind die Tefillin, die Gebetsriemen, Anm. d. Verf.) Schreibe sie an die Pfosten deines Hauses und an deine Tore (gemeint sind die Mesusot, kleine Kapseln mit Gebeten, die an jedem jüdischen Hauspfosten befestigt werden, Anm. d. Verf.).
Es wird sein, wenn ihr immer hören werdet auf meine Gebote, die ich euch heute gebiete, den Ewigen, euren Gott zu lieben und ihm zu dienen mit eurem ganzen Herzen und mit eurer ganzen Seele. So werde ich den Regen eures Landes zu seiner Zeit geben, Frühregen und Spätregen, du wirst dein Getreide einsammeln und deinen Most und dein Öl. Ich werde Gras auf deinem Felde für dein Vieh geben; du wirst essen und satt werden. Hütet euch, daß euer Herz nicht verführt werde und ihr abweichet und fremden Göttern dienet und euch vor ihnen bückt. Der Zorn des Ewigen wird dann über euch entbrennen, er wird den Himmel verschließen, daß kein Regen komme und der

Erdboden wird seinen Ertrag nicht geben; ihr werdet bald aus dem guten Lande schwinden, das der Ewige euch gibt. So leget diese meine Worte in euer Herz und in eure Seele, bindet sie zum Zeichen an eure Hand und sie seien zum Stirnschmuck zwischen euren Augen. Lehret sie eure Söhne von ihnen zu reden, wenn du sitzest in deinem Hause und wenn du auf dem Wege gehst, wenn du dich niederlegst und wenn du aufstehst. Schreibe sie an die Pfosten deines Hauses und an deine Tore. Auf daß sich eure Tage vermehren und die Tage eurer Kinder auf dem Erdboden, den der Ewige euren Vätern ihnen zu geben geschworen, wie die Tage des Himmels über der Erde.
Es sprach der Ewige zu Moses also: Rede zu den Kindern Israel und sage ihnen, sie sollen sich Schaufäden an die Ecken ihrer Kleider machen für ihre Geschlechter und sollen an den Schaufäden der Ecke einen Faden himmelblauer Wolle anbringen. Das sei euch zu Schaufäden, daß ihr sie sehet und euch an alle Gebote des Ewigen erinnert und sie erfüllt, und spähet nicht eurem Herzen und euren Augen nach, denen nachfolgend ihr untreu werdet. Auf daß ihr gedenket und erfüllet alle meine Gebote und heilig werdet eurem Gotte, ich, der Ewige, euer Gott, der ich euch aus dem Lande Ägypten geführt, um euch zum Gott zu sein, ich, der Ewige, euer Gott, Wahrheit!«

Dieses Gebet beinhaltet nicht nur ein Bekenntnis zum Monotheismus – das versteht sich von selbst –, sondern es zeigt nachdrücklich, daß der zentrale Gedanke jüdischen Lebens die Einhaltung der Mitzwot ist. Wie wichtig das Schema-Gebet ist, läßt sich bereits daraus ersehen, daß im Talmud die Mischna im

Traktat Berachot mit einer Diskussion um die Gebetszeiten des Schema-Gebetes beginnt.
Wie Yeshayahu Leibowitz, angelehnt an Maimonides, eindrucksvoll nachweist, ist das Interessante an diesem Gebet die Synthese, die der letzte Abschnitt »Es sprach der Ewige ...« beinhaltet. Während der erste Absatz von dem bereits erwähnten kategorischen Imperativ ausgeht (»Du sollst den Ewigen, deinen Gott, lieben«) und den Gottesdienst um seiner selbst willen verlangt – wobei Gott lieben nichts mit der romantischen Gefühlsregung Liebe zu tun hat, sondern mit der Erfüllung seiner Gebote –, so findet sich im zweiten Abschnitt ein Versprechen Gottes wieder. Wenn der Mensch auf die Gebote hört, dann werden ihm Wünsche erfüllt – eigentlich ein völliger Widerspruch zu all dem Gesagten bisher. Doch Gott weiß, daß nicht jeder Mensch so unabhängig ist, frei von seinen eigenen Bedürfnissen zu beten und zu leben, so daß auch diesem Menschen, sozusagen, ein Zugeständnis gemacht wird. Das aber nur – und dies ist die Synthese des letzten Paragraphen –, wenn er die Halacha, die wörtlich nichts anderes als »Weg« bedeutet, einhält. Den Weg der Halacha zu gehen heißt nichts anderes als die Emanzipation des Menschen von den Fesseln der bloßen Natur, denn dieser Weg, das versteht sich von selbst, läßt sich gewiß nicht von der menschlichen Natur ableiten.
Diese hier nur oberflächlich skizzierten Grundgedanken des orthodoxen Judentums mußten genau zu dem Zeitpunkt in Zweifel gezogen werden, als die beginnende Emanzipation den Juden die Möglich-

keit gab, sich allmählich in der nichtjüdischen Umwelt zu integrieren. Die Einflüsse der modernen Naturwissenschaften und der nichtjüdischen Philosophie, die nun allmählich auf die jüdische Minderheit hereinprasselten, führten schnell zu einer Revision des uralten jüdischen Gedankenguts. In Deutschland entstand die Reformbewegung, die sich später vor allem in den USA und England erhalten hat. Nachdem die Juden endlich ihre Bürgerrechte hatten, mußten sie nun versuchen, ihre Loyalität zum neuen Nationalstaat unter Beweis zu stellen. Die Aufgabe des Gedankens eines jüdischen Volkes zugunsten einer jüdischen Konfession habe ich bereits erwähnt. Gleichzeitig aber gingen diese Juden daran, ein neues Konzept zur Offenbarung und zur Halacha zu entwickeln, das mit ihrer modernen Lebensweise in größerem Einklang stehen sollte. Interessant ist dabei, daß das Judentum erst die rationale Aufklärung brauchte, um eine religiöse Reformation zu entwickeln, wohingegen das Christentum sich erst reformieren mußte, um zur Aufklärung zu gelangen.
Die frühen Reformer begannen, die Thora nicht mehr als das unmittelbare Wort Gottes zu verstehen, also als Offenbarung schlechthin, sondern als einen Text, der von Menschen geschrieben wurde, nachdem sie immer wieder das Wunder der Offenbarung erlebt hatten. Die Offenbarung wurde auch weiterhin nicht geleugnet, doch die Heiligkeit der Thora wurde in Zweifel gezogen. Dadurch hatten die Mitzwot natürlich nicht mehr die Bedeutung wie für das orthodoxe Judentum. Um sich aber von den »unsinnigen« Ge-

boten befreien zu können, beriefen sich die Reformer viel lieber auf die Tradition der Propheten mit ihren ethisch-moralischen Prinzipien, ihren Forderungen nach einem gerechten und richtigen Leben. Damit wurde das Prinzip der menschlichen Vernunft betont, das Judentum somit zu einer Vernunftreligion umgedeutet, die progressiv ist.

1885 wurden in der sogenannten »Pittsburg Platform« die wesentlichsten Punkte des neuen reformatorischen Programmes zusammengefaßt. Es beinhaltet eine Verwerfung sowohl der Mitzwot als auch des nationalen Gedankens im Judentum:

»Wir erkennen die mosaische Gesetzgebung als ein System an, das das jüdische Volk auf seine Mission während seines nationalen Lebens in Palästina vorbereiten sollte. Heute akzeptieren wir für uns nur noch die moralischen Gesetze als verbindlich und setzen nur noch entsprechende Zeremonien zur Erhebung und Heiligung unseres Lebens fort, weisen dagegen all jene zurück, die nicht an die Sichtweise und Gewohnheiten der modernen Zivilisation angepaßt sind (...) Wir vertreten die Ansicht, daß es all jenen mosaischen und rabbinischen Gesetzen – wie die Speisegesetzgebung, die priesterliche Reinheit und Kleidungsvorschriften, die alle in Zeiten und unter dem Einfluß von Ideen, die unserem gegenwärtigen mentalen und spirituellen Zustand fremd sind – nicht gelingt, den modernen Juden vom Geist der priesterlichen Heiligkeit zu beeindrucken; ihre Einhaltung in unseren Tagen ist eher dazu geeignet, moderne spirituelle Erhebung zu verhindern, denn sie zu fördern (...) Wir sehen uns nicht länger als Nation an, sondern als religiöse Gemeinschaft. Deswegen erwarten wir weder eine Rückkehr nach Palästina, noch einen Opferdienst unter den Söhnen Aarons, noch die Wiederherstellung irgendeines Gesetzes, das den jüdischen Staat betrifft.«

Nur wenige Jahrzehnte später sah sich die Reformbewegung in Bedrängnis. Die Machtergreifung Hitlers forderte eine Überprüfung der alten Positionen. 1937 verabschiedeten die amerikanischen Reformrabbiner in Columbus/Ohio neue »Guiding Principles of Reform Judaism«. Diese als »Columbus Platform« bekannt gewordene Erklärung setzte neue Akzente. Zwar wurden auch damals noch viele Gesetze der Thora abgelehnt, doch: »... als ein Aufbewahrungsort der ewigen spirituellen Ideen bleibt die Thora die dynamische Quelle für das Leben Israels. Jedes Zeitalter hat die Verpflichtung, die Lehren der Thora für seine Grundbedürfnisse zu adaptieren, immer in Übereinstimmung mit dem Genius des Judentums.«

Und auch Palästina erfährt eine neue Aufwertung angesichts des nationalsozialistischen Rassenwahns: »In der Wiederherstellung Palästinas, dem Land, das durch Erinnerungen und Hoffnungen geheiligt wurde, sehen wir das Versprechen für ein erneuertes Leben für viele unserer Brüder. Wir bejahen die Verpflichtung der gesamten Judenheit zur Hilfe für den Aufbau eines jüdischen Heimatlandes, in dem wir uns nicht nur bemühen, es zu einem Zufluchtshafen für die Unterdrückten zu machen, sondern auch zu

einem Zentrum jüdischer Kultur und spirituellen Lebens.«
Schließlich wurde in der sogenannten »San Francisco Platform« in der Erklärung »Reform Judaism – A Centenary Perspective« aus dem Jahre 1976 die Gewichtung erneut verschoben: Jetzt wird eindeutig wieder von einem jüdischen Volk (»The Jewish People and Judaism«) gesprochen, und auch die Halacha wird in einem zwar immer noch progressiven, aber längst nicht mehr so ablehnenden Sinn betrachtet, wenn es heißt:
»Gesetzgeber und Propheten, Historiker und Dichter gaben uns ein Erbe, dessen Studium ein religiöser Imperativ ist und dessen Praktizierung unser Hauptmittel auf dem Weg zur Heiligkeit ist.«
Es würde an dieser Stelle zu weit führen, die feinen Unterschiede in den übrigen religiösen Strömungen der Zeit aufzuführen, doch sei noch kurz darauf hingewiesen, daß die Orthodoxie den Reformern den Vorwurf machte, das Judentum zu christianisieren. Schließlich war es eine bedeutende Entscheidung des frühen Christentums, die Halacha aufzugeben. Was aber hätte ein Halacha-loses Judentum noch zu bedeuten?
Aus den Gegensätzen Säkularismus, Orthodoxie und Reformbewegung wird vielleicht in Ansätzen klar, in welcher Zerreißprobe das Judentum sich heute befindet, oder persönlicher gesagt: jeder einzelne Jude. Die christliche und auch islamische Anschauung, daß die Lehre Israels längst überholt sei, weil sie in anderen Glaubens- und Denkrichtungen aufgegangen ist, daß

der Humanismus oder der Universalismus das Judentum als überholt und überflüssig erscheinen lassen, diese Überlegungen zeugen lediglich von der Unkenntnis der jüdischen Lehre bei den Nichtjuden. Viele Juden haben sich diese Anschauung zu eigen gemacht, da auch sie die Lehre ihres eigenen Glaubens nicht mehr kennen. Das Judentum hat seinen ganz besonderen monotheistischen Weg, der durch nichts aufzuheben ist. Sicher ist das Judentum nur *ein* Weg, aber diesen Weg zu leugnen hieße, den jüdischen Menschen per se zu leugnen. Das Judentum hat sich aus den rabbinischen Traditionen in der Antike entwickelt, und sein Weg zu Gott läuft in völlig anderen Bahnen als der christliche. Gott kennen, so der jüdische Gedanke, heißt wissen, was zu tun ist, denn wir kennen seinen Willen, er ist die Basis jüdischer Realität.

Die Shoa hat für uns Nachkriegsjuden einen Effekt, der weit in die Entscheidungsfrage um ein adäquates jüdisches Leben hineinreicht: Der Glaube an die völlige Integration in einer nichtjüdischen Gesellschaft ist abhanden gekommen. Das aus heutiger Sicht so naiv anmutende Bekenntnis der Reformjuden in Pittsburg, das zu einer Aufgabe des Rückkehrgedankens nach Israel führte, ist heute nicht nur durch die Existenz des jüdischen Staates ad absurdum geführt, sondern in erster Linie durch die Rassenpolitik Hitlers. Daß der Versuch einer Assimilation oder zumindest einer Integration im Prinzip gescheitert ist, daran ändert sich nichts, selbst wenn man zugeben muß, daß die große Mehrheit der Juden in den westlichen

Industrieländern integriert lebt. Dies kann sich jederzeit ändern – das beweist die Geschichte, das zeigt sich in Ansätzen bereits jetzt wieder, wo Europa in eine zunehmende ökonomische und politische Krise geraten ist.

Was bleibt also zu tun? Wir alle bewegen uns unsicher zwischen Anspruch und Pragmatismus, zwischen Gleichgültigkeit und Hoffnung. In den Gemeinden in Deutschland läßt sich ein Manko erkennen, das in den großen jüdischen Gemeinden dieser Welt so nicht zu finden ist. Denn hierzulande fehlen den Juden zwei Voraussetzungen, um sich der Frage wirklich stellen zu können, wie sie als Juden überhaupt überleben wollen: die Kenntnis der hebräischen Sprache und die Kenntnis des T'nach, der Heiligen Schriften, der immer und zu jeder Zeit das identitätsstiftende Buch der jüdischen Gemeinschaft bleiben wird, egal, ob man dieses nun als Offenbarung oder als Geschichtsbuch, als Literatur oder als Gesetzeskodex betrachtet. Ohne dieses Buch wird das Judentum untergehen.

Die in Deutschland so geschätzte Formel »Jude wegen Auschwitz« ist nicht nur absurd und obszön, sie ist vor allem überholt. Längst haben Juden in aller Welt begonnen, sich von Auschwitz zu lösen. Marek Halter, französischer Intellektueller und Maler, hat schon vor einigen Jahren dazu aufgerufen, Juden müßten eine neue Identität jenseits der Shoa entwickeln. Und auch in Israel herrscht ein neuer Wind. Die Instrumentalisierung von Auschwitz, die die alte Likud-Regierung unter Jitzchak Schamir betrieben hat, um angeblich das nationale Einheitsgefühl zu stärken, hat mit dem neuen Ministerpräsidenten Jitzchak Rabin schlagartig aufgehört. Rabin wies darauf hin, daß Israel wichtigeres zu tun habe, als ewig nach rückwärts zu schauen, schließlich baue man in Israel die Zukunft des jüdischen Volkes. Nur unter »deutschen« Juden scheint sich das noch nicht herumgesprochen zu haben. Betrachtet man nur die Inhalte der jüdischen Zeitungen, insbesondere der *Allgemeinen Jüdischen Wochenzeitung,* dem offiziellen Organ des Zentralrats, so finden sich zahlreiche Artikel, die sich nach wie vor mit der NS-Zeit, mit dem Antisemitismus, mit dem Rechtsradikalismus beschäftigen, als ob dies notwendig sei, um sich so richtig wohl fühlen zu können. Und die Inhalte der kulturellen Veranstaltungen in den Gemeinden, den jüdischen Volkshochschulen und anderer Organisationen zeigen ein ähnliches Bild.

Wie also mit seinem Judentum umgehen in Deutschland? Gewiß nicht so, wie dies der Zentralrat getan hatte, nachdem eines seiner Mitglieder, der Fernsehmoderator Hans Rosenthal (»Dalli-Dalli«), gestorben war. Rosenthal, ein deutscher Jude, war mit einer nichtjüdischen Frau verheiratet. Nach seinem Tode diskutierte der Zentralrat plötzlich darüber, daß man künftig keine Mitglieder, die mit einem nichtjüdischen Partner verheiratet seien, mehr akzeptieren werde. Diese Diskussion wurde von Menschen geführt, die alles andere als ein religiöses Leben praktizierten.

Das Fehlen verschiedener religiöser Richtungen erschwert zusätzlich eine Entwicklung. Die sogenannte Einheitsgemeinde, unter deren Dach sich quasi alle Juden wiederfinden sollen, ist in Wirklichkeit ein Versuch, alles, was den Gründervätern der Gemeinden nach 1945 nicht paßte, unter Kontrolle zu halten. So aber kann sich Neues nicht entwickeln. Weder das konservative Judentum noch das liberale haben eine Chance. Während in Zürich mit etwa 6000 Juden beispielsweise mehrere Gemeinden – von ultraorthodox bis liberal – problemlos nebeneinander existieren, wird dies auf absehbare Zeit in Deutschland nicht zu erwarten sein. Aber warum eigentlich nicht? Wovor fürchten sich die Verantwortlichen? Warum nicht den Menschen freie Wahl lassen?

Das Dilemma unserer Gemeinden ist, daß die Mehrheit der Mitglieder aufgrund ihres familiären Backgrounds das Reformjudentum ablehnen und es als »gojisch« abtun, ja, es gibt sogar die orthodoxe Ansicht, daß es noch schlimmer sei, eine Reformsynagoge zu betreten als eine Kirche. Den Reformjuden muß jedoch überwiegend bescheinigt werden, daß sie ein überaus fundiertes Wissen im T'nach haben: Sie können sich also zumindest entscheiden, wie sie leben wollen, weil sie wissen, wovon sie sprechen. Aber wir?

Wir in Deutschland lavieren uns durch. Das wird nicht lange gutgehen, doch es entspricht wohl den Tatsachen, daß den meisten das Judentum letztendlich egal ist. Und wenn diese Juden ihr schlechtes Gewissen dadurch beruhigen wollen, daß sie sich vor allem für liberale und soziale Belange einsetzen, so

schlägt ihnen das Judentum, ihr vernachlässigtes Judentum, ein Schnippchen. Seiner eigenen Sprache beraubt, nahm es Zuflucht zu einem geborgten Denken, wie Lévinas dies beschreibt, »denn man kann nicht instinktiv Jude sein; man kann nicht Jude sein, ohne es zu wissen (...) Die Zugehörigkeit zum Judentum setzt den Ritus und das Wissen voraus. Dem Ignoranten ist Gerechtigkeit unmöglich. Das Judentum ist ein extremes Bewußtsein.«
Aber dieses Bewußtsein fehlt in Deutschland. Jeder von uns wird sich entscheiden müssen, ob er sich dieses Bewußtsein erwerben will oder nicht. Das ist ängstigend, das ist umständlich, unpraktisch, gegen den Zeitgeist, gegen fast alles, was diese Gesellschaft verkörpert. Doch wann hatte sich das Judentum schon um Modeerscheinungen in Denken und Geist einer nichtjüdischen Umwelt gekümmert? Die beiden ewigen Fragen gilt es auch heute wieder zu beantworten: Wer ist Jude? Wie leben als Jude? Vielleicht gibt es keine Antwort, oder vielleicht ist die Antwort nichts als die ewige Suche nach ihr in den alten Texten, die mitunter sehr viel lebendiger wirken als das Judentum der Juden:
»Sind sie nicht auch die Glut, die unter der Asche schläft, wie Rabbi Elieser zufolge die Worte der Weisen? So durchzieht die Flamme die Geschichte, ohne in ihr zu brennen. Aber die Wahrheit erleuchtet – mehr oder weniger – denjenigen, der die schlafende Flamme mit seinem Atem wieder entfacht. Es ist eine Frage des Atems.«

EPILOG

Ich schrieb dieses Buch just in jenem Augenblick zu Ende, als im Nahen Osten geradezu revolutionäre Umwälzungen vor sich gingen. Das historische Shakehands zwischen dem PLO-Chef Yassir Arafat und dem israelischen Premierminister Jitzchak Rabin im Garten des Weißen Hauses in Washington am 13. September 1993, zwei Tage vor Rosch Haschana, dem jüdischen Neujahrsfest 5754, ist mehr als nur das Ende einer hundertjährigen Konfrontation, wie dies der israelische Außenminister Shimon Peres bezeichnete. Kein Mensch kann heute sagen, wie die Entwicklung weitergehen wird. Vielleicht ist Arafat bereits ein toter Mann, wenn diese Zeilen in Druck gehen, ermordet von radikalen Palästinensern, die seine Tat als Hochverrat an der palästinensischen Sache ansehen. Vielleicht ist in Gaza bereits ein Machtkampf zwischen Hamas und Fatah ausgebrochen, vielleicht sind zahlreiche israelische Zivilisten und Soldaten ermordet worden, weil die Terroraktionen eher noch zugenommen haben, vielleicht haben auch schon die radikalen jüdischen Siedler in den immer noch besetzten Gebieten einen Guerillakampf gegen die Palästinenser eröffnet.
Vielleicht werden im Nahen Osten noch grausame und schreckliche Dinge geschehen, vielleicht mißlingt das Experiment, das Arafat und Rabin im Bewußtsein des hohen Risikos eingingen. Wer kann das im Augenblick schon sagen? Und doch – soviel ist bereits sicher – hat sich der Nahe Osten am 13. September 1993 radikal verwandelt. Alles ist möglich, es gibt keine Front mehr, die nicht aufzubrechen ist. Das

lehrt das Abkommen zwischen der PLO und Israel. Auch wenn jetzt alles verloren ist, alles schiefgeht und die kriegerischen Auseinandersetzungen, die Intifada, der Terrorismus weitergehen – der Nahe Osten hat sich in diesen Spätsommertagen ebenso radikal verändert wie 1991 während des Golfkrieges, als sich plötzlich und unerwartet neue Allianzen, beispielsweise Syrien auf der Seite der USA, bildeten.

Die Vereinbarung zwischen der PLO und Israel hat eine fulminante Bedeutung für die jüdische Diaspora. Denn auch hier ist nichts mehr so wie bisher. Auch das Verhältnis zwischen Israel und dem jüdischen Galut hat sich in diesen Tagen grundlegend und endgültig gewandelt.

Israel ist erwachsen geworden. Mit dem erstaunlichen und selbst für die USA überraschenden Schritt, Verhandlungen mit der PLO aufzunehmen, hat sich Israel aus der Abhängigkeit des großen Bruders Amerika gelöst – aber auch aus der Verschlingung und Verstrickung mit der jüdischen Diaspora. Es besteht kein Zweifel, daß der Druck der USA auf Israel, nach Ende des Golfkrieges an einer Nahostfriedenskonferenz teilzunehmen, der Auslöser für die heutige Entwicklung war. Dennoch: Sowohl die PLO als auch Israel hatten sich ab einem bestimmten Zeitpunkt entschieden, die Nahostkonferenz in Washington als Deckmantel für die eigentlichen Gespräche zu benutzen. Man traf sich irgendwo in Norwegen, man saß sich gegenüber – Mann gegen Mann – und begann zu verhandeln. Als Erwachsene und

nicht mehr als Kinder am Gängelband einer Supermacht. Und man war so selbständig und erwachsen, daß die Verhandlungen tatsächlich geheim blieben. Außenminister Peres flog nach erfolgreicher Beendigung der Gespräche nach Kalifornien, um den US-Außenminister Warren Christopher vom erfolgreichen Abschluß der Verhandlungen zu informieren: Die USA waren überrascht und überrumpelt. Sie hatten keine Ahnung, was da fernab im kühlen Skandinavien vor sich gegangen war.
Zum erstenmal hat Israel sich nicht nach den USA gerichtet – und hat sich auch weder Rat noch Hilfe oder sonst irgendwelche Unterstützung aus der Diaspora geholt. Die amerikanischen Juden waren überfahren worden. Es gab keine Konsultationen, nicht einmal die sonst übliche Bitte um finanzielle Unterstützung wurde laut.
Israel hat endlich begriffen, daß es ein selbständiger Staat ist. Kein Vasall der USA und auch nicht der Sicherheitsfaktor und nahöstliche Außenposten für all die Juden in der Welt, die lieber dort bleiben, wo sie sind.
Solange im Nahen Osten Krieg herrschte, hat die Diaspora eine gewisse Daseinsberechtigung gehabt. Sie war eine Art finanzieller Außenposten, sie war – wie mein Cousin Jossi dies während des Golfkrieges geäußert hatte – entgegen der zionistischen Ideologie auch ein Garant für das Fortbestehen des jüdischen Volkes. Doch schon seit längerer Zeit zeichnete sich ein allmählicher Dissens zwischen Israel und der größten jüdischen Diasporagemeinde der Welt ab. Es

konnte im Laufe der Zeit gar nicht ausbleiben, daß allmählich die Interessen zwischen Galut und Israel auseinanderlaufen. Die Möglichkeit, Selbstbestimmung auszuüben, hat in Israel eine völlig neue Situation geschaffen, die uns Juden in der Diaspora unbekannt ist. Wir sind es einfach nicht gewöhnt, über uns selber bestimmen zu können. Sogar wenn wir in den demokratischen Ländern wählen gehen dürfen, sogar wenn wir uns, wie in den USA, als Teil der amerikanischen Nation verstehen. Mentalitätsunterschiede, ein kultureller Graben, ein anderes Selbstverständnis machen sich allmählich bemerkbar. Das jüdische Volk driftet auseinander: nicht nur, wie Leibowitz dies im religiösen Sinne meinte, in ein Volk, das sich innerhalb, und eines, das sich außerhalb der Halacha definiert, sondern in ein israelisches und ein galutjüdisches Volk.

Sollte Israel nun tatsächlich in Frieden mit seinen Nachbarn leben können, sollte im Nahen Osten das Unmögliche möglich werden, dann wäre das ein empfindlicher Schlag gegen die jüdische Diaspora – sie hätte keinen Sinn mehr. Die Wege würden sich trennen, und Juden auf der ganzen Welt müßten sich dann überlegen, welche Verpflichtungen sie gegenüber ihrem Judentum noch eingehen wollen.

Der jüdische Staat geht seinen eigenen, unabhängigen Weg. Somit geht das israelische Judentum einen eigenen Weg, der in Zukunft von größerer Bedeutung sein wird. Israel wird sich auf die Entwicklung geistiger, kultureller und religiöser Werte konzentrieren können und nicht mehr darauf stolz sein müs-

sen, die beste Armee des gesamten Mittleren Ostens zu haben.
Aus allen möglichen Ländern wanderten Juden in den letzten Jahren nach Israel ein. Aus den Staaten der ehemaligen UdSSR, aus Äthiopien und aus Indien. Die Äthiopier nannten sich schon immer »Beta Israel«, Haus Israel, die indischen Juden bezeichneten sich als »Bene Israel«, als Kinder Israel. Jetzt wollen ganze Völker aus der Dritten Welt ins Gelobte Land, weil sie ihre angeblichen oder tatsächlichen jüdischen Wurzeln wiederentdeckt haben. Schon lebt eine kleine Gruppe von Shinlung in Israel, die bereits zum Judentum konvertiert ist. Shinlung ist eine Volksgruppe an der indisch-burmesischen Grenze, die sich als die Nachkommen des verlorenen Stammes Menasche ansehen. Weitere 5000 Shinlung warten auf ihre Einreisegenehmigung nach Israel. Daneben gibt es die Pathans, eine Volksgemeinschaft, die an der pakistanisch-afghanischen Grenze lebt, die Kashmiris in Kaschmir, die Chiang-Mins, die an der chinesisch-tibetischen Grenze leben, seit jeher monotheistisch waren und sich als »Söhne Abrahams« bezeichnen: Wenn sie ein Tier opfern, stellen sie zwölf Fahnen um den Altar, um die zwölf Söhne ihres Urahnen zu symbolisieren. Schließlich gibt es noch zahlreiche afrikanische Stämme, die sich ebenfalls als Nachkommen der Israeliten bezeichnen. Das israelische Einwanderungsministerium sieht der Entwicklung mit gemischten Gefühlen entgegen, schließlich handelt es sich bei den aufgezählten Volksgruppen um mehrere Millionen Menschen –

wie soll Israel diese Massen absorbieren? Im übrigen würde dies eine gewaltige Veränderung in der Entwicklung der jüdischen Kultur bedeuten, insbesondere, wenn die aschkenasischen Juden aus Europa und den USA nach wie vor zögern werden, nach Israel auszuwandern. Wie auch immer: Israel kristallisiert sich, heute mehr denn je, als Zentrum der jüdischen Welt heraus. Doch vielleicht ist es bereits falsch, von einem Zentrum zu reden, denn das bedeutet ja, noch an eine jüdische Peripherie zu denken?

Der amerikanisch-jüdische Schriftsteller Philip Roth hat in seinem letzten Roman *Operation Shylock. A Confession* einen neuen Vorschlag gemacht. Sein literarisches Double hat es sich zum Ziel gesetzt, alle Juden aus Israel heraus und zurück nach Europa zu führen, ein umgekehrter Moses also, weil schließlich die jüdische Kultur zutiefst europäisch sei. Der sonst so geniale Roth irrt sich diesmal. Er erkennt die Zeichen der Zeit einfach nicht mehr. Die Diaspora hat ausgespielt. Sie wird mit dem 13. September 1993 umdenken müssen. Es ist kein Wunder, daß die Skepsis über den Friedensschluß mit der PLO im Galut allgemein größer ist als in Israel selbst. Die Ängste haben unbewußt mehr mit der eigenen Situation, der eigenen ungewissen Zukunft als Jude zu tun denn mit einer wirklichen Sorge um das Wohl des jüdischen Staates. Die Diaspora wird sich langfristig entscheiden müssen, wohin sie gehen will. Was aus ihr werden soll.

Und schon werden auch in Israel erste Stimmen laut,

die eine Neubewertung der Beziehungen zwischen Galut und Israel verlangen. Abraham B. Jehoschua hat dies schon vor langer Zeit getan, auch Lea Fleischmann versuchte vor einigen Jahren in einem Artikel die heilige Kuh »Rückkehrgesetz« zu schlachten, und jetzt ist selbst der moderate David Grossman in einem Essay mit dem Titel *Stell dir vor, es ist Frieden*, der im Oktober 1993 gleichzeitig in sieben Ländern erschien, in die gleiche Richtung vorgestoßen. Er spricht von den möglichen Veränderungen, die ein Frieden in Israel mit sich bringen kann, und schreibt: »Dann werden wir vielleicht in einem handfesteren Sinn die Bedeutung der Frage verstehen: Wer ist ein Israeli? Wir werden sie einbauen können in die ewige Frage: Wer ist ein Jude? Vielleicht wird, wenn wir nicht mehr das Gefühl haben, in Todesgefahr zu leben, der Umriß des wesentlichen Unterschieds sich herauskristallisieren zwischen denen von uns, die hier sind, und dem *Juden* als Symbol, als Mythos. Der umherwandernde, verfolgte Jude, der wieder und wieder überlebt. Der im Schatten des Todes gedeiht, der Jude irgendwo im Ghetto – in Europa, im Nahen Osten. Dann werden wir in der Lage sein – nein, wir werden es müssen –, für uns die israelische Erfahrung in einem positiven Sinne zu definieren: nie mehr ›wie anders wir sind von den Juden in der Diaspora‹, sondern wer wir hier sind. Ja, was das Israeli-Sein bezieht von 2000 Jahren dieses Judaismus, und was seine ganz eigenen, eben israelischen Charakterzüge sind. Was die jüdischen Werte sind, die in das israelische Alltagsleben übernommen werden können.

Welche Erinnerungen der jüdischen Geschichte wir auswählen, um sie unseren Kindern zu vermitteln. Es gibt keinen Zweifel: Wir haben die Möglichkeit, unsere Selbstinterpretation zu verändern. Uns unseren Überlieferungen neu zu stellen. Millionen von Juden in den verschiedenen Diasporas werden dann entscheiden müssen: Wollen sie jetzt, da das Leben in Israel normaler wird, da sich hier so viele neue Herausforderungen auftun, deren nicht die geringste die ist, was es bedeutet, ein Jude zu sein – wollen sie jetzt hierher kommen? Das Ende des Kriegszustandes und der Besetzung wird diese schwierige und unzweideutige Frage an Millionen Juden stellen, die sich selbst als Zionisten begreifen und sich selbst als ›perplex‹ definieren: Kommt ihr oder bleibt ihr?
Und wenn ihr nicht kommt – werden wir, die Manager des Hotels Zion, euch eure Zimmer weiterhin reserviert halten? Oder sollten wir uns auf ein Verfallsdatum einigen für das problematische Rückkehrgesetz?«
Als die deutschen Juden in den dreißiger und vierziger Jahren nach Palästina flohen, wurden sie von den bereits dort lebenden Zionisten gefragt: Kommt ihr aus Überzeugung oder aus Deutschland? Solche Fragen könnten sich jetzt wiederholen …
Wenn man die biblische Prophezeiung ernst nimmt, dann könnte der Eindruck entstehen, daß nun tatsächlich die Einsammlung der Exilierten beginnt. Dies wäre ein entscheidender Schritt hin zur Ankunft des Messias. Vielleicht sind Arafat und die deutschen Neonazis ja nur Marionetten in der Hand Gottes, die

darauf hinarbeiten sollen, das messianische Gottesreich errichten zu helfen. Vielleicht sollte man etwas prosaischer und nüchterner feststellen, daß die Zeit des Friedens im Nahen Osten entscheidend näher gerückt ist – das allein würde für den Anfang schon genügen. Dieser Frieden bedroht den Galut – so grotesk kann sich Geschichte entwickeln. Juden auf der ganzen Welt werden ihren Standort neu bestimmen müssen – wem das Judentum wichtig ist, wird um dieses Problem nicht herumkommen. Unter den Augen der Gojim scheint sich tatsächlich eine neue Ära in der jüdischen Geschichte anzubahnen.

GLOSSAR

Ajin Hara:	hebr. böser Blick
Akeda:	hebr. Opferung. Gemeint ist die Opferung Jitzchaks durch Abraham
Am Ha-Arez:	hebr. Landvolk. Die einfachen Juden ohne religiöse Bildung
Apikores:	hebr. Epikureer. Ein Freigeist, ein Ketzer, der sich über die religiösen Vorschriften hinwegsetzt
Aschkenas:	hebr. für Deutschland. Im weitesten Sinne werden jiddisch-sprachige Juden als Aschkenasim bezeichnet, im Gegensatz zu den spanischsprechenden oder orientalischen Sefardim
Baal Schem Tow:	Abbreviatur: BeSchT, hebr. »Meister des guten Namens«. Bezeichnung für Israel Ben Elieser, Begründer des Chassidismus, einer mystischen Bewegung, die gegen die strenge Schriftgelehrtheit der Rabbinen im 18. Jh. antrat
Baal Tefilla:	hebr. Meister des Gebetes, Vorbeter
Bescht:	siehe Baal Schem Tow
Bina:	hebr. Einsicht. Eine der zehn

Emanationen Gottes im Sefirot-Baum

Bobbe: jidd. Großmutter

Chabad: das theoretische, religionsgesetzliche System des Chassidismus, das durch Rabbi Schnëur Salman von Liadi gegründet wurde. Der Name ChaBaD besteht aus den Anfangsbuchstaben dreier Emanationen Gottes im Sefirot-Baum: Chochma – Weisheit, Bina – Einsicht, und Daat – Vernunft

Chabad-Lubawitsch: Gruppe der Chabad-Chassidim, deren Sitz in der russischen Stadt Lubawitsch war. Heutiges Zentrum ist in Brooklyn, New York

Chacham: hebr. Gelehrter

Chai: hebr. lebend, lebendig. Der Zahlenwert der Buchstaben ist 18. Die Zahl gilt als glücksbringend und wird bei Spenden zur Wohltätigkeit berücksichtigt (etwa bei einer Spende über 180.– DM : 10 x Chai)

Chanukka: Lichterfest im Winter. Erinnert an die Wiedereinweihung des Tempels und die Vertreibung der hellenistischen Seleukiden

Chassid: hebr. Frommer. Anhänger der

	mystischen Bewegung Osteuropas
Chassidismus:	siehe Baal Schem Tow
Cherem:	hebr. Bann, Bannfluch, Exkommunikation
Chochma:	hebr. Weisheit. Eine der zehn Emanationen Gottes im Sefirot-Baum
Daat:	hebr. Vernunft. Eine der zehn Emanationen Gottes im Sefirot-Baum
Dafke:	jidd. trotzdem, dennoch
Dewekut:	hebr. Anhangen. Gemeint ist damit eine Bindung der Seele an Gott, eine Kommunion mit Gott
Ein Sof:	hebr. Unendlich. Bezeichnung Gottes in der Kabbala
Eretz Jisrael:	hebr. Land Israel. Gemeint ist das ganze biblische Territorium
Fatah:	arab. Eine der Kampforganisationen der PLO
Gabbaj:	hebr. Synagogendiener
Gaon:	hebr. Genie. Ursprünglich »Majestät«, Oberhaupt der babylonischen Gelehrtenschulen in der nachtalmudischen Zeit. Gaon-Titel im Mittelalter und in der Neu-

	zeit als Ehrenname rabbinischer Autoritäten
Gemara:	hebr. das Vollendete. Die Erläuterungen der Mischna, Teil des Talmud
Goj:	hebr. Volk, Bezeichnung für Nichtjuden, Plural: Gojim
Golah:	hebr. Exil
Gusch Emunim:	hebr. Block der Getreuen. Nationalreligiöse Gruppe, die aus religiöser Überzeugung für eine Besiedlung der besetzten Gebiete, die sie »befreite Gebiete« nennt, eintritt, da vor allem die Westbank wesentlicher Teil des biblischen Israel ist
Haggada:	hebr. Erzählung. Buch, das die Erzählung vom Auszug des jüdischen Volkes aus Ägypten enthält und das am Seder-Abend von Pessach rezitiert wird
Haggana:	hebr. Verteidigung. Die nationale Militärorganisation in Palästina während des britischen Mandats. Existierte von 1920–1948 und ging nach der Gründung des Staates Israel im israelischen Heer auf
Halacha:	hebr. Weg. Normativer Teil der mündlichen Lehre, das Gesetzliche in der talmudischen, nach-

biblischen jüdischen Literatur. Hauptbestandteil des Talmud

Haman: Figur aus der Esther-Rolle. Feind des jüdischen Volkes, später auf alle großen Feinde der Juden übertragen

Hamas: arab. radikal-islamische, palästinensische Terrororganisation

Haskala: hebr. Aufklärung. Jüdische Aufklärung im 17. Jahrhundert, die die Säkularisation jüdischen Lebens einleitete

Hitgalut: hebr. Offenbarung

Irgun: eigentlich: Irgun Zwai Leumi, hebr. Militärische nationale Organisation. 1931–1948 radikale zionistische Untergrundorganisation, führte seit 1939 einen Guerilla-Krieg gegen die Briten und die Araber in Palästina. Ab 1943 wurde der Irgun von Menachem Begin geleitet. Nach der Staatsgründung wurde die Organisation aufgelöst

Jecke: jidd. liebevoll-ironische Bezeichnung für Juden aus Deutschland, Plural: Jeckes

Jeschiwa: hebr. Sitz (der Gelehrsamkeit): Hochschule für Talmudstudien

Jichud:	hebr. Einung. Die Wiederherstellung der Verbindung Gottes zu seiner auf Erden im Exil befindlichen Schechina
Jischuw:	hebr. Ansiedlung. Prästaatliche jüdische Siedlung in Palästina
Jiskor:	hebr. Gedenken, Trauergebet für verstorbene Verwandte
Jom Kippur:	Versöhnungstag. Höchster jüdischer Feiertag.
Jomtew:	jidd. vom hebräischen Jom Tow, guter Tag. Bezeichnung für »Feiertag«. Plural: Jomtojwim
Kabbala:	hebr. Überlieferung. Allgemeine Bezeichnung für die jüdische Mystik
Kaschrut:	hebr. Reinheit. Die rituelle Speisegesetzgebung
Kawwana:	religiöse Intention und Konzentration
Kibbutz:	hebr. Sammlung. Siedlungsform auf kollektivistischer Grundlage in Israel
Kiddusch:	hebr. Heiligung. Segensspruch über einen Becher Wein vor den Mittags- und Abendmahlzeiten am Schabbat und an Feiertagen
Knesset:	hebr. Versammlung. Israelisches Parlament

Laschon Hara: hebr. üble Nachrede

Machsor: Gebetbuch für bestimmte Feiertage

Maggid: hebr. Sprecher. Umherziehender Prediger

Medinat Jisrael: Staat Israel. Im Gegensatz zu Eretz Jisrael. Seit dem 6-Tage-Krieg sind Medinat und Eretz Jisrael identisch

Menora: siebenarmiger Leuchter, der im heiligen Tempel von Jerusalem stand

Mesusa: kleine Rolle mit Thora-Passagen, die an die Türpfosten genagelt werden. Plural: Mesusot

Mischna: hebr. Wiederholung, Lehre. Kern der mündlichen Lehre, kanonische Sammlung des Gesetzes-Schrifttums. Sie wird von der Gemara kommentiert und bildet mit dieser zusammen den Talmud

Mitnaged: Gegner der Chassidim, Vertreter der strengen, rabbinischen Form des Judentums, Plural: Mitnagdim

Mitzwa: hebr. Gebot, Plural: Mitzwot. Es gibt im Judentum 613 Ge- und Verbote

Moschaw: Siedlungsform in Israel, die Privatbesitz erlaubt, aber ähnlich wie

	der Kibbutz auf kooperativer Basis aufgebaut ist.
Nëila:	Schlußgebet am Jom Kippur
Neturei Karta:	hebr. Hüter der Stadt. Radikal-orthodoxe Sekte in Jerusalem, die den Staat Israel nicht anerkennt, da nach biblischer Vorstellung vor der Ankunft des Messias kein jüdischer Staat gegründet werden darf
Niggun:	hebr. Lied, Melodie
Olam:	hebr. Welt
Pajes:	jüd. Schläfenlocken
Palmach:	hebr. Abkürzung für Pelugot Machaz, Stoßtruppen. Im Zweiten Weltkrieg Kommandotruppe der Haggana, eine Eliteeinheit. Ging nach der Staatsgründung im israelischen Heer auf
Pessach:	Feiertag, der an den Auszug aus Ägypten erinnert
Rabbi, Raw, Rebbe:	verschiedene Bezeichnungen für Herr, Lehrer und Gelehrter
Raschi-Kommentar:	wichtigster jüdischer Bibelkommentar, geschrieben von Raschi (Abbreviatur für Rabbi Solomon ben Jitzchak, 1040 – 1105)
Rosch Haschana:	Neujahrsfest

Sabra: nach der israelischen Kaktusfrucht bezeichnete Juden, die in Israel geboren wurden: außen stachelig, innen süß

Schaliach: hebr. Abgesandter

Schechina: hebr. Einwohnung. Eine der zehn Emanationen Gottes im Sefirot-Baum. Symbolisiert den weiblichen Teil Gottes

Schema Jisrael: hebr. Höre Israel. Das zentrale Bekenntnis-Gebet

Schischa: arab. Wasserpfeife

Schul: jidd. Schule. Bezeichung für Synagoge, da die Synagoge auch der Ort ist, wo man Talmud-Thora lernt, also eine Schule

Seder: hebr. Ordnung. Erster Abend von Pessach

Sefarad: hebr. Spanien. Spanischsprechende und orientalische Juden werden Sefardim genannt, im Gegensatz zu den Aschkenasim

Sejde: jidd. Großvater

Sefirot: hebr. zählen, erzählen. Die zehn Emanationen Gottes, die in der Kabbala im sogenannten Sefirot-Baum dargestellt werden

Shoa: hebr. Katastrophe, Untergang. Bezeichnung für den Holocaust

Siddur: hebr. Ordnung. Gebetbuch

Sochnut: hebr. für Jewish Agency. Organisation seit 1929, die in erster Linie für die Überführung der Juden aus der Diaspora nach Israel zuständig ist

Sefer ha-Sohar: hebr. Buch des Glanzes. Hauptschrift der kabbalistischen Literatur. Autor ist Rabbi Simon ben Jochai

T'nach: hebr. Abkürzung für Thora, Newiim, Ketuwim. Die fünf Bücher Mose, Propheten, Schriften. Bezeichnung für den gesamten Kodex der heiligen Schriften

Tachles: jidd. von hebr. Tachlit: Zweck, Ziel, Sinn

Tallit: jiddische Bezeichnung: Talles. Gebetsmantel

Talmud: hebr. Lehre. Lehrbuch der mündlichen Überlieferung, bestehend aus Gemara und Mischna

Tatte: jidd. Vater

Tefillin: Kästchen an Lederriemen, die man beim Morgengebet auf Stirn und linken Arm bindet. In den Kästchen befinden sich Zitate aus der Thora

Thora: hebr. Weisung, Lehre. Die fünf Bücher Mose. Im weiteren Sinne: die heiligen Schriften

Tikkun: hebr. Erlösung

Tscholent:	ostjüdisches Bohneneintopfgericht am Schabbat-Mittag
Tschuwa:	hebr. Umkehr
Zaddik:	hebr. Gerechter. Bezeichnung für führende Gestalten im Chassidismus
Zimzum:	göttliche Kontraktion. Gott zieht sich zurück, um so Platz für seine Schöpfung zu schaffen
Zizit:	Schaufäden an den vier Ecken des Tallit

LITERATUR

Alt, Franz: *Jesus – der erste neue Mann*. München, 1989

Awerinzew, Sergej: »Griechischer Geist und orientalische Weisheit«, in: *Lettre International 16*, Berlin, 1992

Biller, Maxim: *Wenn ich einmal reich und tot bin*. Köln, 1990

Blackman, Philip (ed.): *Tractate Berachoth*, Hebrew/English. New York, 1984

Brenner, Michael: »Wider den Mythos der ›Stunde Null‹«, in: *Menora 3*, München, 1992

Brocke, Michael/Jochum, H. (Hrsg.): *Wolkensäule und Feuerschein. Jüdische Theologie des Holocaust*. München, 1982

Broder, Henryk M.: *Der Ewige Antisemit. Über Sinn und Funktion eines beständigen Gefühls*. Frankfurt, 1986

Broder, Henryk M. / Lang, Michel R.(Hrsg.): *Fremd im eigenen Land. Juden in der Bundesrepublik*. Frankfurt, 1979

Brumlik, Micha: »Erinnern und Erklären«, in: *Babylon 3*. Frankfurt, 1988

Brumlik, Micha: *Der Anti-Alt. Wider die furchtbare Friedfertigkeit*. Frankfurt, 1991

Brumlik, Micha/Diner, Dan u.a.(Hrsg.): *Babylon. Beiträge zur jüdischen Gegenwart*. Bd.1 ff., Frankfurt, 1986 ff.

Brumlik, Micha/Kiesel, Doron u.a. (Hrsg.): *Jüdisches Leben in Deutschland seit 1945.* Frankfurt, 1988

Bubis, Ignatz: *Ich bin ein deutscher Staatsbürger jüdischen Glaubens. Ein autobiographisches Gespräch mit Edith Kohn.* Köln, 1993

Bundeszentrale für politische Bildung: *Deutsche Juden – Juden in Deutschland.* Bonn, 1991

Burgauer, Erica: *Zwischen Erinnerung und Verdrängung – Juden in Deutschland nach 1945.* Reinbek bei Hamburg, 1993

Diner, Dan: *Der Krieg der Erinnerungen und die Ordnung der Welt.* Berlin, 1991

Diner, Dan: »Schichten der Erinnerung. Zum Börneplatz-Konflikt«, in: *Babylon 3,* Frankfurt, 1988

Dubnow, Simon: *Geschichte des Chassidismus in zwei Bänden.* Königstein/Ts., 1982

Elsässer, Jürgen: *Antisemitismus – das alte Gesicht des neuen Deutschland.* Berlin, 1992

Feinberg, Anat: *Wiedergutmachung im Programm. Jüdisches Schicksal im deutschen Nachkriegsdrama.* Köln, 1988

Finkielkraut, Alain: *Der eingebildete Jude.* Frankfurt, 1984

Fleischmann, Lea: *Dies ist nicht mein Land. Eine Jüdin verläßt die Bundesrepublik Deutschland.* Hamburg, 1980

Frankl, Viktor E.: *...trotzdem ja zum Leben sagen. Ein Psychologe erlebt das Konzentrationslager.* München, 1977

Friedländer, Saul: *Kitsch und Tod. Der Widerschein des Nazismus.* München, 1984

Fromm, Erich: *Ihr werdet sein wie Gott.* Reinbek bei Hamburg, 1980
Goldschmidt, Georges-Arthur: *Die Absonderung.* Zürich, 1991
Gordis, David M./Ben-Horin, Y.(ed.): *Jewish Identity in America.* Los Angeles, 1991
Grosser, Alfred: *Verbrechen und Erinnerung. Der Genozid im Gedächtnis der Völker.* München, 1993
Grossman, David: *Stichwort: Liebe.* München, 1991
Guttmann, Julius: *Die Philosophie des Judentums.* Wiesbaden, 1985
»*Historikerstreit*«. Die Dokumentation der Kontroverse um die Einzigartigkeit der NS-Judenvernichtung. München, 1987
Jabès, Edmond: *Ein Fremder mit einem kleinen Buch unterm Arm.* München, 1993
Jehoschua, Abraham B.: *Exil der Juden. Eine neurotische Lösung?* St.Ingbert, 1986
Judaica: *Rav Kuk 1865 – 1935.* Basel, 1989
Koch, Gertrud: *Die Einstellung ist die Einstellung.* Frankfurt, 1992
Leibowitz, Yeshayahu: *The Faith of Maimonides.* New York 1987
Leibowitz, Yeshayahu: *Judaism, Human Values, and the Jewish State.* Cambridge/London, 1992
Levi, Primo: *Die Untergegangenen und die Geretteten.* München, 1990
Lévinas, Emmanuel: *Quatre lectures talmudiques.* Paris, 1968
Lévinas, Emmanuel: *Schwierige Freiheit. Versuch über das Judentum.* Frankfurt, 1992

Lichtenstein, Heiner (Hrsg.): *Die Fassbinder-Kontroverse oder Das Ende der Schonzeit*. Frankfurt, 1986

Liebrecht, Savyon: *Äpfel aus der Wüste*. Mannheim, 1992

Maimonides: *More Newuchim (Der Führer der Verirrten)*. Jerusalem o.J.

Meyer, Michael A.: *Jüdische Identität in der Moderne*. Frankfurt, 1992

Meyer, Michael A.: *Response to Modernity. A history of the Reform Movement in Judaism*. New York, 1988

Mindel, Nissan: *The Philosophy of Chabad*, Vol.2. New York, 1985

Mohr, Reinhard: *Zaungäste. Die Generation, die nach der Revolte kam*. Frankfurt, 1992

Munk, Elie: *Olam Hatefilot/Die Welt der Gebete*. Basel, 1985

Neusner, Jacob: *The Mishnah. A New Translation*. New Haven, 1988

Philipson, David: *The Reform Movement in Judaism*. New York, 1931

Pirkei Awot, Die Sprüche der Väter. Hebräisch/deutsch. Basel, 1981

Presser, Jacques: *Die Nacht der Girondisten*. Frankfurt, 1991

Roth, Philip: *Operation Shylock. A Confession*. New York, 1993

Safran, Alexandre: *Die Kabbala. Gesetz und Mystik in der jüdischen Tradition*. Bern 1966

Schoeps, Julius H.: *Leiden an Deutschland. Vom antisemitischen Wahn und der Last der Erinnerung*. München, 1990

Schoeps, Julius H. (Hrsg.): *Menora, Jahrbuch für deutsch-jüdische Geschichte.* Bd 1 ff., München, 1990 ff.

Scholem, Gershom: *Die jüdische Mystik in ihren Hauptströmungen.* Frankfurt 1967

Shakespeare, William: *Der Kaufmann von Venedig,* Übs.: A. W. Schlegel, Wiesbaden, o.J.

Silbermann, Alphons: *Was ist jüdischer Geist? Zur Identität der Juden.* Zürich, 1984

Silbermann, Alphons / Sallen, Herbert: *Juden in Westdeutschland. Selbstbild und Fremdbild einer Minorität.* Köln, 1992

Vital, David: *The Future of the Jews. A People at the Crossroads?* Cambridge/London, 1990

Werfel, Franz: *Eine blaßblaue Frauenschrift.* Frankfurt, 1989

Wetzel, Juliane: *Jüdisches Leben in München 1945 – 1951. Durchgangsstation oder Wiederaufbau?* München, 1987

Wolffsohn, Michael/Puschner, Uwe: *Geschichte der Juden in Deutschland. Quellen und Kontroversen.* München, 1992

Yerushalmi, Yosef Hayim: *Zachor: Erinnere Dich! Jüdische Geschichte und jüdisches Gedächtnis.* Berlin, 1988

Zborowski, Mark/Herzog, E.: *Das Schtetl. Die untergegangene Welt der osteuropäischen Juden.* München, 1991

DANKSAGUNG

Vielen Menschen bin ich bei der Entstehung dieses Buches zu Dank verpflichtet; sie begleiteten mich auf meinem Weg und gaben mir mannigfache Unterstützung.

Zahlreiche thematische Hinweise lieferten mir: Dr. David Gordis, President of the Hebrew College, Brookline, Massachusetts, Aron Hirt-Manheimer, Editor Reform Judaism, Union of American Hebrew Congregation, New York, Dr.Peter Honigmann, Zentralarchiv zur Erforschung der Geschichte der Juden in Deutschland, Heidelberg, Hugh H. Nissenson, New York, Dr. Murray Polner, New York, Ellen Presser, Jugend- und Kulturzentrum IKG München, Morris U. Shappes, Editor Jewish Currents New York, Dr.Juliane Wetzel, Zentrum für Antisemitismusforschung TU Berlin, Prof.Yosef Hayim Yerushalmi, Columbia University New York, Prof. Moshe Zimmermann, Department of German History, Hebrew University Jerusalem.

Bei den Recherchen halfen mit viel Geduld und Übersicht: Hilde Schiwek, Autorenbuchhandlung München, Corinna Slotty von der Gruner + Jahr-Dokumentation in Hamburg und Uta Wagner mit Team von der ZEIT-Dokumentation in Hamburg.

Und dann waren da vor allem diejenigen Freunde, die mir in den vergangenen zwei Jahren stets zur Seite standen: Charlotte Blumenbach, Thomas Füsser, Yochi Fuhrmann, Efrat Gal-Ed, Amy Horowitz, Zsuzsi und Antal Kövesdi, Lianne Kolf, Dr. H. Detlef Lührsen, Dr. Angela Moehring, Melissa Müller, Georgina Pomper, Dr. Galit Hasan-Rokem und Dr. Freddie Rokem, Henry Schwarzschild, Mireille Zimmermann.

Besonders erwähnen möchte ich Dr. Yvonne Gleibs und Sabine Herting. Ohne sie wäre vieles nicht denkbar gewesen. Sie taten mehr, als ich erwarten konnte. Dank allein reicht dafür nicht aus.